Heike Baldauf

Vietnam
Ein Länderporträt

Heike Baldauf

Vietnam
Ein Länderporträt

Ch. Links Verlag, Berlin

Für meine Kinder

Editorische Notiz

Vietnamesisch ist eine Tonsprache, die durch diakritische Zeichen zum Ausdruck kommen. Diese Zeichen werden im Buch bei jedem vietnamesischen Wort verwendet, dessen Übersetzung Sie im Glossar finden. Dabei gibt es fünf Ausnahmen: Anstelle von Thành phố Hồ Chí Minh schreiben wir die eingedeutschte Version Ho-Chi-Minh-Stadt. Das gilt ebenso für Vietnam, Hanoi, Saigon und den Hoan-Kiem-See.

Die Deutsche Nationalbibliothek verzeichnet
diese Publikation in der Deutschen Nationalbibliografie;
detaillierte bibliografische Daten sind im Internet über
www.dnb.de abrufbar.

1. Auflage, Oktober 2016
© Christoph Links Verlag GmbH
Schönhauser Allee 36, 10435 Berlin, Tel.: (030) 44 02 32-0
www.christoph-links-verlag.de; mail@christoph-links-verlag.de
Umschlagentwurf und Innengestaltung: Stephanie Raubach, Berlin
Karte: Peter Palm, Berlin
Satz: Eugen Lempp, Ch. Links Verlag
Lektorat: Günther Wessel, Berlin
Druck und Bindung: Druckerei F. Pustet, Regensburg

ISBN 978-3-86153-881-3

Inhalt

Vorwort

B 52 ist heute kein Flugzeug mehr, das Bomben auf Hanoi wirft, sondern ein Cocktail in angesagten Bars der Hauptstadt. Dennoch muss ich mit dem Krieg beginnen.

Ich war sechs Jahre alt, als ich im Radio immer wieder ein und dasselbe vietnamesische Kinderlied hörte: »*Bé bé bằng bông, hai má hồng hồng ...*« Es handelte von einem Mädchen, das seine Eltern und sein Zuhause verlassen musste, um mit anderen Kindern Schutz vor dem Terror aus der Luft zu suchen. Die Geschosse der Amerikaner fielen wie Regen vom Himmel. Die DDR, in der ich aufwuchs, stand solidarisch zu ihrem damaligen sozialistischen Bruderstaat in Südostasien. Bald schon konnte ich das Lied singen, ohne jedoch seinen Inhalt zu verstehen. Die Melodie gefiel mir, auch die Sprache. Ein auf und ab von sechs Tönen. So begann meine Liebe zu diesem fernen Land und seinen Menschen.

Über 40 Jahre sind seit dem Abzug der US-Truppen vergangen. Dennoch besteht für viele Deutsche die Assoziation Krieg und Vietnam fort. Grauenhafte Bilder von Zerstörung und Leid haben sich tief in ihr Gedächtnis eingegraben. Bekannte fragen mich: »Kann man da eigentlich hinfahren? Gibt es denn überhaupt Hotels nach unserem Standard? Und was ist mit dem Gift Agent Orange, das die Wälder entlaubte? Ist es nicht gefährlich, dort überhaupt etwas zu essen, wenn das Zeug noch im Boden ist?«.

Ich habe das Land kurz nach dem Krieg erlebt. Als eine der wenigen Ostdeutschen konnte ich 1979 drei Wochen vom Norden in den Süden reisen, in einer kleinen Gruppe mit Jugendtourist, dem Reisebüro der Freien Deutschen Jugend (FDJ). Die

Begegnungen und Eindrücke, die ich hatte, bestimmten meinen weiteren Lebensweg, der bis heute mit dem Land verbunden ist. Sie bereichern meine Erfahrungen mit den Vietnamesen, die zäh und sparsam, mutig, sehr abergläubisch, fleißig, geschäftstüchtig, überaus kinderlieb, herzlich und humorvoll sind. Und reich an Entbehrungen.

Weiß waren die Blusen der zierlichen Mädchen und Frauen, die an der Seite ihrer Männer in den Nachkriegsjahren auf den Feldern schufteten, Braun oder Schwarz die Farbe ihrer weiten Hosen. Es gab nur wenig zum Anziehen, nicht genug zu essen. Das Hauptnahrungsmittel Reis musste importiert werden. Vietnam hungerte. Oft fiel der Strom aus. Die Hauptstadt lag im Dunkeln. Asphaltierte Straßen waren, wenn überhaupt vorhanden, von Schlaglöchern übersät. Mit Fahrrädern der Marke Diamant aus der DDR wurde mangels Lastwagen fast alles per Muskelkraft transportiert. Doch vor allem bestimmte Pessimismus den Alltag. Zu lange ließ ein besseres Leben auf sich warten. Das Vertrauen in die kommunistische Führung schwand. Mit *đổi mới*, Erneuerung, steuerte 1986 die kommunistische Partei (KP) gegen. Sie liberalisierte den Markt. Wie ein asiatischer Tiger mit knurrendem Magen setzte Vietnam nun zum Sprung in eine tatsächlich bessere Zukunft an.

Bei meinem nächsten Besuch, 1997, hatte sich das Land verändert. Als hätte jemand mit Photoshop aus einer Schwarz-Weiß-Aufnahme ein Farbfoto gemacht, waren die Märkte bunt. Die Bauern konnten ihren Überschuss an Gemüse und Obst verkaufen. Der Handel mit Waren aller Art blühte. Das, was die Menschen hier gern tun – feilschen, und dabei nicht das Gesicht verlieren –, machte wieder Spaß. Nach und nach kehrte die Lebensfreude zurück. Aus dem Land mit unzähligen Bombenkratern wurde ein Land mit unzähligen Baustellen. Bis heute.

Wer zum ersten Mal mit dem Flugzeug nach Vietnam kommt, landet entweder in der Hauptstadt Hà Nội (Hanoi) im Norden oder in Thành Phố Hồ Chí Minh (TP. HCM), Ho-Chi-Minh-

Stadt, im Süden. Die beiden Millionenmetropolen könnten unterschiedlicher nicht sein. Oft wird von den zwei ungleichen Schwestern gesprochen. Der alten, schönen, kulturvollen am Sông Hồng, dem Roten Fluss. Und der jungen, geschäftstüchtigen, mode- und selbstbewussten am Fluss Sài Gòn. Das Bild stimmt. Eine faszinierende Altstadt im grünen, beschaulichen Hanoi steht der Skyline mit glitzernden Fassaden im Zentrum von Ho-Chi-Minh-Stadt gegenüber. Beide Städte wetteifern um das höchste Gebäude, das zurzeit mit dem 336 Meter in den Himmel gewachsenen Keangnam Landmark Tower und 70 Stockwerken in der Hauptstadt steht. 7,5 Millionen Menschen leben hier, etwa 400000 mehr als in Ho-Chi-Minh-Stadt, dem ehemaligen Saigon. Genau weiß das wegen der Landflucht keiner. Alle träumen vom Wohlstand. Mein Haus, mein Auto, mein Hund – der übrigens viel seltener im Kochtopf landet, als dass er als Tier zum Schmusen da ist.

In nur zehn Jahren ist das Land vom Fahrrad auf das Moped umgestiegen. Über 100000 Neuanmeldungen verzeichnet die Statistik – pro Monat. Über vier Millionen rollen allein auf Hanois Straßen, 40 Millionen im ganzen Land. Zwei Millionen Menschen, meistens Städter, besitzen ein Auto. Es ist eine Horrorvorstellung nicht nur für Verkehrsexperten, dass sich dieser Prozess beschleunigen könnte. Viele Straßen gleichen einem nie versiegenden Fluss aus Menschen und Maschinen. Fußgänger, die von einer Straßenseite zur anderen wollen, müssen sprichwörtlich mit dem Strom schwimmen, um dort heil anzukommen. Mit einem Skytrain in der Hauptstadt und einer U-Bahn in Ho-Chi-Minh-Stadt werden die beiden größten Städte des Landes infrastrukturell Anschluss an das 21. Jahrhundert finden – so die Hoffnung in den Chefetagen der Ministerien. Der Bau von fünfspurigen Autobahnen ist teils abgeschlossen, teils in Planung. Auch Tiefseehäfen, weitere internationale Flughäfen und Industrieparks sind bereits fertig oder im Entstehen.

Bis 2020 will Vietnam ein Industrieland sein. Damit werden,

wie überall auf der Welt, die Umweltprobleme größer. Die zunehmende Luftverschmutzung und die wachsenden Müllberge sind Themen, über die offen in den staatlichen Medien diskutiert wird. Der ungestillte Hunger nach Energie, der Fachkräftemangel und fehlendes technisches Know-how stellt die Volkswirtschaft vor immense Probleme.

Auch wenn China Vietnams größter Handelspartner ist, trauen viele Vietnamesen Menschen aus dem Reich der Mitte nicht über den Weg. Mehr als tausend Jahre stand Vietnam als Provinz unter dem chinesischen Einflussbereich und musste sich zuletzt 1979 im Grenzkrieg gegen den übermächtigen Nachbarn aus dem Norden verteidigen. Die negativ unterschwellige Stimmung im Land ist jedoch nicht nur historisch bedingt. Nachrichten über Nahrungsmittelskandale wie vergiftete Milchprodukte und Spielzeug aus China lassen Eltern in Vietnam sorgenvoll auf ihre Kinder schauen. Entführungen junger vietnamesischer Frauen im Grenzgebiet zu Nordvietnam auf chinesisches Territorium und neuerliche territoriale Besitzansprüche von Peking im Südchinesischen Meer verunsichern die Bevölkerung.

Bauern gehen trotz Demonstrationsverbot gegen die Enteignung ihres Landes, auf dem der Staat Industrie- und Neubaugebiete errichten will, auf die Straße. Damit riskieren sie wie regierungskritische Blogger und Umweltaktivisten auch ein brutales Vorgehen der Polizei und lange Haftstrafen. Minderheiten in den Bergregionen von Nordwest- und Zentralvietnam sehen sich durch einen wachsenden Zuzug aus der Ebene ihrer Lebensgrundlagen beraubt. Korruption, allgegenwärtig unter den Augen der Genossen, macht einige Leute zu Königen. Die mäßigen Erfolge, sie zu bekämpfen, stellen die Glaubwürdigkeit der Kommunistischen Partei infrage.

Seit April 2016 ereilte Vietnam eine Umweltkatastrophe, deren Ausmaße bei Drucklegung des Buches noch nicht abzusehen sind. Auf einer Küstenlänge von 200 Kilometern in Vietnams Armenhaus Zentralvietnam starb das Meer. Millionen toter Fische und Seebewohner wurden an Land gespült. Tausende Fischer sind in ihrer Existenz bedroht. Das nahe gelegene taiwanesische Stahlunternehmen Formosa Ha Tinh Steel Company (FHS) geriet unter Verdacht, giftige Abwässer ungeklärt entsorgt zu haben. Trotz massiver öffentlicher Proteste in den großen Städten und betroffenen vier Provinzen hatten über Monate hinweg weder das Unternehmen noch Hanoi eine Erklärung dafür. Die Antwort der Regierung bestand darin, Demonstranten durch Sicherheitskräfte in Zivil schlagen und verhaften zu lassen, darunter auch Parteimitglieder der Volkskomitees. Erst am 30. Juni 2016 hatte die Regierung auf einer Pressekonferenz bekannt gegeben, dass FHS für die Katastrophe verantwortlich war. Ihre lange Sprachlosigkeit erschütterte das Vertrauen der Bevölkerung in die Führung des Landes nachhaltig, meinen Beobachter.

Wirtschaftlich rechnet Vietnam fest mit Investitionen aus dem Ausland, auch aus Deutschland. Deutschland ist Vietnams größter Handelspartner in der EU. Doch im internationalen Vergleich auf Platz 24 bewegen wir uns weit abgeschlagen von den Top-Ten, die von Südkorea, Taiwan, China und Singapur angeführt werden. Neben Leuchttürmen wie Siemens, Daimler, Adidas und dem Hemdenhersteller van Laack, die seit Jahren in Vietnam produzieren, sind viele deutsche Firmen nur mit einer Repräsentanz vertreten. Das könnte sich mit dem EU-Freihandelsabkommen, das 2018 in Kraft treten soll, ändern.

»Ihr Deutschen würdet uns die offenen Türen einrennen, aber ihr kommt nicht«, höre ich immer wieder auf Kongressen und Messen von vietnamesischer Seite. Diejenigen, die sich mir gegenüber so äußern, gehören zur Elite des Landes. Sie sagen mir das auf Deutsch. Etwa 100 000 Vietnamesen haben in Ostdeutschland ihre Jugend verbracht. Sie haben hier gelernt, studiert, gearbeitet. Bis heute halten damals von beiden Regierungen untersagte Freundschaften, Liebesbeziehungen, später geschlossene Ehen. Einige meiner ehemaligen Kolleginnen und Kollegen schwärmen heute noch von der Thüringer Bratwurst, die es inzwischen auch bei ihnen im Supermarkt in Hanoi zu kaufen gibt. Ordnung, Pünktlichkeit, Zuverlässigkeit und Disziplin sind Tugenden, die den Deutschen angeblich in die Wiege gelegt werden. Diese Generation der Vietnamesen hat sie verinnerlicht. Es würde ihnen nicht im Traum einfallen, einen deutschen Gesprächspartner warten zu lassen.

Sie alle sind Brückenbauer zwischen unseren beiden Kulturen. Einer davon ist mein Freund Lý Trực Dũng. Zu DDR-Zeiten studierte er Architektur in Weimar. Obwohl er längst im Rentenalter ist, sind die Auftragsbücher seines Büros voll mit Projekten von deutschen Firmen oder Institutionen wie der Deutschen Botschaft und des Goethe-Instituts. Dũng ist ein Kulturversteher, der beiden Seiten gerecht wird. Und ein Künstler. Er ist einer der bekanntesten Karikaturisten des Landes. Seine mit dem feinen vietnamesischen Witz entworfenen Zeichnungen erschienen im *Eulenspiegel*. Sie begeistern ein Millionenpublikum in Vietnam. Bei einem der staatlichen Sender thematisiert er vor laufender Kamera Probleme wie Korruption und Misswirtschaft.

Seine Tochter studierte in Mannheim. Sie gehört zu den zwei Dritteln der jungen Menschen unter 30, bei 92,64 Millionen Einwohnern. Jung sein in Vietnam heißt: den Eltern gehorchen, fleißig lernen, hart arbeiten, eine Familie gründen, die Alten und die Ahnen verehren. Es heißt auch nach westlichen Werten streben, einen gute bezahlten Job finden, die Freundin zu McDonald's ausführen, auf den neuesten Mopeds durch die nächtlichen Straßen der Städte kurven. Zu Prüfungszeiten im Sommer ruft die Partei zu gegenseitiger Rücksichtnahme auf. Lärm am Abend durch laute Musik ist dann tabu. Rund um das Thema Heiraten ist ein riesiger Markt entstanden. Fotografen, Friseure, Hoteliers, Catering-Firmen, Vermieter von Festkleidung und Festzelten sowie Taxiunternehmen verzeichnen lange Wartelisten. Ohne Haus keine Ehe. Ohne Kinder kein Glück. Bei all dem verwundert, dass es im Stadtzentrum und in Neubaugebieten, wo es junge Familien hinzieht, nur wenige öffentliche Spielplätze gibt. Dafür ist die

Straße da, und die stolze Großmutter, die immer ein wachsames Auge auf den Nachwuchs hat.

Das geht so weit, dass Touristen in der quirligen Altstadt von Hanoi für das Fotografieren eines spielenden Kindes von der zahnlosen Oma zur Kasse gebeten werden. Vor einigen Jahren noch unvorstellbar, heute eine Geschäftsidee. Diese haben mittlerweile auch einige Bäuerinnen, die mit ihren zwei Bambuskörben an einem Tragholz, *đòn gánh*, frisches Brot, Gemüse, Obst und Blumen bis vor die Haustür der Bewohner bringen. Statt den beschwerlichen Weg durch die Gassen auf sich zu nehmen, lassen sie neugierige Ausländer ihren fliegenden Händlerstand auf den Schultern in die Höhe heben. Oder tun es selbst für ein Foto. Einmal lächeln: *một, hai, ba* (eins zwei drei; in Vietnam wird immer gezählt, bevor man den Auslöser drückt). Klick! Einen Dollar, bitte! Mancher zahlt gern für diesen Spaß, den übrigens oft beide Seiten dabei haben. Asiaten sind erfinderisch, und die Vietnamesen Meister im Überleben.

Vietnam ist längst kein unentdecktes Land mehr. Allein in den ersten zwei Monaten 2016 kamen 1,5 Millionen Besucher. 7,8 Millionen waren es laut dem Ministerium für Kultur, Sport und Tourismus im Jahr zuvor. Sie alle wollen in die vịnh Hạ Long, in die Bucht des herabsteigenden Drachen, im Norden. Die 2000 Karstfelsen im Golf von Tongking sind UNESCO-Weltnaturerbe und man sagt: Wer diese Inselwelt nicht gesehen hat, war auch nicht in Vietnam. Dabei bietet dieses Land mit seiner 3400 Kilometer langen Küste viele weitere Naturschätze. Weiße Strände, geheimnisvolle Urwälder, tatsächlich atemberaubende Berglandschaften, breite Flüsse und im Jahr in allen Farben des Waldes schimmernde Reisfelder. Tausende Inseln entlang der Küste. Die 54 Ethnien, die in den Dörfern der Bergregion zu China und Laos sowie ganz im Süden leben, pflegen ihre eigene Kultur. Nicht nur ihre Sprache ist verschieden, auch ihr Hausbau, ihre Kleidung, ihre Musik und ihre Tänze. Anders als das Delta des Roten Flusses, die Reiskammer im Norden, erwartet das Mekongdelta, die weitaus vollere Reiskammer im Süden, die Urlauber mit einer Vielfalt von tropischen Früchten und schwimmenden Märkten. Es ist ein Land mit einem unersättlichen Appetit und einer Küche, die ihresgleichen sucht.

Aus der Luft gesehen spiegelt die Form Vietnams das *đòn gánh* wider: Zwei Deltas – zwei Körbe, verbunden durch eine in der Mitte nur schmale Landfläche – die Tragestange. Es könnte auch die Silhouette einer schönen, jungen Frau sein, im *áo dài*, der Nationaltracht. Das ist ein bis fast unter die Achseln hochgeschlitztes, tailliertes, die weibliche Figur unterstreichendes Gewand aus Seide über weiten Hosen. Es betont die Anmut seiner Trägerin.

Für mich ist Vietnam zur zweiten Heimat geworden. Mein letzter Pass zählt 22 Stempel der Einreisebehörden. Nur 1979 kam ich als Touristin. Seitdem immer als Journalistin, als Freundin, als Frau und Mutter von zwei Kindern, die vietnamesische Väter haben. Der Liebe wegen.

Ich nehme Sie mit auf eine Zeitreise, von der jüngeren Geschichte Vietnams bis in das Hier und Jetzt. Es wird eine Begegnung auf Augenhöhe.

Leipzig, im Sommer 2016   Heike Baldauf

Auf ex – der Krieg als Cocktail

Leben mit der Vergangenheit

Meine Freundin Minh wohnt mit ihrem Mann in der Lý-Nam-Đế-Straße in Hanoi. Die Straße grenzt mit ihren Mehrfamilienhäusern in Plattenbauweise, Verwaltungsgebäuden, mehrstöckigen Einfamilienhäusern und einer großen, lang gestreckten Kaserne direkt an das historische 36-Gassen-Viertel. Die Lý Nam Đế, benannt nach dem ersten Kaiser von Vietnam und Gründer der frühen Lý-Dynastie, ist gerade wie ein Lineal. Sie gehört zu den vielen Einbahnstraßen in der Innenstadt. Kleine Geschäfte und familiäre Werkstätten liegen hier, dazu einige Cafés, in die sich selten Touristen verirren. Das Blätterdach von alten Baumriesen spendet den Menschen unter ihnen Schatten. Hanoier wissen: Hier wohnen die, die in der Armee gedient haben.

Mit 58 Jahren kann Minh den Ruhestand genießen und sich um die drei Kinder ihrer zwei Töchter kümmern. Das Rentenalter in Vietnam liegt für Frauen bei 55 Jahren, Männer müssen bis 60 arbeiten. Minh genießt ihre bezahlte Freizeit. Sie lacht gern, lässt ihr glattes Haar beim Friseur in Locken verwandeln und geht einmal in der Woche zum Yoga. Ihre Wohnung hat sie erst von der Armee mieten und dann kaufen können. Viele Jahrzehnte arbeitete sie in einem Druckbetrieb, der zur Armeezeitung *Quận đội Nhân dân* gehört. Anfangs bestand ihre hauptsächliche Aufgabe darin, belichtete Negative passgenau so zusammenzufügen, dass Bilder und Texte in einer hohen Druckqualität die Leser erreichten. Das Handwerk der Montage erlernte sie als junge Frau in Leipzig, der Stadt, in der wir uns 1976 zum ersten

Mal begegnet waren. Sie gehörte zu den Tausenden Vertragsarbeitern, die von 1975 an – dem Kriegsende in Vietnam – bis in die 1980er Jahre hinein ausgebildet und beschäftigt wurden. Wir waren damals Kolleginnen im Graphischen Großbetrieb Interdruck.

Minhs in meinen Augen seltsam aufgeteilte Wohnung ist für Europäer wie mich eine Zumutung. Der Plattenbau besteht hauptsächlich aus vielen Einraumwohnungen, die durch eine eingezogene, halbierte Zwischendecke, erreichbar über eine Holzstiege, aufgeteilt sind. So können die Menschen unten essen, fernsehen und Besuch empfangen, während sie oben schlafen. Aufrecht stehen unter der Decke kann dort nur ein Kleinkind. Ein Holzgitter schützt es vor dem Herunterfallen. Zur Wohnung gehören Toilette und Dusche. Der fensterlose Raum dafür ist nicht größer als ein Badehandtuch. Hinter einer dünnen Wand liegt Minhs Lieblingsarbeitsplatz – eine schmale Küche mit einem vergitterten Fenster zum nächsten Haus. Kühlschrank, ein in Deutschland produzierter Induktionsherd, Spüle, eine lange Arbeitsplatte und einige Schränke mit Kochgeschirr machen Minh zu einer glücklichen Hausfrau. Mittags und abends, wenn ihr Mann, ein Lehrer, nach Hause kommt, verwöhnt sie ihn gern mit frisch zubereiteten Speisen.

Tageslicht fällt nur wenig durch das einzige, auch vergitterte Fenster im Wohnzimmer. So bleibt die Deckenbeleuchtung aus Neonröhren oft eingeschaltet und die Wohnungstür in den nicht zu kalten und nicht zu heißen Monaten einen Spalt breit offen. Doch auch diese Tür, vor der sich ein etwa 20 Meter langer Gemeinschaftsbalkon zur Straße hin erstreckt, wird wie üblich in Vietnams moderneren, mehrstöckigen Bauten durch ein separates Gitter vor Einbrüchen geschützt. Auf dem Balkon kann die Familie Wäsche trocknen, Blumen in Töpfen ziehen und einigen, wenig wertvollen Hausrat abstellen, der in der Wohnung selbst keinen Platz findet. Wie überall, so stehen auch hier vor dem Eingang die ausgezogenen Schuhe der Bewohner und Gäste. Niemand im Land, außer ein unwissender Tourist oder Geschäftsmann, betritt in Straßenschuhen einen Wohnraum oder gar eine Pagode. Denn auf dem Boden wird gesessen und gegessen, wenn der Platz für Stühle nicht ausreicht. Das gilt für die Stadt.

Minh erlebte den Vietnamkrieg (1964–1975) als Kind und junges Mädchen in Hanoi. Zur Weihnachtszeit 1972, kurz vor dem Pariser Abkommen vom 27. Januar 1973, überzog die U.S. Air Force auf Befehl von Präsident Richard Nixon die Hauptstadt mit einem Flächenbombardement. Anders als in Deutschland haben die Wohnhäuser in Vietnam keine Keller, in denen die Bevölkerung hätte Zuflucht suchen können. In den Erdboden der Fußwege eingelassene Betonrohre, in die sich gerade ein Mensch flüchten konnte, schützten mit ihrem über den Kopf zu ziehenden Betondeckeln nur vor Splittern, aber nicht vor der Zerstörungskraft aus den Langstreckenbombern B 52. Binnen weniger Tage verwandelten sie ganze Straßenzüge der Innenstadt in ein Trümmerfeld. Das Bạch-Mai-Krankenhaus, eine der größten Kliniken der Hauptstadt, wurde gezielt und schwer getroffen, ebenso Wohnviertel, Märkte, Fabriken, Schulen, Kindergärten, Universitäten. Die Zerstörungswut der US-Armee kannte keine Grenzen.

»Wir werden Vietnam in die Steinzeit zurückbomben«, hatte der amerikanische Luftwaffengeneral Curtis LeMay angekündigt. Bereits in den ersten drei Kriegsjahren fielen 2,5 Millionen Tonnen Bomben auf das Land, und noch einmal so viel bis 1975, mehr als im gesamten Zweiten Weltkrieg. Auch Napalm, das selbst im Wasser weiterbrennt, wurde flächendeckend eingesetzt.

Als ich 1979 das erste Mal nach Vietnam kam, sah ich vom Flugzeug aus tatsächlich eine Mondlandschaft. Krater an Krater, manche bis zu 30 Metern Durchmesser, gefüllt mit Grundwasser. Im Schein der Morgensonne hatte diese Szenerie aus glitzernden Tümpeln und Teichen dennoch etwas Friedvolles an sich. Der Frieden war noch jung, wie der Reis, der auf den Feldern zwischen und um die Krater herum wuchs.

Heute sind diese Narben des Krieges kaum mehr offensichtlich. Aus den nicht zugeschütteten Bombentrichtern haben die findigen Bauern Teiche für die Entenzucht angelegt. Oder sie nutzen sie zum Anpflanzen von Lotos, der so vielfältig in der Verwendung ist wie Bambus, von dem es über 1000 Arten gibt. Grün in allen Varianten ist die dominante Farbe in Vietnam. Die üppige Natur der Subtropen im Norden und der Tropen im Süden überwucherte schnell die Spuren des Krieges. Dabei fordert er heute noch, in der vierten Generation, viele Opfer, vor allem Kinder.

Der 17. Breitengrad ist der Ort in Vietnam, an dem am härtesten gekämpft wurde. Gleichzeitig trägt dieser Landstrich den Namen Demilitarisierte Zone (DMZ) – eine irreführende Bezeichnung. Es ist ein schmaler Gürtel von der Grenze zu Laos bis zum Südchinesischen Meer, der den Norden vom Süden Vietnams abtrennte. Bei Kriegsende 1975 existierten in dem Landstrich südlich des Sông Bến Hải, des Ben-Hai-Flusses, der als natürliche Grenze zwischen Nord- und Südvietnam diente, von ehemals 1000 Dörfern nur noch drei.

1954 hatte die Kolonialmacht Frankreich mit der Niederlage in Điện Biên Phủ kapituliert. Die darauf nach der Genfer Indochina-Konferenz in Paris als Provisorium eingerichtete Grenze am 17. Breitengrad sollte das Land eigentlich nur bis zu den Wahlen 1956 teilen. Da aber weder Südvietnam noch die USA das Abkommen unterzeichneten, blieb es dabei, 21 lange Jahre.

Im Juli 2008 ereignete sich hier eine Tragödie – eine von Tausenden, die sich seit dem Kriegsende von vor 40 Jahren an vielen Orten Vietnams sowie den damals in die Kampfhandlungen involvierten Nachbarländern Laos und Kambodscha fast unbemerkt vor der Weltöffentlichkeit immer wieder abspielen.

Ich war mit einem deutschen Kameramann und dem Frontsänger der Musikgruppe Die Prinzen, Sebastian Krumbiegel, unterwegs zu einem Minenräumteam. Dessen lebensgefährliche Arbeit wurde mit Geldern aus Deutschland finanziert. SODI,

Solidaritätsdienst International, ein Berliner Verein, hervorgegangen aus dem Solidaritätskomitee der DDR, managte seit 1998 die Arbeit vor Ort gemeinsam mit vietnamesischen Fachleuten. Sebastian engagiert sich seit Langem gegen die Produktion, Verbreitung und den Einsatz von Streumunition. Es war das Jahr, indem in Oslo eine Konvention gegen das Verbot von Streumunition auf dem Tisch lag. Mehr als 100 Staaten beabsichtigten, sie zu unterzeichnen, auch Deutschland.

Wir wollten mit eigenen Augen sehen, wie Kampfmittelberäumung funktioniert. Ob das Geld auch dort ankommt, wo es gebraucht wird, für Schulungen beispielsweise. Darauf vertrauend, dass unsere Gastgeber auf unser Wohl bedacht sind, nahmen wir an, dass wir in ein entmintes Gebiet gebracht werden. An einen Ort, an dem wir von weitem zusehen können, wie Menschen in Schutzanzügen mit Detektoren scharfe Munition aufspüren. Kaum waren wir angekommen, an einem mit Totenkopf-Schildern und Plastikbändern abgesperrten, unscheinbaren Gelände, bewachsen mit hohem Gras, erhielt unser vietnamesischer Begleiter einen Anruf. In einem Dorf ganz in unserer Nähe waren drei Jungen zerfetzt worden. Die Jungen waren beim Büffelhüten im nahen Wald auf mehrere Metallkugeln gestoßen, groß wie Tennisbälle. Sie mussten damit gespielt haben. Es waren Streubomben.

So kam an einem Sommermorgen der Krieg zurück ins Dorf Câu Nhi, ohne Vorwarnung, ohne Sirengeheul. Drei Jungen im Alter von 12, 13 und 14 Jahren starben durch Munition eines Krieges, der weit vor ihrer Geburt lag. Sie wohnten in einem Dorf wie aus dem Bilderbuch, mit tiefgrünen Reisfeldern, exotischen Blumen und Teesträuchern vor geordneten Gehöften. Mit Scharen schnatternder Enten am plätschernden Bach, und Bäumen, deren Äste sich biegen unter der Last reifer Mangos. Ein friedlicher Ort. Ein Dorf, aus dem lautes Wehklagen zu hören war, bei der Beerdigung der Kinder.

Während der Rekonstruktion des Unfalls hatte unser Kameramann Mühe, dem Aufklärungstrupp zu folgen. Er wollte mitgehen, an den Ort des Geschehens. Doch für die Filmsequenzen musste er manchmal stehen bleiben, um die vor ihm laufenden Männer zu fokussieren. Nach wenigen Augenblicken verschluckte sie der Wald. Wo waren sie jetzt langgegangen? Hatte der Truppenführer nicht gesagt, dass jeder auf dem Weg bleiben soll? Dass links und rechts davon überall scharfe Munition liegen könnte? Wo war der Weg im Wasser, und wo verlief der zwischen den Bäumen?

Was es heißt, auf vermintem Land leben zu müssen, erfuhren wir hier. Jeder Schritt konnte der letzte sein. Die Farbe der Streubomben hat die des Erdbodens – braun. Auch ein geschultes Auge kann so ein Bombi, wie die Einheimischen die Sprengkörper salopp nennen, kaum unterscheiden. Sebastian meinte, er laufe wie auf Eiern.

Anders als wir scheinen sich die Bewohner der Dörfer um Quảng Trị an die potentielle Gefahr gewöhnt zu haben. Seit dem Krieg finden sie fast jeden Tag Bombis bei der Feldarbeit. Um weiter pflügen zu können, den jungen Reis umzusetzen, die mannshohen Pfefferpflanzen zu pflegen – die Provinz ist bekannt für ihre gute Qualität, Vietnam ist weltweit größter Pfefferproduzent –, legen sie die Funde einfach vorsichtig beiseite und kümmern sich nicht weiter darum. So ein Haufen Bombis, aufgeschichtet einige Meter entfernt vom Feldrand, wurde den Kindern zum Verhängnis.

SODI hat eine Art Feuerwehr in den Dörfern von Quảng Trị eingerichtet. Das sind fünf junge, im Umgang mit Streumunition und nicht explodierten Bomben jedweder Größe geschulte Männer um die 30. Alle haben ein Testament unterschrieben. Ihre Familien müssen jeden Tag damit rechnen, dass der Ehemann, der Vater, der Bruder am Abend nicht mehr nach Hause kommt. Gruppenführer Ly, ein drahtiger Mann mit Stolz und Trotz in den Augen, schärft den Dorfältesten und Bürgermeistern immer wieder ein, dass sie ihn anrufen sollen, wenn sie Hinterlassenschaften des Krieges entdecken. Dann eilen er und sein Räumteam herbei, um die Fundstücke zu entschärfen oder in die Luft zu sprengen.

Kinder lernen anhand einer durch explodierte Minen abgerissenen Schweinepfote anschaulich in der Schule, was Streumunition anrichten kann. Doch manchmal siegt die Neugier über die Angst, das etwas passieren könnte. Schließlich suchen nicht selten die eigenen Eltern, die Erwachsenen, mit selbst gebastelten Detektoren nach Kriegsschrott. Das sieht dann in etwa so aus, als würde jemand mit der Wünschelrute über die Felder gehen. Der Metallschrott ist wertvoll. Die Bomben der Amerikaner sind aus Edelstahl. Man kann ihn gut verkaufen. So sichern sich die Menschen einen Nebenverdienst. Die Gefahr, der sie sich dabei aussetzen, ist für sie zweitrangig. Quảng Trị und die angrenzenden Provinzen sind das Armenhaus Vietnams.

Die Ressource Kriegsschrott wird den Bewohnern dort nicht ausgehen. Sie werden noch Jahrhunderte so weitermachen können. Laut Auswärtigem Amt, das zwischen 2008 und 2013 über fünf Millionen Euro in die Kampfmittelräumung investierte, liegen auf 20 Prozent der Landfläche Vietnams Blindgänger. Das sind etwa 66 000 Quadratkilometer, ein Territorium fast so groß wie Bayern.

Viel sandigen Boden gibt es hier, in der Nähe zum Meer, auf dem wenig wächst. Dazu verdirbt oft das Wetter den Bauern die Ernte. In der Monsunzeit, im Sommer bis in den Herbst hinein, peinigen tropische Wirbelstürme, Starkregen und Überschwemmungen die Menschen in Mittelvietnam. Sie sind hungrig nach höher gelegenem Land, besseren Böden und vor allem einem Terrain ohne Explosionsgefahren. SODI hat von Anfang an nachhaltig gedacht. Die Nichtregierungsorganisation (NGO) verband das Minenräumprogramm mit wirksamer Entwicklungshilfe, finanziert aus Spenden und Geldern des Bundesministeriums für Wirtschaftliche Zusammenarbeit. Ganze Dörfer entstanden neu, mit befestigten Straßen, Strom- und Wasserleitungen, Brunnen, Kindergärten, Schulen und einem Gesundheitszentrum.

Natürlich hatten wir Termine mit Bürgermeistern, Parteisekretären und dem örtlichen Volkskomitee. Die Bevölkerung nahm uns als eine Delegation aus Deutschland wahr. Anders als 1979, als wir ein FDJ-Hemd tragen mussten und die Staatssicherheit beider Seiten uns nicht aus den Augen ließ, konnten wir uns frei bewegen. Sebastian spielte mit Dorfjungen Fußball. Mitgebrachte Luftballons verwandelte er unter dem Gejohle der Kinder zu Musikinstrumenten. Alle wollten pusten, um dann quietschend die Luft herauszulassen, mit dem dicken großen Mann, der so viel Spaß machte. Ein Mädchen lieh mir ihr Fahrrad, rannte mit ihren Freunden neben mir her und war stolz darauf, dass eine »Westlerin«, eine *Tây*, mit ihm fuhr. Andere wollten mir einen kleinen Vogel schenken, den sie gefangen hatten. Viele der Kinder trugen zerrissene Kleidung, einige waren barfuß. Doch alle waren fröhlich. Damals dachte ich: So fühlt sich also eine Kindheit an ohne Minen.

Dann begegnete ich einem Menschen, der mich sehr beeindruckte. Bauer Lê Văn Cū, damals 38 Jahre alt, ist ein fröhlicher Mensch. Bei jeder Gelegenheit huscht ein Lächeln über sein gebräuntes Gesicht. Er ist von kleinem Wuchs, aber muskulös. Seine Augen leuchten, wenn er über seine Arbeit spricht. Ihm fehlt der linke Unterarm.

Mit seiner schüchternen, jungen Frau und seinem kleinen Sohn, dessen Hose ihm beim Laufen immer wieder nach unten rutschte, bewohnt er vier nackte Wände. Die hat er selbst hochgezogen und grau verputzt. Als Schutz vor Sonne und Regen dient ihnen ein Wellblechdach. Wenn es heiß ist, staut sich darunter die Hitze, wie unter einem Kochtopf. Wenn es regnet, prasseln die Tropfen darauf wie Hammerschläge auf einen Amboss. Auf dem Steinboden zwischen den Wänden steht ein einfacher Tisch und zwei Bänke aus Holz. Darüber verbreitet eine einsame Neonröhre kaltes Licht. Im hinteren Teil führt ein Ausgang ohne Tür ins Freie, zu einem offenen Feuer. Wasser kommt aus einem Rohr im Erdboden. Hinter einem Verschlag steht ein Holzbett –

ohne Füße. Es ruht auf vier Ziegelsteinen. Das ist sein Haus, auf das er stolz ist. Eine Tafel über dem Eingang verweist auf den Spender: Waldemar Cierpinski. Ein Name, den Cu weder aussprechen kann, noch mit dem er ein Bild verbindet. Der einstige Doppel-Olympiasieger der DDR im Marathonlauf ist für ihn ein Fremder aus einem Land weit weg, dem er durch SODI ein besseres Leben verdankt. Seine alte Hütte aus Bambus steht noch auf vermintem Grund.

Er war elf, als er ein Bombi fand und es gegen einen Baum schleudern wollte. Der Fund aus dem Krieg kostete ihm die linke Hand und den Unterarm. Er ging dennoch zur Schule. Heute krault er beim Behindertensport im Schwimmen den anderen davon. Er bestellt sein Reisfeld, hilft seiner Frau im Gemüsebeet. Als überaus geschickter Tischler verdient er sich etwas dazu. Reichere Bewohner in der Gegend bezahlen ihn manchmal für seine professionellen Dienste. Jeder Nagel sitzt. Dafür nimmt er Mund und Armstumpf zu Hilfe. Beim Klettern auf dem Bambusgerüst, mit dem seit Jahrhunderten in Stadt und Land gebaut wird, balanciert Cü die Bretter wie ein Artist. Er ist geschickt, präzise, genau und schnell. Ein Mensch, der sich trotz Behinderung nie aufgab. Ein Kämpfer ohne Orden. Sein Verdienst reicht gerade so zum Überleben der Familie.

Wer in Vietnam das Wort Quảng Trị hört, denkt an die Kämpfe, an die Millionen Opfer durch Bomben, Blindgänger und an Agent Orange. Das dioxinhaltige Gift, benannt nach der farbigen Banderole der Fässer, in dem das Herbizid aufbewahrt wurde, gehörte zur chemischen Kriegsführung. Tief fliegende Flugzeuge versprühten es flächendeckend über Wäldern und ganzen Landstrichen. Kurze Zeit später fielen die Blätter von den Bäumen, ein künstlicher Herbsteinbruch. Von Palmen blieben nur die Stämme stehen. Danach abgeworfene Napalmbomben erledigten den Rest menschlicher Zivilisation. Taktik der verbrannten Erde, nannten das die Amerikaner. Ziel war immer wieder der legendäre Hồ-Chí-Minh-Pfad, *Đường mòn Hồ Chí Minh*.

Ausländer und nicht die eigenen Landsleute gaben ihm den Namen des bekanntesten Vietnamesen. Hồ Chí Minh ist der Gründer der Kommunistischen Partei Vietnams (1930) und Präsident der Demokratischen Republik Vietnam (1954 bis 1969). Im Volk wird er weiterhin hoch verehrt. Das Bildnis von Onkel Hồ hängt in jedem Büro. Die Vietnamesen sprechen nicht vom Hồ-Chí-Minh-Pfad, sondern von der Trường-Sơn-Straße, Đường Trường-Sơn, benannt nach dem Gebirge im Grenzgebiet von Vietnam, Laos und Kambodscha, durch das er größtenteils führt. Ein Weg von 700 Kilometern Länge, der vom Norden bis nach Südvietnam reicht. Einer Arterie gleich, mit 21 Querverbindungen, war dieser Pfad die Lebensader für die Nationale Befreiungsfront Südvietnams (FNL), auch Việt Cộng genannt. Deren Kämpfer griffen die Stellungen der US-Armee im Mekongdelta an, in Saigon, nördlich der Stadt bis nach Đà Nẵng. Überraschungsangriffe auf Militärbasen brachten die Militärstrategen der Amerikaner zur Verzweiflung. Während sie ihre Militärcamps mit Waffen, Stacheldraht, Flutlicht und rund um die Uhr wachsamen und bewaffneten Soldaten oberirdisch sicherten, kam der Việt Cộng aus dem Nichts. Der Erdboden gab ihn frei und verschluckte ihn genauso schnell, wie er gekommen war. Schon im Kampf gegen die Franzosen hatte sich diese Guerillatechnik bewährt. Das Leben spielte sich unter dem Dschungel, Reisfeldern, Straßen, Siedlungen der Bauern ab. Die Infrastruktur eines Dorfes, mit Wohn- und Schlafräumen, Küchen, Krankenstationen, Schulklassen und Kindergärten, Fabriken, Werkstätten und Versammlungsräumen erstreckte sich bis zu 20 Meter tief im Erdinneren. Eingänge, durch die gerade ein Mensch von der Statur eines Vietnamesen passte, und von denen es ähnlich Maulwurfhügeln unzählige gab – echte und unechte, wurden mit umliegenden Pflanzenmaterial getarnt.

Vietnamesen sind Meister der Tarnung, gut zu sehen bei der Besichtigung unterirdischer Tunnelsysteme wie dem von Củ Chi in der Nähe von Ho-Chi-Minh-Stadt. Ehemalige Kämpfer der Befreiungsfront weihen Besucher in die Geheimnisse der taktischen Kriegsführung ein. Sie erzählen den staunenden Gästen auch, wie Soldaten der nordvietnamesischen Befreiungsarmee Việt Minh – einer der Gründer und ihr politischer Führer war Hô Chí Minh – sie mit allem für den Kampf Notwendigen versorgten: Russische Panzer, Waffen, Munition, Sprengstoff, Medizin, Lebensmittel, Kleidung, Unterrichtsmaterial und die Feldpost gelangten über das Verkehrs- und Wegenetz des Hô-Chí-Minh-Pfades vom Norden in den Süden. Und natürlich menschlicher Nachschub – Truppen aus dem Norden. Zwei Transportmittel bewährten sich auf dem schwierigen Boden besonders: Die robusten Diamant-Fahrräder und Lastkraftwagen W50 aus der DDR, zum größten Teil gespendet. Grün gestrichen und wie ein Sandwich eingepackt in Palmenwedel, waren sie aus der Luft kaum von den Farben des Dschungels zu unterscheiden.

Genau das wollten die USA mit dem Einsatz chemischer Entlaubungsmittel ändern. Agent Orange war das Zaubermittel, das ihnen freie Sicht auf das schlagende Herz des Gegners verschaffen sollte. Ein Angriff auf die Versorgungsadern des *Việt Cộng*, mit dem Ziel eines Hô-Chí-Minh-Pfades ohne Deckung. Das den Gegner so weit schwächt, dass er aufgibt. Soweit das Kalkül, das schon deshalb nicht aufging, weil der Wille nach Unabhängigkeit und Freiheit dieses Volk einte, ihm Stärke verlieh und ungeahnte Kräfte freisetzte. Mobile Einheiten, oft nur Frauen, reparierten innerhalb weniger Stunden zerbombte Straßen und Brücken. Ohne Übertreibungen kämpften hier Seite an Seite mehrere Generationen, vom Schulkind bis zum Greis, gegen eine Übermacht, die oft kopflos wirkte und deren Soldaten vor allem eines im Gegensatz zu der ihre Heimat verteidigenden Vietnamesen nicht wussten: Wofür sie ihr Leben geben sollten.

Was einige wenige Menschen Millionen anderen Menschen antun, um ihre Macht zu behaupten und politische sowie wirtschaftliche Interessen zu verfolgen, dafür steht dieser Stellvertreterkrieg. In Vietnam standen sich zwei Großmächte gegenüber:

die UdSSR und die USA. Für die einen, die UdSSR, ging es um den Erhalt des Kommunismus in Südostasien, für die anderen, den USA, um dessen Vernichtung.

Dafür ließ die damalige US-Regierung unter John F. Kennedy ihre Landsleute ins Messer laufen. 2,4 Millionen ehemalige GIs wurden Opfer der chemischen Kriegsführung, ohne dass sie es auch nur ahnten. Der Inhalt der Fässer mit den orangefarbenen Banderolen, mit dem sie auf ihren Militärbasen hantierten und den sie über weite Landstriche aus ihren Flugzeugen versprühten – auch um die Ernten zu vernichten, den Feind auszuhungern – machte sie und ihre nachfolgenden Generationen krank.

Dioxin ist eine der giftigsten Substanzen auf diesem Planeten. Ein Langzeitkiller, der seine Wirkung erst Jahre später entfaltet und dabei auch mal eine Generation überspringt. Ein Chemie-cocktail aus 210 verschiedenen chlorierten Kohlenwasserstoff-verbindungen, die bei Verbrennungsprozessen entstehen. Das ist generell der Fall bei Metallrecycling und Müllverbrennung, aber auch bei Waldbränden. Das toxischste Dioxin ist das 2,3,7,8 Te-trachlor-Dibenzo-p-Dioxin (2,3,7,8 TCDD). Nach Angaben des deutschen Umweltbundesamtes beträgt seine Halbwertszeit im Körperfett des Menschen etwa sieben Jahre. TCCD schädigt nachhaltig die Zellen, das Erbgut. Es gilt als Ursache vieler Krank-heiten, beispielsweise für Tumore bei jungen Frauen. Es kommt hauptsächlich über die Nahrungskette, durch Fleisch, Milch, Fi-sche, in den Körper des Menschen und reichert sich dort wie bei den Tieren im Fett an. Babys nehmen es über die Muttermilch auf. Mit einer Halbwertszeit von mehreren Jahrzehnten ist Di-oxin im Boden sehr langlebig und wird kaum verlagert, teilt das Umweltbundesamt auf seiner Webseite weiter mit. In einer Studie der Universität Wien aus dem Jahr 2007 wurde in Mã Đà, einer im Krieg sehr umkämpften Region nördlich von Saigon, Dioxin im Grundwasser nachgewiesen.

Dem Weißen Haus sei durchaus bekannt gewesen, dass bei der Herstellung von Agent Orange als Nebenprodukt Dioxin anfiel, schreibt die *Süddeutsche Zeitung* in einem am 29. Juni 2015 veröffentlichten Artikel zum Thema »Giftiges Erbe«. Wie viele Millionen Liter dioxinhaltige Herbizide in Vietnam versprüht wurden, darüber gibt es in vielen Medien unterschiedliche Angaben (zwischen 72 und über 90 Millionen Litern). Einigkeit herrscht bei der Aussage, dass bereits ein Milliardstel Gramm Dioxin als krebserregend gilt. Das Blatt beruft sich dabei auf Angaben des amerikanischen Aspen Instituts. Danach wurde Agent Orange in einer 50 Mal höheren Konzentration versprüht als für die Zerstörung von Pflanzen empfohlen. Nach vietnamesischen Schätzungen haben drei bis vier Millionen Menschen Folgeschäden davongetragen. Eine halbe Million Kinder wurden bisher mit Behinderungen geboren.

Zahlen. Das sind nur Zahlen. Sie sagen nichts aus über das Leid der Menschen, über den schweren Alltag mit geistig oder körperlich behinderten Kindern, über die physisch wie psychisch und natürlich auch finanziell anstrengenden Pflegeleistungen. Darüber, dass sich diese Familien oft von den Ahnen bestraft fühlen, für ein früheres Vergehen. Dass sie nach zwei behindert geborenen Kindern auf ein drittes gesundes hoffen – und wieder furchtbar enttäuscht werden. Dass sie sich mit dem Misstrauen der Nachbarn konfrontiert sehen. In Vietnam, wo die Familie über allem steht und die Dorfgemeinschaft die Familie ist, stellt das ein großes soziales Problem dar. Mit der Folge, dass Familien diese Kinder vor den Augen der Gemeinschaft zu verstecken versuchen.

Betroffen ist mittlerweile die vierte Generation. Sie haben deformierte Körper, seltsam verbogene Arme und Beine. Oder nur einen Rumpf, einen Wasserkopf, ein Auge auf der Stirn, Genitalien im Gesicht. Schwarze Flecken auf der Haut, die von Tag zu Tag größer werden. Das bệnh viện Từ Dũ, das Từ-Dũ-Krankenhaus in Ho-Chi-Minh-Stadt, hat nicht lebensfähige Babys in Formaldehyd aufbewahrt, darunter Wesen mit zwei Köpfen. Ein Horror-Kabinett, das Chemie-Konzernen wie Monsanto und Dow Chemical, zwei von 32 Herstellern des Giftes, darunter Boehringer in Ingelheim am Rhein, Mahnung, Gedenken und Verpflichtung sein sollte, die Opfer zu entschädigen. Millionen Vietnamesen in den einst besprühten Gebieten leiden vermehrt an Krebs, Parkinson, Diabetes, Nervenkrankheiten und sterben daran. Bisher warten sie und ihre Familien vergebens auf eine finanzielle Wiedergutmachung und Anerkennung ihrer verseuchten Heimat als Folge des Krieges.

Während Kriegsveteranen und deren Familien in den USA und Korea von Monsanto und Dow Chemical Abfindungen in Millionenhöhe erhielten, weigern sich die USA bis heute, die Opfer von Agent Orange in Vietnam offiziell anzuerkennen. Im Gegenteil. Vietnam sieht sich seit 1962, dem darauf neun Jahre während en Einsatz von Agent Orange, als ein großes Freiluftlabor, unter realistischen Bedingungen, meinte 2005 Professor Hoàng Đình Câu. Bis zu seinem Tod vor einigen Jahren war er Vorsitzender des Ausschusses der zuständigen Regierungsbehörde zur Erforschung der Spätfolgen des Einsatzes chemischer Kampfstoffe.

Die vietnamesische Regierung ist bemüht, stark verseuchte Flächen unter Kontrolle zu sanieren. Bestellbarer Boden ist knapp in Vietnam. Die Menschen leben und arbeiten unmittelbar neben den kontaminierten Flächen. Büffel und Kühe weiden dort. Enten und Hühner suchen sich ihr Futter. Angler holen Fische aus umliegenden Teichen. Seit mehr als 40 Jahren, dem Ende des Krieges, hat sich daran nichts geändert. Zu den bereits untersuchten Hotspots gehören das Flughafengelände in Đà Nẵng, ein ehemaliger Militärstützpunkt in Biên Hòa in der Nähe von Saigon und Phù Cát an der Küste von Zentralvietnam, wo die U.S. Air Force eine Basis unterhielten. Andere, ehemalige Lagerplätze von Agent Orange sind noch nicht identifiziert worden, aber alle befinden sich in Süd- und Zentralvietnam. Insgesamt gibt es 28 dioxinverseuchte Orte im Land.

2012 haben die USA begonnen, dem ehemaligen Gegner bei der Bewältigung dieser finanziell kostspieligen und technisch aufwendigen Aufgabe zu unterstützen. In einem gigantischen Ofen in der Nähe des Internationalen Flughafens in Đà Nẵng kocht dioxinhaltige Erde 21 Tage lang bei 325 Grad. 73 000 Kubikmeter kontaminiertes Erdreich sollen abgetragen werden. Ein Versuch, mit dem Erbe des Krieges fertigzuwerden. Nach Informationen von *VietNamNet Bridge*, einer englischsprachigen Online-Publikation, bedarf es 14 Millionen US-Dollar, um das Gebiet zu reinigen. Drei Millionen waren 2008 seitens der USA bewilligt worden. Nach Angaben der *Süddeutschen Zeitung* haben die USA seit 2007 knapp 50 Millionen Euro für die Sanierung der Umwelt und für soziale Dienste in Vietnam gezahlt, aber sich bis 2012 nicht direkt an der Beseitigung von Dioxin beteiligt.

Um die im Vorwort gestellte Frage nach der Gefährlichkeit von Dioxin in Nahrungsmitteln zu beantworten, die Touristen bei einem Aufenthalt in Vietnam zu sich nehmen, kann ich nur für mich selbst sprechen: Ich meine, dass das Risiko äußerst gering ist, mit Dioxin hoch belasteter Nahrung oder Wasser in Berührung zu kommen. Bei vier Wochen im Land, noch dazu auf einer Rundreise entfernt jeder ehemaliger Hotspots.

Kriegsberichterstatter

Ich gehöre einer Generation an, die den Vietnamkrieg aus den Medien, aus Zeitungen, Radio und Fernsehen, verfolgen konnte. Es war auch ein Krieg der Bilder – Fotos, die um die Welt gingen. Die kleine Vietnamesin, Angehörige der Volksmiliz, die einen weitaus größeren, mit gesenkten Kopf vor ihr hergehenden Menschen mit einem Gewehr in Schach hält, einen amerikanischen Piloten, der vom Himmel gefallen war. Das nackte, schreiende, kleine Mädchen, das mit anderen Kindern aus ihrem von Napalmbomben getroffenen Dorf Trảng Bàng rennt. Ein Foto des in Vietnam geborenen, für Associated Press (AP) in den USA arbeitenden Kriegsreporters Nick Út, das 1972 um die Welt ging und für das er im Jahr darauf den Pulitzer-Preis erhielt. Er hätte noch einen weiteren Preis verdient. Dafür, dass er das von Napalm an Armen und Rücken verbrannte Kind in ein Krankenhaus nach Saigon brachte und ihm damit das Leben rettete. Die damals neunjährige Phan Thị Kim Phúc lebt heute mit ihrer Familie in Kanada.

Unvergessen auch die Fotos eines Việt-Cộng-Kämpfers in den Straßen von Saigon, der durch einen amerikanischen Offizier per Kopfschuss öffentlich hingerichtet wird. Das Massaker im Dorf Mỹ Lai, in dem Männer, Frauen und Kinder, selbst Babys, von mordenden GIs über den Haufen geschossen wurden. Bilder, die die Unbarmherzigkeit des amerikanischen Krieges in Vietnam dokumentierten, seine sinnlose Brutalität entlarvten. Sie mobilisierten weltweit und vor allem in den USA immer mehr Menschen gegen diesen Krieg. Die Regierung von Richard Nixon, Präsident von 1969 bis 1974, sah sich durch diese Arbeit der Kriegsfotografen einer wachsenden Protestwelle gegenüber, die schließlich zum Ende des Krieges 1975 beitrug. »Im Grunde sind die Amerikaner psychologisch gescheitert«, meint der 2014 verstorbene Vietnam-Kenner Peter Scholl-Latour in seinem Bestseller *Der Tod im Reisfeld*. Wohl auch an der »ungeheuren Zähigkeit und dem Durchstehvermögen dieses kriegerischsten Volkes Südostasiens«.

Die Fotografen und Berichterstatter, die mit ihren Aufnahmen und Dokumentationen diesen Krieg beenden halfen, waren selten Vietnamesen wie Nick Út, sondern meist Kollegen aus anderen Ländern wie den USA, Japan, Frankreich und England. Sie trafen sich im berühmten Rex Hotel am Nguyễn-Huệ-Boulevard in Saigon, auf dem von schusssicheren Scheiben umgebenen Dachgarten. Hier sprachen sie mit amerikanischen Offizieren über ihren nächsten Einsatz im Mekongdelta, verfolgten Pressekonferenzen, deren Botschaften meist geschönt und weitab der Realität waren. *Five o'clock follies* – die Verrücktheiten um Punkt fünf, war unter den Kriegsreportern ein geflügeltes Wort. Doch sie wussten die Kontakte für sich zu nutzen. Nur mit den Militärs gelangten sie an die Front. Was später in den Zeitungen der Welt stand, bildete die Realität aus eigenen Erleben ab und war oft nicht nach dem Geschmack verantwortlicher Presseoffiziere und des Weißen Hauses. Mit *embedded journalism*, einer Kriegsberichterstattung, die kontrolliert und zielgerichtet erfolgte, wie später im Irak und in Afghanistan, hatten diese Einsätze nichts zu tun. Journalisten wie Peter Scholl-Latour oder Tiziano Terzani – der eine war in Vietnam für den *Stern* unterwegs, der andere für den *Spiegel*, hatten einen hohen Anspruch an Authentizität und Seriosität.

Den heldenhaft kämpfenden Norden, wie es oft in DDR-Medien hieß, lichteten Kriegsreporter wie der ostdeutsche Thomas Billhardt ab. In seinen Bildbänden und Berichten war die Solidarität mit dem sozialistischen Brudervolk Hauptthema. Sowohl seine Aufnahmen als auch die dazugehörigen Bildunterschriften und Texte gingen durch die Hände der Partei, bevor sie veröffentlicht wurden. Als Kind hatte ich ein Foto von ihm, gedruckt als Plakat, an der Wand in meinem Zimmer. Es zeigte eine junge Frau mit einem Kind auf dem Arm. Sie beschützte sich und das Baby durch einen konischen Hut, den sie schräg über ihrem Kopf hielt. Beide standen in einem warmen, goldenen Licht. Viele Jahre später sah ich dieses Licht die Straßen der Altstadt von Hanoi verzaubern. Billhardts Bilder spielten oft mit dieser Erscheinung und zeigten ein Land voller Schönheit, ein starkes Volk, trotz Krieg und Entbehrungen. Er hat die *Gesichter Vietnams*, so der Name eines Bildbandes aus dem Jahr 1978, porträtiert.

Ganz aus dem internationalen Blickfeld gerieten die Fotografen und Reporter des Nordens mit ihren Werken. Viele von ihnen arbeiteten für die vietnamesische Nachrichtenagentur VNA, Vietnam News Agency. Mit einem klaren Auftrag der kommunistischen Partei: Den Krieg über Bilder zu gewinnen, um die eigene Armee zu stärken. Auch sie gingen an die Front und kämpften mit der Kamera. Sie platzierten sich an strategisch wichtigen Punkten auf dem Hô-Chí-Minh-Pfad, an Brücken, die unter einem Bombenhagel lagen und immer wieder repariert wurden, in den unter der Erde liegenden Stellungen und in Quảng Trị. Ihre Fotos zeigten junge Frauen und Männer mit entschlossenen Gesichtern, die spielend eine Flak bedienen. Gruppen lachender Männer an der Front, die in einer Feuerpause Liebesbriefe und die Volkszeitung lesen. Tanzende grazile Mädchen vor einer Soldatentruppe. Junge Milizionärinnen an der Küste, die ihr Gewehr stolz über der Schulter tragen. Abgeschossene Flugzeuge, lernende Kinder, bewaffnete Bauern bei der Feldarbeit und Krankenschwestern, die sich im Lazarett um Verwundete kümmern. Sie entwickelten die Filme in einer mondlosen Nacht am Fluss. Kuriere brachten die Filmrollen auf verschlungen Wegen nach Hanoi, wo sie dann der Zensur der Partei standhalten mussten, bevor sie in den staatlichen Medien wie *Nhân Dân*, der Volkszeitung, und der *Quân đội Nhân Dân* veröffentlicht – oder in den Papierkorb geschmissen wurden.

Einer, der 2015 von seinen Erlebnissen in der Armee zum 70. Jahrestag von VNA in vielen Medien Vietnams und auch außerhalb des Landes berichtete, ist Chu Chí Thành: Kriegsfotograf, von 1975 bis 1980 als Journalist an der damaligen Karl-Marx-Universität Leipzig ausgebildet, von 1990 bis 1995 Leiter von VNA. Über viele Jahre führte er die Künstlervereinigung der Fotografen Vietnams. Für sein Buch *Ký ức chiến tranh*, Erinnerungen an den Krieg, 2010 auf Vietnamesisch und Englisch erschienen, bekam er den Nationalpreis. Wir kennen uns seit 37 Jahren.

Im Krieg war Thành mit Jane Fonda unterwegs, mit »Hanoi-Jane«, wie die amerikanische Schauspielerin damals von Leuten aus dem eigenen Land verächtlich betitelt wurde, weil sie mit ihrem Besuch das andere Amerika demonstrativ unterstrich, sich als bekannte Persönlichkeit mit dem Feind ablichten ließ. Die Fotos mit ihr, aufgenommen im Juli 1972 in Vietnam, gingen damals auch um die Welt. Sie zeigten Jane Fonda in der völlig zerstörten Stadt Nam Định im Delta des Roten Flusses. Im Gespräch mit gefangenen amerikanischen Soldaten, am Krankenbett vietnamesischer Textilarbeiterinnen, die durch amerikanische Bomben schwer verletzt worden waren. Thành porträtierte Fonda während sie das Ausmaß der Bombardements auf das international ausgerichtete Bạch-Mai-Krankenhaus in Hanoi zu sehen bekam. Und er war dabei, als vietnamesische Frauen sie umarmten und herzten, für ihr Engagement und ihren Mut, gegen die Politik des eigenen Landes aufzutreten.

Beim international größten Festival des Fotojournalismus, Visa pour l'Image 2014 in Perpignan in Frankreich, wurde ihm und drei weiterer seiner vietnamesischen Kollegen eine späte Ehre zuteil. An einem warmen Sommerabend, der Tausende Menschen in einer Arena unter freiem Himmel zur Präsentation ihrer Arbeiten auf einer riesigen Leinwand vereinte, feierte sie das versammelte Publikum und die Presse aus aller Welt. Standing ovations für vier Kriegsreporter aus dem Norden von Vietnam. Sie wurden gefeiert für ihre Arbeit unter den schwierigen Bedingungen des Krieges, damals ohne digitale Technik. Vier von 400 vietnamesischen Kriegsreportern, 260 waren gefallen. Mit Tränen in den Augen kommentierte Thành diesen für ihn sehr emotionalen Moment mit den Worten: »Jetzt können wir sterben.«

Kurz danach kam die Ernüchterung. Recherchen des dänischen Fotojournalisten Jørn Stjerneklar enthüllten, dass der Fotograf Đoàn Công Tính, der mit Thành zuvor auf der Bühne stand, zwei seiner Bilder manipuliert hatte. Eines davon hatte Visa pour l'Image plakatiert und damit für das Festival geworben. Es zeigt eine kleine Gruppe von Kämpfern auf dem Weg an einer steilen Felswand. Dahinter ein Wasserfall. Die an einem Seil kletternden Männer hoben sich davor ab wie ein Scherenschnitt. Es vereinte alles, was guten Fotojournalismus auszeichnet: Wahrhaftigkeit, Emotionalität, Dramatik. »Eine Ikone des Fotojournalismus« schrieben einige Blätter in ihren Print- und Online-Ausgaben unter das Bild. Auch die *New York Times* hatte es veröffentlicht. Es gehörte wie die anderen Bilder der vier Fotografen zu einer Serie von Aufnahmen des Vietnamkrieges, die noch nie im Ausland gezeigt wurden. Đoàn Công Tính hatte nicht nur das Negativ mit Photoshop bearbeiten, sondern aus zwei Bildern eines machen lassen.

Die Nachricht vom Betrug ging durch die Presse. Die *New York Times* entschuldigte sich bei ihren Lesern. In Vietnam löste die Enthüllung eine breite Diskussion über die Wahrhaftigkeit des Fotojournalismus in der heutigen Zeit aus. In seiner Funktion des ehemaligen Leiters von VNA und der Künstlervereinigung der Fotografen kommentierte Thành den Vorgang gegenüber Stjerneklar auf Deutsch:»Das ist Betrug.« Visa pour l'Image hatte ein Imageproblem und Tính entschuldigte sich für sein Fehlverhalten. Er habe die Aufnahme, das durch Krieg und Zeit in Mitleidenschaft gezogene Negativ, nur verbessern wollen.

Vietnam war in der Wirklichkeit angekommen. Viele der im Krieg veröffentlichten Bilder wurden bereits bei ihrer Entstehung manipuliert. Die Partei wollte Siegerposen und nicht das Sterben der eigenen Leute auf dem Schlachtfeld zeigen.

1978 stand Jane Fonda für den Antikriegsfilm »Coming Home« vor der Kamera und bekam dafür einen Oscar. Für mich ist der beste Film zum Thema »Good morning Vietnam« mit Robin Williams in der Hauptrolle. Nah an der Realität, trifft er den Nerv von Saigon Mitte der 1960er Jahre. Trotz des ernsten Themas verbreitet der Streifen auch noch Spaß unter den Zuschauern. Vietnamkenner merken, dass bei dieser Komödie einer die Hand im Spiel haben musste, der das Geschehen aus eigenem Erleben kennt. Der im Film von Robin Williams hervorragend dargestellte Adrian Cronauer war der Co-Autor des Drehbuches.

Wie viel gefallene, verletzte, getötete Soldaten auf beiden Seiten und Zivilisten dieser Krieg forderte, darüber gibt es, je nach Quelle, unterschiedliche Aussagen. 3,8 Millionen Menschen, die meisten davon Zivilisten, hat die Harvard-Universität gezählt. Die US-Armee rechnet mit 58 000 gefallenen Soldaten, einschließlich derer in Laos und Kambodscha, 153 000 wurden verwundet, 1948 gelten als vermisst. In Südvietnam sollen es insgesamt 250 000 Menschen gewesen sein, die das Gemetzel nicht überlebten.

Für einen Großteil der Bevölkerung ist das Geschichte. Von den 92,64 Millionen Einwohnern (Stand 2016) Vietnams sind zwei Drittel unter 30. Dieses junge Volk steht den USA, dem Westen und allem, was von dort kommt, aufgeschlossen wie neugierig gegenüber. Mit dem Handy oder dem Laptop etwas googeln, auf Facebook liebenswerte Dinge liken, zu Starbucks die Freundin ausführen ist für diese Generation in den großen Städten wie Hanoi und Ho-Chi-Minh-Stadt selbstverständlich wie für Gleichaltrige in Deutschland. Ihre Eltern und Großeltern, die »Feindberührung« hatten, schenken amerikanischen Touristen genauso liebenswürdig grünen Tee in ihren Häusern aus Gastfreundschaft ein wie anderen Besuchern des Landes auch. Das Tunnelsystem von Củ Chi nordwestlich von Ho-Chi-Minh-Stadt ist längst zu einer der vielen aus dem Krieg stammenden Touristenattraktionen geworden – mit dem sich trefflich Geld verdienen lässt. Kämpfer der Volksbefreiungsarmee im Ruhestand kriechen mit ehemaligen GIs unter die Erde und manch einem von ihnen wird heute erst klar, dass Charlie, ihr Spitzname für den Việt Cộng, cleverer war als vermutet. Motorradtouren auf dem Hồ-Chí-Minh-Pfad sind das Urlaubserlebnis schlechthin in Vietnam für Biker aus aller Welt.

Wie entspannt die Menschen im Norden und im Süden mit dem Vokabular aus Kriegszeiten umgehen, zeigt sich in Bars und Restaurants. Hier nippen frisch geschminkte Lippen an einem B 52.

Der Krieg gerät in Vergessenheit, aber ist nicht vergessen, je nach Alter und Sichtweise. Das ist in Vietnam kein Widerspruch. Die Menschen machen das Beste daraus, Stahl aus den Bomben, Bunker zur Touristenattraktion. Die Siege über die Kriege mit Japan, Frankreich, den USA und China (Grenzkrieg 1979) werden von den Vietnamesen hochgehalten. Zum Jahrestag der Befreiung zeigen Militärparaden auf dem Ba-Đình-Platz in Hanoi, dem politischen Herz der *Đảng Cộng sản Việt Nam*, der Kommunistischen Partei Vietnams (KPV), den Stolz und die Stärke einer Nation. Meine Freundin Minh schaut sich die Fernsehübertragung wie viele andere Menschen im Land an. An diesem Tag sieht Vietnam rot – die Fahne mit dem gelben Stern weht überall. Ob sie die Leute heraushängen, weil der Nachbar sie heraushängt, weil die Parteidisziplin es so verlangt, wie früher im Einparteienstaat DDR, ist nicht auszumachen.

Land- und Stadtleben

Die Vietnamesen sind ein Bauernvolk. 85 Prozent der Bevölkerung lebten um 1960 auf dem Land. Damals zählte Vietnam etwa 35 Millionen Einwohner. Heute lebt von den 92,64 Millionen Menschen knapp ein Drittel in den Städten, Tendenz steigend. Obwohl Vietnam wie andere Entwicklungsländer unter der Landflucht leidet, arbeitet in der Landwirtschaft immer noch knapp die Hälfte der Bevölkerung. Doch die größten Ballungszentren wie Hanoi, die Hafenstadt Hải Phòng im Norden, die alte Kaiserstadt Huế und die Hafenstadt Đà Nẵng in Mittelvietnam, die wegen ihrer prosperierenden Wirtschaft heimliche Hauptstadt Ho-Chi-Minh-Stadt und Cần Thơ im Mekongdelta im Süden üben vor allem auf junge Dorfbewohner eine magnetische Anziehungskraft aus. Denn dort gibt es das, was sie jeden Tag im Fernsehen sehen: das reiche Vietnam. Westliche Restaurants, volle Supermärkte, die Fleisch aus Kühltheken verkaufen, auf dem nicht die Fliegen sitzen wie an lokalen Verkaufsständen. Breite Straßen ohne Schlaglöcher, Komfort in den Häusern. Dort können sie Touristen treffen, mit denen sich kleine Geschäfte machen lassen. Vor allem aber verheißt die Stadt Aussicht auf Arbeit in modernen Fabriken, die mehr einbringt als die in der Landwirtschaft. Eine Metropole wie Hanoi oder Saigon verspricht auch eine bessere Schulbildung als die der Provinz und somit eine rosige Zukunft für die Kinder.

Etwa eine Million Menschen wandern jährlich vom Land in die Stadt, meistens illegal. Sie alle sind auf der Suche nach einem besseren Leben. Mit 25 Prozent war die Armut auf dem Land 2004 fast viermal so hoch wie in der Stadt, schreibt Hoàng Linh

Đặng in seinem Buch über den *Wirtschaftlichen Strukturwandel und die außerlandwirtschaftliche Beschäftigung*. Insgesamt sank aber die Armutsrate von 60 Prozent in den 1960er Jahren auf heute unter zehn Prozent. Nur noch 2,44 Prozent der Menschen im Land leben offiziell in extremer Armut.

Doch Armut und Reichtum sind im Land ungleich verteilt. Die Schere zwischen denen, die sich nur eine Suppe am Tag auf der Straße kaufen können und denen, die drei Anwesen, zwei Autos, vier Motorräder, zwei Dienstmädchen haben, geht immer weiter auseinander. Im Allgemeinen gibt es ein Stadt-Land- und ein Nord-Ost-Gefälle. Im Norden, Nordwesten und im Zentralen Hochland, im chinesischen, laotischen und kambodschanischen Gebiet, leben ein großer Teil der 54 ethnischen Gruppen, die gegenüber den *người Kinh*, Menschen Vietnams, die etwa 90 Prozent der Bevölkerung ausmachen, generell benachteiligt sind. Sie haben bisher kaum von der seit Jahrzehnten anhaltenden positiven Entwicklung im Bildungs- und Gesundheitswesen profitiert, auch weil ihre Dörfer verstreut und weitab von größeren Städten liegen und nur schwer erreichbar sind. Unter ihnen, immerhin fast neun Millionen Menschen, beträgt die Armutsrate nach Angaben der Weltbank noch 52 Prozent. Zudem gibt es überall in Vietnam Familien, von denen die eine alles hat, die andere fast nichts. Und beide wohnen und leben nebeneinander.

Ungelernte Tagelöhner haben auch in den Städten kaum eine Chance auf angemessene Entlohnung für ihre Arbeit, die oft aus Hilfstätigkeiten wie auf dem Bau, in Hotels, als Straßenverkäufer oder als Kindermädchen besteht. Vielleicht haben sie aber nur noch nicht das Buch *Làm thế nào đi thành lương?*, Wie werde ich reich?, gelesen, das es in Hanoier Buchhandlungen zu kaufen gibt. Denn Lesen und Schreiben können die meisten. Die Alphabetisierungsrate liegt offiziell bei 93 Prozent.

Das Dorf als Urzelle der vietnamesischen Zivilisation hat eine lange Geschichte. Über Jahrhunderte hinweg ist es in seiner ursprünglichen, wehrhaften, traditionellen Struktur erhalten geblieben. Dorftore, verbunden mit hohen Mauern oder deren Resten, Wälle aus Erde oder lebenden Pflanzen wie dem schnell wachsenden, armdicken Bambus dienten schon zu Zeiten der Minh-Dynastie im 16. Jahrhundert als natürlicher Schutz vor Feinden. An der Dorfhecke endet die Macht des Kaisers, lautet ein vietnamesisches Sprichwort, das an seiner Bedeutung bis heute nichts eingebüßt hat. Die Menschen waren dem Kaiser zwar Untertan, mussten Steuern entrichten, Arbeitskräfte für größere Bauvorhaben und Soldaten zur Verfügung stellen. Doch sonst hatten die Dörfer ihren eigenen Kopf, mit den selbst ernannten Mitgliedern im Ältestenrat. Auch ihren Schutzgeist, der damals wie heute im zentral gelegenen Versammlungshaus, dem *đinh*, verehrt wird, bekamen sie nicht vorgesetzt. Eng verbunden mit der konfuzianischen Denkweise, bestimmten sie ihn nach ihren althergebrachten Glauben an Geister und Dämonen selbst. Die Dörfer und ihre Bewohner wurden in Ruhe gelassen, insofern sie auch Ruhe bewahrten.

Mit der Ruhe ist es heute vorbei, wenn Bürokraten, Behörden oder Investoren sich des Landes der Bauern bemächtigen wollen. Sei es, um ihr eigenes Haus auf ein schönes Fleckchen Erde zu setzen oder große Neubau- und Gewerbegebiete im Sinne von Partei und Regierung zu realisieren. Lokale Medien berichten immer wieder von aufmüpfigen Landsleuten, die ihren Besitz sogar mit der Waffe verteidigen – so auch die Deutsche Welle 2012. In einem Vorort von Hải Phòng wurde ein Bauer mit der Waffe in der Hand verhaftet. Der Vorwurf: Widerstand gegen die Staatsgewalt und versuchter Mord. 2013 verurteilte ihn ein Gericht zu fünf Jahren Gefängnis, drei seiner Verwandten erhielten Haftstrafen von zwei bis fünf Jahren.

Zwar gehört aller Grund und Boden in Vietnam dem Staat, aber die Bewohner können ihn verpachten, übertragen, tauschen und vererben, und das seit Generationen. Diese Verfügungsrechte wurden ihnen seitens des Staates 1987 – ein Jahr nach *đổi mới*, der wirtschaftlichen Öffnung des Landes und Liberalisierung des

Marktes garantiert. Sie stehen auch in der Verfassung von 1992 und im Bodengesetz von 1993.

Schon seit Jahren eskalierten aber die Auseinandersetzungen um Grund und Boden. Dörfer, angeführt von Gemeinderäten, weigern sich, ihr Land herzugeben oder streiten sich mit dem Nachbardorf um fruchtbaren Boden. Da die Rechtslage Auslegungssache ist, haben die Bauern meist das Nachsehen. Konfliktzonen sind vor allem die Stadtränder von Saigon und Hanoi, wo sich die rasant wachsenden Metropolen wie ein gefräßiger Tiger gebärden. Heute noch Reisfeld, morgen schon eine neue Industriezone mit Fabriken für Tausende Arbeiter, schnell hochgezogenen Wohntürmen und betonierten Böden.

Das Zentrale Hochland, wo *Kinh* ihre Zukunft im Kaffee- und Teeanbau sehen und hier auf das angestammte Terrain der Ethnien treffen, bleibt davon ebenso wenig verschont wie Küstenstreifen in Süd- und Zentralvietnam. Fischerdörfer unter Palmen an feinsandigen Stränden müssen Platz machen für Investoren aus dem In- und Ausland, die hier ihre Träume vom hochwertigen Pauschaltourismus verwirklicht sehen wollen. Das dann die Bedürfnisse von westlichen Urlaubern nach Authentizität und Flair um ihr Zuhause auf Zeit auf der Strecke bleiben – wie zwischen Đà Nẵng und Hội An – scheint niemanden zu stören. Ein Hotelkomplex nach dem anderen wird hier am Meer errichtet. Das zuvor zerstörte Leben im Hinterland werden Touristen vermissen. Der Fischer, der früher von seinem Fang leben konnte, sitzt jetzt in einem Neubau mit fließend Wasser und Supermarkt um die Ecke, aber ohne Aussicht auf Arbeit. Von der Entschädigung hat sich einer seiner Söhne ein Moped gekauft. Das Boot und die Netze braucht keiner mehr. So verschwinden Existenzen und Dörfer über Nacht.

Der Südostasienwissenschaftler Martin Großheim von der Universität Passau berichtet von 700 000 Eingaben wegen unzureichender Entschädigungszahlungen bei der Vereinnahmung von Land allein in den letzten drei Jahren. Die bürokratischen

Mühlen mahlen langsam in Vietnam. Dazu kommt die wie ein Pilz unter der Erdoberfläche wuchernde Korruption auf allen Ebenen. Einige vom Landraub Betroffene wissen sich dennoch zu wehren, auch wenn sie ihren Mut mit Gefängnisstrafen bezahlen. Im Jahr 2014 luden Dorfbewohner aus dem Umland von Hanoi ein Video auf Youtube hoch, das Protestierende und Sicherheitskräfte bei der Konfiszierung von Land zeigte. Bauern, die Widerstand gegen die Zentralmacht oder den Staat leisten, gab es schon immer in Vietnam. Nur ihre Strategie und die Methoden haben sich mit der Zeit verändert.

In einem vietnamesischen Dorf kennt jeder jeden. Nichts bleibt verborgen. Wer heiratet, wer sich scheiden lässt, wer mit wem zusammen ist, woher der Besuch gerade kommt und wann er wieder geht. Auch wer krank ist, wer Hilfe braucht, wessen Kinder gute schulische Leistungen haben und wie viel jemand verdient und wer sich gerade ein neues Moped gekauft hat – das Privatleben der Menschen ist öffentlich. Die Allgemeinheit ist das Gewissen der Einwohner. Und über allem wacht die Partei. Der Familie und dem Familiensinn wird alles untergeordnet. Die Interessen eines Einzelnen stehen hinter denen der Gemeinschaft zurück. Dafür erhält der Einzelne Geborgenheit und Sicherheit. Gegenseitige Fürsorge und Verantwortung, die Achtung vor dem Alter sind grundlegende traditionelle Normen des Zusammenlebens in Vietnam. Eine durch Ahnenkult – dem eigentlichen Glauben der Vietnamesen – verbundene und aufeinander angewiesene Gemeinschaft.

Vietnam ist ein Wasserland. Vom Trường-Sơn-Gebirge, einer 1100 Kilometer langen Gebirgskette im Norden und Westen, die parallel zur Küste des Südchinesischen Meeres verläuft, ergießen sich zahlreiche Wasserfälle, Flüsse und Ströme Richtung Osten. So auch der Sông Hồng, der Rote Fluss, der seinen Namen wegen der Farbe, hervorgerufen durch Sedimente wie Eisenoxid, die er mit sich führt, trägt. Die Tiefebenen des Roten Flusses gehören zu den dichtbesiedeltsten Gebieten der Welt. Zusammen mit dem Delta des *sông* Mê Kông im Süden bilden sie die frucht-barsten Regionen des Landes. Sie sind die beiden Reiskammern Vietnams. Der Nassreisanbau zwingt die Menschen seit Jahrtau-senden, den wilden Strömen in der Monsunzeit mit Dämmen Einhalt zu gebieten. Der Kampf mit dem Wasser, ohne das der Reis nicht wächst, das zugleich aber das reife Korn wegspülen kann, hat die Menschen zusammengeschweißt – in den Dörfern. Gemeinsame Aussaat, gemeinsame Ernten und die unabdingbare gegenseitige Nachbarschaftshilfe sind bis heute eine Garant für die soziale Einheit.

Trân Đăng: Spaziergang durch ein Dorf

Spazieren wir durch ein Dorf etwa 40 Kilometer südwestlich von Hanoi. Es heißt Trân Đăng und ist eines der ältesten Dörfer Vietnams. Ich besuchte es erstmals 2010: Bambushecken, Bana-nenhaine, schlanke Arekapalmen, Mango- und Papayabäume, *cây trái xoài* und *cây đu đủ* bestimmen das grüne Bild. Schmale, hohe, farbenfroh gestrichene Häuser mit drei Stockwerken wech-seln sich mit flachen, weiß verputzten Ziegelbauten zu ebener, festgestampfter Erde ab. Schmal wie die höheren Gebäude sind die Gassen zwischen ihnen. Links und rechts davon verlaufen Abwasserkanäle. Sie führen zum Dorfplatz mit dem Dorfteich. In dessen Mitte, auf einer Halbinsel in Form einer Schildkröte – neben Drache, Löwe und Phönix eines der vier heiligen Tiere in der vietnamesischen Mythologie – liegt das Heiligtum des Ortes: ein *đình*, Symbol eines jeden Dorfes. Hier werden Zusammen-künfte des Rates und Versammlungen einberufen, der Schutz-geist des Ortes verehrt, nach dem buddhistischen Mondkalender der Ahnen gedacht, Feste gefeiert. Zwei lachende Drachenköpfe bewachen eine geschwungene Steinbrücke, den Übergang zur Halbinsel. Auf dem Weg durch ein gegenüberliegendes Tor, des-sen Äußeres an einen Triumphbogen erinnert, gekrönt von nach oben schauenden Drachenköpfen, gelangt man zum lokalen Handelsplatz für die alltäglichen Dinge des Lebens. Dahinter erstrecken sich Reisfelder bis weit in die Ebene. Ziegeleien, typisch für diese Gegend, begrenzen den bergigen Horizont. Die 3400 Bewohner leben vorwiegend von Ackerbau und Viehzucht.

Barfuß betritt ein alter Mann den *đình*. Um seinen Kopf hat er ein rotes Seidenband geschlungen. Sein seitlich geschlitzter, dunkler Mantel gibt ihm etwas Würdevolles. Leise wendet er sich dem Altar zu, entzündet Kerzen und Räucherstäbchen. Er holt eine schmale, rotgoldene Holzschatulle hervor. Behutsam entnimmt er ihr ein gerolltes Papier mit einem aufwendig gemalten Drachenmotiv und alten vietnamesischen Schriftzeichen – die 300 Jahre alte Handschrift eines Kaisers.

Der Mann ist der Wächter des wichtigsten Gebäudes im Dorf. Das wurde 1225, in der Trân-Dynastie, erbaut. Die damaligen Bauherren verwendeten keinerlei Nägel. Das für seine Härte bekannte Holz des Lim-Baumes verarbeiteten sie so geschickt, dass es bis heute ein Dach aus Tonziegeln trägt, bewacht von Glück verheißenden Drachen.

Für den Erhalt des Gemeindehauses sind die Dorfbewohner verantwortlich. In den Jahrzehnten zuvor waren jedoch nur einfache Reparaturen möglich, aber nicht die ganzheitliche Sanierung des Hauses mit seinen dazugehörigen Ergänzungsbauten wie Glockenturm und Nebengebäude. Diverse Schäden an der Holzkonstruktion, hervorgerufen durch Termitenbefall und ein undichtes Dach, ließen die Sorgen der Dorfbewohner wachsen. Bis vor sechs Jahren. Mit deutschen Entwicklungsgeldern wurde das historische Ensemble restauriert. Der *đình* ist wieder das, was er einmal war – der Stolz der Dorfbewohner. Auch der zentral gelegene Dorfbrunnen, groß wie ein Fischteich, wurde nach alten Vorlagen saniert.

Ein Relikt aus dem Krieg sind die Lautsprecher an wichtigen Plätzen im Dorf, mit denen einst vor Bombern gewarnt wurde. Heute verkünden Parteisekretär Hai und seine Mitarbeiter Wichtiges für die Dorfbewohner, das sie weder aus dem Radio, dem Fernsehen noch aus der Zeitung erfahren. Es wird über die eigenen Ernteerträge informiert, die bei Reis in den zurückliegenden fünf Jahren überdurchschnittlich hoch waren. Vietnam ist nach Indien der zweitgrößte Reis-Exporteur der Welt. Sie erfahren, dass immer mehr Schweine aus eigener Zucht – ein Zeichen für wachsenden Wohlstand auf dem Land – die Besitzer wechseln. Ab fünf Uhr morgens bekommen die Leute derartige Neuigkeiten zum Frühstück serviert. Musik eröffnet die Sendungen. Es sind Lieder mit Texten, die die Parteidisziplin beschwören.

Neben Erfolgen in der Landwirtschaft kann das Dorf stolz sein auf seine junge Generation »Allein 18 unserer Kinder wurden 2009 in einer Hochschule aufgenommen, weitere acht in einer Fachschule«, berichtete er stolz. Sein 15-jähriger Sohn gehörte zu den besten Schülern im Kreis. »Dabei sind wir doch nur Bauern«, meinte Hai. Aber alle Abschlüsse werden über den Dorffunk bekanntgegeben. Das sorgt unter den Kindern und Jugendlichen für Ansporn. Dazu kommt, dass ehemalige Einwohner aus Trân Đăng, die erfolgreiche Unternehmen leiten, die Ausbildung der besten aus ihrer Gemeinde finanziell unterstützen. Ein Solidarpakt, der nirgendwo niedergeschrieben wurde, sich aber für die Jugend und das Dorf auszahlt.

Hai bewirtete mich damals mit grünem Tee in seinem Haus, drei gemauerte Räume zu ebener Erde unter einem Dach. Wir saßen an einem einfachen Holztisch, durch eine hängende Bambusmatte getrennt von einem breiten Holzbett, das ein Moskitonetz überspannte. Daneben stand eine verspiegelte Schrankwand aus schwerem Holz. Ein Fernseher mit Videorekorder zierte ihr Innenleben. Am anderen Ende des Raumes glimmten Räucherstäbchen auf dem mit kunstvollen Schnitzereien geschmückten Ahnenaltar. Ein Ventilator und die obligatorische Neonröhre fanden Platz an einer Wand gegenüber dem Esstisch. Die Tür stand offen, als wir uns unterhielten. Mein Blick ging hinaus, in den Hof. Beschattet von einem alten, immer blühenden und Früchte tragenden Pampelmusenbaum, *cây bưởi chùm*, lag der Platz in der Frühlingssonne. Stapelweise standen handtaschengroße Körbe auf einem Treppenabsatz zum Wohnraum. Daneben lag das Material – Bambus, schon vorbereitet zum Flechten. Ein Auftrag des schwedischen Unternehmens Ikea. Er wüsste zwar nicht, was man damit anfangen könne in Europa, aber die Arbeit würde sich auszahlen. Die Leute in der Nachbarschaft hatten sich auf die Herstellung von Zahnstochern spezialisiert, ohne deren Gebrauch kein Essen in Vietnam endet. In großen Bündeln stand der Bambus als Ausgangsmaterial auf den Höfen.

»Der Vietnamese trägt sein Dorf mit sich herum«, sagt ein Sprichwort. Offenkundig wird das in den Städten. Die Menschen nehmen die Schutzgeister ihrer Dörfer mit in die Städte. Im nahe zum Wohnort gelegenen Tempel bringen sie ihnen Opfergaben. Die Begräbnisstätten vieler Stadtbewohner liegen auf dem Land. Sie kehren zurück in die Heimat ihrer Kindheit. In keinem Haus, in keiner Wohnung, auch in keinem Büro oder Geschäft, fehlt ein Ahnenaltar. Neben den Bildnissen der verstorbenen Familienmitglieder liegen dort Opfergaben in Form von frischem Obst und Geschenken, die der Hausherr gerade durch Gäste erhalten hat. Auch Blumen stehen dort neben glimmenden Räucherstäbchen. Zu feierlichen Anlässen kommen viele Dinge aus buntem Papier, auch nachgemachte Geldscheine, hinzu. Den Ahnen soll es gutgehen und an nichts fehlen. Sie sind immer mit den Lebenden, und die Lebenden immer mit den Toten. Sie werden verehrt, um Rat gefragt, über Neuigkeiten informiert. Und natürlich sollen sie von dem kosten, was die Familie später zum Essen auf den Tisch stellt. Wie in einem Dorf, so werden auch in der Stadt alte mächtige Straßenbäume, deren Stämme nur drei Menschen zusammen umarmen können, verehrt. Vietnamesen sind beseelt vom Animismus. Räucherstäbchen und bunte Girlanden sollen die Geister, die in den Bäumen, aber auch in der Erde, im Wasser, im Berg, in der Luft wohnen, besänftigen. Sie können böse oder gut sein.

Die Gemeinschaft eines Dorfes setzt sich fort mit der in einer Straße. Quartierverantwortliche sorgen für die Einhaltung von Regeln für das Zusammenleben. Und natürlich ist Klatsch und Tratsch über die Nachbarn Ortsgespräch. So bleibt es nicht unbemerkt, wenn ich als eine *Tây* durch eine mir fremde Gasse in Hanoi gehe. Wohne ich in meinem angestammten Familienhotel in der Altstadt, wissen das alle Leute aus der Gegend.

Dennoch ist das Stadtleben mit dem auf dem Dorf nicht vergleichbar. Hier regiert das Geld, das oft die Stellung in der Gesellschaft bestimmt, durch Korruption. Bildung, Cleverness und Beziehungen sind der Mix für den Aufstieg, für bessere Arbeits- und Wohnverhältnisse, für ein besseres Leben.

Ein Beispiel. In den späten 1990er Jahren begegnete mir eine junge Frau in dem 36-Gassen-Viertel von Hanoi. Sie hatte ihr Fahrrad hoch beladen mit schöner Keramik – Vasen, Schalen, Teller, Becher. Ihr Weg führte sie 15 Kilometer aus dem Dorf Bát Tràng in das Stadtzentrum. Über die Jahre ist das Dorf ein Aushängeschild für hier in Familienbetrieben hergestelltes Gebrauchsgeschirr und Kunsthandwerk geworden. Inzwischen fallen Touristengruppen, manche mit der Fahne eines Reiseleiters vornweg, in diesem heute zu Hanoi gehörenden Ort ein wie Heuschrecken über ein Maisfeld. Dementsprechend hoch sind die Preise. Damals jedoch war diese Keramik längst noch nicht so bekannt und begehrt wie heute.

Ich blieb stehen, musste erst einmal um das Fahrrad herumgehen, um überhaupt von der jungen Frau wahrgenommen zu werden. Geschickt und mit großem Kraftaufwand steuerte sie das Gefährt mit Hilfe einer hohen Stange, die aus der traubenförmig zusammengebundenen Ware herausragte. Vom Sattel, Gepäckträger und Pedalen war nichts zu sehen. Sie hielt an. Ich fand eine Vase, die mir gefiel. Während ich mich auf die Auswahl konzentrierte, konzentrierten sich andere Menschen auf mich. Sie blieben stehen, wohl aus Neugierde, was da gerade passiert. Sie bildeten ihrerseits eine Traube um uns herum, so dass Fahrradfahrer absteigen mussten, wenn sie an uns vorüber wollten. Damals waren die Einbahnstraßen der Altstadt noch nicht verstopft mit einem Strom aus Mopeds und Autos, wie es heute der Fall ist.

Ich fragte die junge Frau auf Englisch, was sie für die Vase haben wollte. Ein verlegenes Lächeln war die Antwort. Dann versuchte ich es auf Vietnamesisch: *Cái này bao nhiêu tiền?* – Wie viel kostet das? Sie lächelte immer noch, nahm schüchtern die Hand vor den Mund. Einige der umstehenden Frauen kamen ihr zu Hilfe und sagten zu ihr, dass ich eine *Tây* sei, die viel Geld hat, sonst wäre ich ja nicht in ihrem Land. Dass sie einen hohen Preis machen solle, 50 Dollar mindestens, und dass sie mit mir ein sehr gutes Geschäft machen könne, wenn sie mir noch mehr verkaufe als nur die eine Vase. Die junge Frau, die wohl noch nie Kontakt zu einer Ausländerin hatte, war total verwirrt. Sie tat, was ihr die anderen Frauen aufgetragen hatten, und nannte mir die astronomische Summe. Wir alle lachten. Das machte sie noch verlegener. Ich sprach dann mit einigen der älteren Frauen und es entstand ein lustiger Disput über die Preisgestaltung der Dinge auf dem Fahrrad. Schließlich erwarb ich die Vase für einer *Tây* angemessene drei Dollar. Einheimische hätten sie nur für ein paar Cent erhalten. Alle waren zufrieden.

Heute hätte diese junge, ungebildete und im Umgang mit Stadtbewohnern und Touristen unerfahrene Frau kaum Chancen, ihre Waren gewinnbringend zu verkaufen. Die Überlegenheit der Stadtbewohner gegenüber denen vom Land ist überall offensichtlich. Die Konkurrenz ist groß. Viele sind motorisiert, haben ein Smartphone, über das sie sich auch zu erzielten Preisen austauschen und kommen nicht mehr mit einem Fahrrad daher. Für hinzugezogene, junge Menschen, die schon länger in der Großstadt ihr Glück suchen, sind Straßen und Parks das Klassenzimmer. Sie können sich meist auf Englisch so weit verständigen, dass sie mit Touristen handelseinig werden.

Noch vor einigen Jahren war Vietnam das Land der offenen Wohnzimmer. Denn ganz gleich, ob Stadt oder Dorf, die Menschen hatten die Türen zu ihren ebenerdig oder zur Straße hin liegenden Wohnräumen weit geöffnet. Sowohl in der beschaulichen Altstadt von Hanoi, am Rand von Hội An in Zentralvietnam, eine jahrhundertealte Stadt, die im Krieg nicht zerstört wurde, in den Dörfern im Mekongdelta oder in einem Provinznest an der chinesischen Grenze. Jeder, der wollte, konnte das Familienleben beobachten, besonders bei hell erleuchteten Wohnzimmern am Abend. Heute, mit wachsendem Wohlstand und damit verbundenen Ansprüchen, hat sich dieses Bild verändert. In den Dörfern stehen die Türen vor ärmlichen Behausungen oder Häusern immer noch weit offen. Auch in den Kleinstädten ist das zu beobachten. Hat aber jemand Geld, schützt ein hoher Zaun, oft von Glasscherben oder Eisenspitzen gekrönt, das Anwesen, sowohl in Dörfern, als auch in der Stadt. Andere lassen ihre Häuser Tag und Nacht nicht aus den Augen von Überwachungskameras. Teure Wohngebiete in Ho-Chi-Minh-Stadt und Hanoi, umgeben von hohen Mauern, werden durch Security-Unternehmen rund um die Uhr gesichert. Blicke von außen – unerwünscht.

Hanoi – Liebeserklärung an eine Stadt

Hanoi ist ein Dorf, sagen die Hanoier. Das ist kein Widerspruch zur Ausdehnung der Hauptstadt, die sich seit der Gebietsreform von 2008 auf 3349 Quadratkilometer erstreckt. Damit wurde die Stadtfläche verdreifacht. Flächenmäßig ist die Metropole damit eine der größten der Welt – zum Vergleich: Berlin umfasst 892 Quadratkilometer, New York 1214. Die gesamte Provinz Hà Tây mit 2,5 Millionen Menschen nordwestlich von Hanoi, im Delta des Roten Flusses gelegen, und Teile weiterer Provinzen gehören nun zum Machtzentrum Vietnams. Über Nacht bekamen die sich dort seit vielen Generationen entwickelten Dörfer einen anderen Status, die Einheimischen wurden von Dorf- zu stolzen Stadtbewohnern. Jetzt sind sie Hanoier.

Die historische Altstadt zeigt heute noch ihre Wurzeln dörflichen Lebens. Das auch 36-Gassen- oder 36-Zünfte-Gebiet genannte Areal entstand im 11. Jahrhundert, als Kaiser Lý Thái Tổ sich anschickte, die Hauptstadt von Hoa Lư nach Đại La zu verlegen, an das Westufer des Roten Flusses. Den Namen der kaiserlichen Zitadelle änderte er um in Thăng Long, aufsteigender Drache – ein Symbol der Macht und Intelligenz. Mit dem Kaiser kamen Bauern, Handwerker wie Schmiede, Tischler, Töpfer, Weber, Steinmetze. Sie schlossen sich in Zünften zusammen. Ein Dorf rückte an das andere.

Sie können sie lieben oder hassen, diese Stadt. Sie wird Ihnen nicht mehr aus dem Kopf gehen, wenn Sie sie einmal besucht haben. Zu bunt, vielfältig, eindrucksvoll, chaotisch, verrückt, schön, hässlich, anziehend, abstoßend, laut, leise, modern und traditionell ist der Alltag dort. Das Leben tobt sich auf der Straße aus.

Diese Metropole vereint so viel Gegensätzliches, das auf die Menschen anziehend wirkt.

Der Name Thành Phố Hà Nội, Stadt innerhalb der Flüsse, beschreibt treffend die Lage des ehemaligen Thăng Long in der Deltaebene des Roten Flusses. Wie die Krone eines Baumes verästelt sich hier der Strom. Mit seinen unberechenbaren Wassermassen während der Regenzeit von Mitte April bis Mitte Oktober zwingt er die Bewohner der Stadt seit Jahrhunderten zum Bau von Deichen und Dämmen entlang seiner Ufer. So liegen ganze Bezirke hinter aufgeschütteten Erdwällen. Seen, manche groß wie ein kleines Meer, wie der größte, der Westsee, Hồ Tây und Teiche, manche in den Sommermonaten mit Lotosblüten geschmückt, prägen das Stadtbild. Der Hoan-Kiem-See, Hồ Hoàn Kiếm, zwischen Altstadt und Französischem Viertel gelegen, ist Vietnams bekanntestes Gewässer. Hanoi hat eine grüne Lunge. Erholung finden die Bewohner in unzähligen Parks mit altem Baumbestand, der auch breite Boulevards schmückt.

Vietnams Hauptstadt ist eine Stadt der Universitäten, Hochschulen und Forschungsinstitute. In Theatern und Museen, darunter in dem weltweit einzigartigen Wasserpuppentheater, einer fast tausend Jahre alten Kunstform, hat die vietnamesische Kultur ihr Zuhause. An die 7,5 Millionen Menschen, über genaue aktuelle Zahlen verfügt wegen des anhaltenden Zuzugs keiner, leben hier. Sie drängen sich vor allem in der Altstadt, dem Geschäfts-, Handwerker- und Touristenviertel zwischen Bahngleisen und Flussufer. Sie konzentrieren sich auch in den seit einigen Jahren explodierenden Außenbezirken. Wie in vielen Metropolen der Welt verdrängen Shopping-Malls angestammte Märkte unter freiem Himmel. Gesichtslose Wohntürme im Westen von Hanoi, mit Fitnesscenter im Erdgeschoss, lassen die Bewohner auf Stahl, Beton und Glas statt auf städtisches Grün blicken, wenn sie aus dem Fenster schauen. Doch Hochhäuser sind notwendig, um der anhaltenden Wohnungsknappheit zu begegnen. Der höchste Turm des Landes, Keangnam Hanoi Landmark Tower, misst

336 Meter. Ein rechteckiger Wolkenkratzer mit Büros, Hotels und Apartments. 2017 soll der 363 Meter hohe VietinBank Tower dem Geldinstitut zu Höhenflügen verhelfen. Das Ensemble aus zwei miteinander verbundenen Türmen wurde vom britischen Stararchitekten Norman Foster konzipiert. Aus der Luft zeigt sich ein V-förmiger Grundriss. Fünf das Stadtbild prägende Bauten hat das Hamburger Architekturbüro Gerkan, Marg und Partner (GMP) errichtet, darunter das Museum für Stadtgeschichte, eine auf den Kopf gestellte Pyramide, die sich terrassenförmig nach oben hin verbreitert. Der Bau erinnert entfernt an die von ethnischen Minderheiten im Trường-Sơn-Gebirge angelegten Reisfelder. Die in der Geschichte Vietnams stark verankerte Tradition für Symbole und Zeichen greift das Gebäude der Vietnamesischen Nationalversammlung bereits in den Grundformen wie Kreis und Quadrat auf. Sie symbolisieren Himmel und Erde. Die Architektenkammer des Landes zeichnete das Projekt mit dem Vietnamesischen Nationalpreis für Architektur aus. Auch den Anfang 2015 ausgetragenen Wettbewerb für das nationale Ausstellungs- und Messezentrum Vietnams konnten die Hamburger im Oktober vergangenen Jahres für sich entscheiden. GMP gaben dem Hauptgebäude des Handelszentrums die Form einer sich öffnenden Lotosblüte – der Nationalblume Vietnams. Die im Grundriss wie Blätter um einen Blütenkelch angeordneten Hallen, umgeben von Teichen mit Inseln und Brücken, perfektionieren das Sinnbild für die kollektive Identität der Vietnamesen. Lotos wächst im Schlamm. Doch die Blätter, deren Oberfläche abperlende Eigenschaften besitzt, und die strahlenden, zart duftenden Blüten, *hoa sen*, stehen für Reinheit, Schöpferkraft und Erleuchtung, für die Kraft des Geistes und damit für den Buddhismus.

Die sich ständig verändernde Skyline ist ein Merkmal der Urbanisierung und Industrialisierung. Darin sind sich die Hauptstadt und die Wirtschaftsmetropole Ho-Chi-Minh-Stadt gleich. Anders als ihre südliche Schwester hat Hanoi jedoch vor allem eins – Flair.

Wenn Vietnam eine Seele hat, dann ist sie hier zu finden. Ich habe noch Erinnerungen an ein Hanoi voller Fahrrad fahrender Einwohner. 1979 waren die Menschen, Angehörige der Armee und Bedienstete des Staates ausgenommen, kaum motorisiert. Der beengten Wohnverhältnisse wegen spielte sich das Leben auf der Straße ab. Hier wurde gekocht, gegessen, gewaschen, gehandelt, eingekauft, gefeilscht, repariert, barbiert, frisiert, gelesen, gestritten, gelacht und auch mal ein Nickerchen gemacht. Die alte Straßenbahn, neben der Kinder aus Spaß um die Wette rannten, so langsam fuhr sie, quietschte in ihrem schmalen Schienenbett am Hoan-Kiem-See, dem Herz der Stadt. Es gab kein einziges Hochhaus. Viele schmale Gebäude zählten nur ein oder zwei Stockwerke. Elendsviertel erstreckten sich entlang der Ufer des Roten Flusses. Auch unter Brücken lebten Menschen in erbärmlichen Verhältnissen.

In luftiger Höhe berührten sich die Kronen alter Baumriesen an den breiten Boulevards des Französischen Viertels. Von den trotz des Krieges unversehrt gebliebenen prächtigen Villen bröckelte der Putz. In die Gehwege eingelassene Betonrohre, die den Passanten vor Jahren als Schutz vor Bomben dienten, waren ebenso noch da wie unzählige Lautsprecher, montiert an über und über mit Drähten verknoteten Strommasten, ein Instrument des Stadtfunks. Spaziergänger bevölkerten die zahlreichen, gepflegten Parks. Angler versuchten an Seen und am Fluss ihr Glück. Das Glockengeläut von Kirchen stimmte auf den Sonntag ein. In Pagoden und Tempeln beteten die Stadtbewohner für die Gesundheit und das Glück ihrer Familien. Es war ein friedliches Bild. Hanoi hatte Charme trotz Armut.

Vieles von dem können wir heute noch erleben. 2010 feierte Hanoi sein 1000-jähriges Bestehen. Aus diesem Anlass wurden mit bunten Bildchen verzierte Kaffeetassen an Touristen verkauft, die auch ein schwungvoller Schriftzug schmückte: What we love about Hanoi: den Hoan-Kiem-See, die sich den Weg frei klingelnden Rikschafahrer, die meist köstliche, traditionelle *phở*-Nudelsuppe, die hier fast alle Straßenrestaurants anbieten, die freundlichen Einwohner, bei denen Besucher der Stadt Viet-Fashion shoppen können, und natürlich die Wahrzeichen von Hanoi – die Einstamm-Pagode, Chùa Một Cột, der Flaggenturm als ein Rest der Kaiserlichen Zitadelle und die erste Universität des Landes – der Tempel der Literatur, Văn Miếu.

Diese Sichtweise der Tourismusbehörde und der Stadtverwaltung, also der Vietnamesen selbst, ist interessant. Noch vor einigen Jahren war Mode made in Vietnam ein Unding. Spitze BHs, die aussahen, als hätten junge Frauen die Cheopspyramide vor ihrer Brust, und Jacken, die an Omas Strickzirkel erinnerten, gehörten zum Straßenbild. Männer trugen uniforme Jacketts. Nur sehr wenige Menschen aus der Oberschicht hatten genügend Geld und Beziehungen, um moderne Kleidung aus dem Ausland zu erwerben. Deshalb wurde sie, falls vorhanden, tausendfach kopiert. Fremdsprachige Modezeitschriften waren ein Schatz und als Geschenk bestens geeignet – wenn man sie unentdeckt bei der Einreise durch den vietnamesischen Zoll schmuggeln konnte, dessen Mitarbeiter sie ansonsten selbst mit nach Hause nahmen. Viele Frauen und auch Männer sind sehr geschickt. Sie können gut nähen, und wer es noch nie probiert hatte, beeilte sich, dieses einträgliche Handwerk von Freunden oder Bekannten zu erlernen. Schließlich gibt es inzwischen Stoffe in allen Farben, Materialien und Qualitäten. Kleine feine Boutiquen in Hanoi, Ho-Chi-Minh-Stadt und in der vom Krieg verschont gebliebenen alten Handels- und Hafenstadt Hội An in Zentralvietnam wetteifern um Kunden. Eigene Labels mit Internetauftritt sind auf den Markt. So hat Viet-Fashion heute durchaus seine Berechtigung auf der Kaffeetasse.

Erstaunlich aber, dass das Ho-Chi-Minh-Mausoleum, Lăng Chủ tịch Hồ Chí Minh, das jährlich Millionen in- und ausländische Besucher zählt, nicht darauf zu finden ist.

Der See des zurückgegebenen Schwertes

Eine Legende, die in vielen Varianten kursiert, kennt jedes Kind in Vietnam. Sie spielt am See des zurückgegebenen Schwertes im Herzen des Stadtteils Hoàn Kiếm, des hồ Hoàn Kiếm. Im Mittelpunkt der Überlieferung steht eine riesige Schildkröte. Nach dem Volksglauben kam sie im 15. Jahrhundert dem armen Fischer und Bauernführer Lê Lợi zu Hilfe, als er gegen eine Übermacht von Soldaten der Minh-Dynastie kämpfte. Das Tier übergab ihm ein Schwert mit goldener Klinge. Damit konnte er das Land von der jahrhundertealten Fremdherrschaft der Chinesen befreien. Nach dem Sieg wollte er den Göttern und der Schildkröte danken, ihr das Schwert zurückgeben. Doch wie von Zauberhand fuhr es selbst aus der Scheide und verschwand mit der Bewohnerin des Sees in den Fluten.

Zu Ehren der Schildkröte ließ Lê Lợi einen Turm, Tháp Rùa, auf einer Insel im Süden des 13 Hektar großen Gewässers errichten. Er gehört zu den Wahrzeichen der Stadt. Abends, wenn sich Liebespaare auf verschwiegenen Parkbänken unter den fast die Wasseroberfläche streifenden, rot blühenden Flammenbäumen treffen, erstrahlt er in einem goldenen Scheinwerferlicht.

Dieser dreistöckige Turm ist nicht begehbar und nur vom Ufer aus anzusehen. Dagegen regelrecht einladend wirkt die wie ein roter schwungvoller Pinselstrich anmutende The-Huc-Brücke, Cầu Thê Húc. Der Name bedeutet treffend: Ort, wo sich die Morgensonne ausruht. Über diese lackierte Holzkonstruktion gelangen Besucher auf eine kleine Halbinsel im Norden des Sees. Hier liegt, hinter einem Tor, das nachts verschlossen ist, der Jadeberg-Tempel, Đền Ngọc Sơn, dessen Ursprung im 14. Jahrhundert zu finden ist. Ein Kleinod zwischen grünen Bäumen, umrahmt von rosaroten Frangipani-Blüten. Die Menschen, die hierherkommen, beten zu taoistischen Göttern wie Văn Xương, dem Schutzgott der Literaten. Auch La To, der Gott der Heilkundigen, und General Trần Hưng Đạo, der das Reich der Đại Việt gegen die Mongolen unter Kublai Khan erfolgreich verteidigte und nach dem eine Hauptstraße in Hanoi benannt ist, werden hier verehrt.

In einem Nebenraum des Tempels zur Schau gestellt ist der Panzer einer Schildkröte, die 1968 tatsächlich im See gefunden wurde. Wissenschaftler schätzten das Alter des Tieres auf knapp 100 Jahre. Eine Jangtse-Riesenweichschildkröte, *Rafetus swinhoei*, von denen es nur noch vier Exemplare weltweit geben soll. Eines davon, bis Anfang 2016, im Hoan-Kiem-See.

Ab und zu wurde die Schildkröte beim Luftholen beobachtet. Nach dem Glauben der Vietnamesen verheißt ihr Anblick Glück und ein langes Leben. Viele im Land sind der Überzeugung, dass es ein und dasselbe Tier ist, das schon im 15. Jahrhundert Lê Lợi mit dem Zauberschwert zu Hilfe kam. Als 2005 der See wegen abgelagerter Sedimente zu verlanden und durch ungeklärt eingeleitete Abwässer zu kippen drohte, stand nicht nur das Leben der vom Aussterben bedrohten Spezies auf dem Spiel, sondern das Wohl der gesamten Nation. China, der allmächtige Nachbar im Norden, provozierte Vietnam schon lange mit territorialen Besitzansprüchen auf mehrere Inselgruppen im Südchinesischen Meer. Stirbt die Schildkröte, könnte das ein schlechtes Omen für den Frieden in Vietnam bedeuten. Aus diesem Grund tat sich das Volkskomitee als Lokalparlament der Stadt Hanoi, hinter dem die Partei steht, schwer mit der Entscheidung, wer die komplizierte Aufgabe der Renaturierung des Sees übertragen bekommen sollte. Das Land selbst hatte nicht die Technologie zur nachhaltigen Reinigung des Gewässers.

Bevor die Arbeiten beginnen konnten, musste die Schildkröte in Sicherheit gebracht werden. Unter großer Anteilnahme der Hanoier Bevölkerung und der Medien bemühten sich Angehörige der Armee, das Tier einzufangen, was erst beim zweiten Tauchgang gelang. Verletzt von Angelhaken und in einem schlechten gesundheitlichen Zustand, kam das Reptil in die Obhut von Ärzten und Wissenschaftlern, darunter Vietnams Schildkrötenpapst

Prof. Hà Đình Đức. Der Biologe hatte über viele Jahre das Verhalten dieses Tieres studiert. Er stellte fest, dass es sich um eine Unterart von *Rafetus swinhoei* handelt und benannte sie nach der Legende: *Rafetus leloii*.

Bis Anfang 2016 schwamm die Schildkröte wieder im See, dessen Wasserqualität sich langsam erholte. Doch am 19. Januar entzündeten Menschen überall im Land Räucherstäbchen im Gedenken an das Tier. Staatliche Zeitungen und Fernsehsender hatten den Tod der als heilig angesehenen Schildkröte mitgeteilt. Viele Vietnamesen nahmen die Nachricht mit großer Bestürzung auf und sahen darin ein schlechtes Vorzeichen für den zwei Tage später beginnenden 12. Parteitag der KP Vietnams, ein Gremium, das nur alle fünf Jahre einberufen wird. Die mit dem KP-Generalsekretär, Staatspräsidenten, Ministerpräsidenten und dem Vorsitz der Nationalversammlung vier höchsten Ämter in Partei und Staat waren neu zu besetzen. Da die Hälfte des 16-köpfigen Politbüros und des 175-köpfigen Zentralkomitees aus Altersgründen ausschied, mussten auch diese Posten neu vergeben werden. Das Gerangel um Führung, Einfluss und Macht werde sich negativ auf die künftige Außenpolitik, besonders im Zusammenhang mit dem Konflikt im Südchinesischen Meer auswirken, so die Vermutung, die auf den Straßen und in sozialen Netzwerken diskutiert wurde, aber in den staatlichen Medien unerwähnt blieb. Wie die *Süddeutsche Zeitung* in ihrer Online-Ausgabe am 21. Januar 2016 schrieb, wollten die Funktionäre aus Sorge um die Stimmung im Land vermeiden, dass die Nation vom Ableben des Tieres zu diesem Zeitpunkt erfährt. »Um den Parteikongress jubelnd zu begrüßen, sollten Medien erst einmal nicht über den Tod der Schildkröte berichten«, habe es in einer Anweisung geheißen. Als das angesichts von Facebook und Twitter nicht durchzusetzen war, »erhielten Reporter den Hinweis, sie sollten ›wissenschaftlich‹ darüber schreiben.« Woran sich die gleichgeschalteten und von der Partei kontrollierten Medien auch hielten.

Der Hoan-Kiem-See ist nicht nur ein Ort der Mythen und Legenden. Jeden Morgen, bei Sonnenaufgang, verwandeln meist ältere Bewohner der Altstadt und des angrenzenden Französischen Viertels die grünen Ufer und umliegenden Freiflächen in einen Sportplatz. Sie nutzen die Stunden vor der Rushhour, um etwas für ihre Gesundheit zu tun. Einige Männer bringen Reckstangen mit, die sie zwischen zwei nahe stehenden Bäumen befestigen. Dann turnen sie, mit freiem Oberkörper und exakt gestreckten Beinen. Gruppen von Frauen üben sich in Zeitlupe-Tai-Chi, in Schwert- und Fächertanz und schweißtreibender Aerobic, andere spielen Federball, Volleyball und Handball. Betagte Menschen gehen einfach nur um den See spazieren.

Es kostet mich jedes Mal Überwindung, morgens um 4.30 Uhr aufzustehen, um rechtzeitig dabei sein zu können. Doch es lohnt sich. Allein der Weg von meinem von einer Familie geführten Hotel zum See hat etwas Magisches. Hanoi ist längst schon wach, aber versteckt sich noch hinter den Fassaden der alten Häuser und Villen. Eine Millionenstadt ohne Lärm, Abgase, ohne den Strom der Mopeds. Singvögel, gehalten in unzähligen Käfigen – ein Zeitvertreib und ein Vergnügen alter Männer, liefern sich zu dieser frühen Stunde ein Konzert mit schreienden Hähnen, die noch auf dem kleinsten Innenhof und sogar auf Balkonen gehalten werden. Um diese Zeit gehören die Hauptstraßen den sonst kaum noch anzutreffenden Fahrradfahrern. Bauersfrauen treffen sich an Wegkreuzungen zum Schwatzen und um ihre Waren zu ordnen. Rosen aus dem Blumendorf Nhât Tân bei Hanoi bekommen eine Wasserdusche. Grüne Papayas, gelbe Bananen und Mangos, rote Litschis und purpurfarbene Drachenfrüchte aus dem Süden werden für die Augen der Käufer zu Farbkreisen aufgeschichtet. Taufrisch geerntetes Gemüse und Kräuter in allen erdenklichen Grüntönen landen bündelweise wie auch das Obst in bereitstehenden Körben, die die Frauen später entlang der Häuserreihen und unzähligen kleinen Garküchen tragen, um die Waren zu verkaufen. Am See bringt jede Sportgruppe ihre eigene

Musik mit. Gerade so laut, dass auch der letzte in der Reihe nicht aus dem Takt kommt. Bei der Morgengymnastik gibt es immer jemanden, der vorturnt, damit alle nacheifern können.

Die 36 Gassen

Der Hoan-Kiem-See ist das Tor zur Altstadt, dem 36-Gassen-Viertel. Hier ist Südostasien heute noch so, wie sich viele Menschen bei uns Orte in fernen Ländern vorstellen: Exotisch. Ausgefallen. Ungewöhnlich. Zauberhaft. Viele der Gassen tragen die Vorsilbe *hàng*, Ware, im Namen. Ihr Ursprung geht auf die eingangs beschriebenen Zünfte zurück, die im 15. Jahrhundert den kaiserlichen Hof versorgten. Jede hatte ihren eigenen, in den Heimatdörfern verehrten Schutzgeist, dem die Menschen auch hier Tempel und Pagoden errichteten. Nicht immer sind sie im Viertel sofort offensichtlich. Vielmehr liegen die Gebetshäuser im Verborgenen, oft hinter schmalen Durchgängen oder in Innenhöfen mit altem Baumbestand.

Einige Straßennamen fungieren teilweise noch immer als ein Aushängeschild für die dort angebotenen Produkte. Von der Hàng Mã wissen Historiker, dass an diesem Ort schon vor 500 Jahren mit Papier gehandelt wurde. Sie ist eine der farbenprächtigsten Straßen in der Altstadt, besonders in den späten Nachmittags- und Abendstunden, wenn die Verkäufer ihr Angebot mit Lampenlicht in Szene setzen. Tausend und ein Traum aus dem vergänglichen Material findet sich hier. Ein Geschäft am anderen offeriert an Fäden hängend, in Regalen stehend und auf Tischen liegend kunterbunte Pferde mit glitzerndem Zaumzeug, Drachen- und Löwenköpfe, riesengroße Karpfen als Glücksbringer, Lametta, Sterne, Hüte, Masken, Kalender, Häuser aus Papier und falsche Geldscheine, die später als Devotionalien den Ahnen im Jenseits geopfert werden, Lampions in allen Formen und Mustern. Eine Gasse weiter, in der Hàng Chiếu, in der früher Grasmatten verkauft wurden, werden auch heute noch Matten gehandelt. Auch solche, nach denen zu DDR-Zeiten sich die Menschen in langen Schlangen anstellten, um ihre Wohnzimmer mit natürlichem Bodenbelag aus Vietnam statt mit künstlichem PVC aus dem Chemiekombinat zu verschönern. Eine Geräuschkulisse aus Hammerschlägen auf Metall weist auf ein altes Handwerk hin: Metallbieger arbeiten in der Hàng Thiếc, der Gasse der Blechwaren. Lange, armdicke Bambusstangen, in den Himmel ragende Leitern und hübsche Wasserpfeifen aus diesem schnell nachwachsenden Rohstoff gibt es in der Bambusgasse, Hàng Tre. Schmuckliebhaber finden eine riesige Auswahl in der Hàng Bạc, wo sie Silberschmieden über die Schulter schauen und in Juweliergeschäften Geld ausgeben können. Teure Boutiquen, die aus verschiedenartigster Seide gefertigte schicke Kleidung verkaufen, Schneiderwerkstätten mit einer riesigen Auswahl an Stoffballen und Galerien, in denen gefragte Künstler ihre Werke ausstellen, prägen die Seidengasse Hàng Gai, heute eine der verkehrsreichsten Hauptstraßen in der Altstadt. Unmerklich geht sie in die Hàng Bông, die Baumwollgasse, über.

Reismarkt, gebratener Fisch, Leder, Saiteninstrumente, Hühner, Zucker, Seeringelwürmer, Räucherstäbchen, Särge, pflanzliche Heilmittel bedeuten einige der anderen Straßenschilder in der Übersetzung und weisen darauf hin, dass dieses Viertel der bedeutendste Handelsplatz der Stadt war und ist. Hier steht auch der größte überdachte Markt Dong Xuan, Chợ Đồng Xuân, von Hanoi. Seine unter den Franzosen im Jahr 1889 errichteten Hallen fielen Anfang der 1990er Jahre einem verheerenden Feuer zum Opfer, wurden aber nach dem Original wieder aufgebaut.

In den quirligen Gassen und Straßen sitzen die Menschen vor ihren Häusern auf kleinen, althergebrachten Schemeln aus Holz (Vietnam) oder neuen aus Plastik (China). Dabei gehen sie einer ihrer Lieblingsbeschäftigungen nach: das Leben betrachten. Ein nicht abreißender Strom von Mopeds fließt gemächlich zwischen dem Häusermeer dahin. Manchmal sind die motorisierten

Zweiräder mit fünf Personen – Mutter, Vater und drei Kindern, besetzt, mit Kartons hoch beladen, mit Enten in Käfigen bestückt oder von einem Fahrer gesteuert, der mit seinem Sozius eine mehrere Meter lange Glasscheibe durch das Gewirr von Menschen, Maschinen und Waren bugsiert, ohne dass diese zu Bruch geht. Händlerinnen, das bei jedem ihrer Schritte wippende *đòn gánh* auf den Schultern, rufen lautstark ihre Waren aus: »Warmes Brot! Frittierte Kuchen! Fleisch, gerade geschlachtet! Frisch gefangener Fisch! Geröstete Erdnusskerne! Frisches Gemüse! Tofu!« Rikschafahrer, immer auf der Suche nach zahlungskräftigen Fahrgästen, also Ausländern, klingeln sich den Weg frei.

Fußgänger müssen ob zugeparkter oder vollgestellter Gehwege auf die Straße ausweichen. Also, mit dem Strom schwimmen. In der Altstadt ist das ganz normal. Dafür braucht es neben Mut vor allem eines: Schauen, wie es die Einheimischen machen. Gegen den Strom schwimmen, eine Straße zu überqueren, erfordert jedoch besondere Aufmerksamkeit. Ampeln, die die Sekunden zählen, nehmen nicht alle ernst. Junge Wilde auf Mopeds schneiden Fußgängern den vermeintlich freigegebenen Weg ab. Alte Leute, die nicht gut zu Fuß sind, nutzen wie selbstverständlich ihr Vorrecht auf Respekt in dieser Gesellschaft. Ganz gleich, ob sie an einer Ampel oder an anderer Stelle die Straßenseite wechseln wollen, sie heben einen Arm und winken ständig, wie in Vietnam üblich, mit der Handfläche nach unten: Macht Platz, jetzt kommt ein betagter Mensch. Und tatsächlich fahren alle aus allen Richtungen um sie herum. Das Sich-Einbetten in den Verkehrsfluss funktioniert auch ohne den Arm zu heben. Niemals sollte ein Fußgänger beim Überqueren einer Straße aus Angst oder Verzweiflung rückwärts gehen. Denn damit rechnet keiner der motorisierten Teilnehmer, weder in der Stadt, noch auf dem Land. Die Millionen Moped- und Autofahrer rechnen mit dem stetigen Vorwärtsgang.

Manche Touristen meinen, der Straßenverkehr in Vietnam sei chaotisch. Er habe keine Regeln. Oh doch, nur andere. Angesichts der Millionen Mopeds passieren verhältnismäßig wenige, schwere Unfälle in den Innenstädten. Dabei ist Vietnam der Statistik nach das Land mit den meisten Verkehrstoten jährlich, 12 000 Opfer gab es 2015 zu beklagen. Respekt sollte jeder vor Lastwagen und Bussen haben. Überlandstraßen und vielspurige Autobahnen werden Dorfbewohnern, die meinen, zwischen dem hier schnell fließenden Verkehr hindurchschlüpfen zu können, besonders nachts zum Verhängnis.

Das Leben in Hanoi erfordert immer die volle Aufmerksamkeit, offene Augen und Ohren. Manchmal eine Konzentration auf den Alltag, die schmerzt. Das beginnt am zeitigen Morgen mit den auf Stadionlautstärke gedrehten Durchsagen über die Lautsprecher. Kritik aus der Bevölkerung, die diese Beschallung in Zeiten des Internets für überholt und angesichts Ruhe suchender Touristen für geschäftsschädigend hält, perlte bisher am Volkskomitee ab wie Wassertropfen auf Lotosblättern. Gehwege sind nicht selten übersät mit Löchern, lockeren Platten oder irgendwelchen Hindernissen, die Anwohner hinterlassen haben. Dazu zählen Metalldrähte, Eisenstangen, Glasscherben, Obstschalen, Bauschutt. Über den Köpfen der Passanten hängen in gefährlicher Höhe oft einzelne Kabel von Stromleitungen herunter. Diese sind nicht überirdisch verlegt, sondern als Strang hundertfach verdreht und verknotet, ohne sichtbaren Anfang. Sie enden in einem Knäuel an hohen Masten, die das Objekt der Begierde vieler Fotografen werden, sobald sich Arbeiter daran zu schaffen machen. Ihre Handbewegungen in Richtung der Kameralinsen sind alles andere als einladend. Kein Tourist soll diese auch von ihnen als rückständig empfundenen Tatsachen dokumentieren und diese Fotos in aller Welt verbreiten.

In jeder Gasse gibt es unzählige Garküchen. In den Töpfen köcheln über offenem Feuer oder Gasflammen Speisen wie die Reisnudelsuppe *phở* mit dünn geschnittenen Scheiben vom Rind, *bò*, oder kleinen Stücken vom Huhn, *gà*. Dazu werden immer frische Kräuter wie Minze, Koriander, grüner Salat und Limetten auf den Tisch gestellt. Der steht umgeben von niedrigen Hockern im Freien. Scharen von Kindern spielen Fangen, tragen ihre kleinen Geschwister auf dem Rücken, erledigen Hausaufgaben unter den aufmerksamen Blicken ihrer Großmütter. Die haben auch immer ein Auge auf die Auslagen. Alte Männer lesen Zeitung, rauchen Wasserpfeife oder vertreiben sich mit dem Brettspiel *cờ tướng*, chinesischem Schach, die Zeit. Bei Einbruch der Dunkelheit gehört der Asphalt bunten Nachtmärkten, bummelnden Hauptstädtern und der Müllabfuhr. Die wird in Hanoi von Frauen erledigt. Sie kommen mit Karren, Besen und einer Glocke daher, um sich bemerkbar zu machen.

Die Zeit scheint stehen geblieben zu sein in den sogenannten Tunnelhäusern, *nhà ống*, die es nur hier in der Altstadt und in Hội An gibt, von denen einige bis 80 Meter in die Tiefe reichen. Deren Anordnung von hintereinander liegenden Räumen, unterbrochen durch nicht überdachte, luftige Innenhöfe, folgt jahrhundertealten Vorgaben für Haushöhe und Grundstücksgröße. Die Straßenfront ist bei einigen nur so breit, dass gerade ein Mensch durch den Eingang, eine Tür oder einen schmalen Durchlass, passt.

In der 87 Mã Mây steht ein Juwel. Es ist das 1999 aufwendig restaurierte Anwesen einer ehemaligen Kaufmannsfamilie, die nachweisbar ab 1945 hier lebte. Das Gebäude selbst stammt aus dem ausgehenden 19. Jahrhundert. Damals wurde in dieser Straße, die von einem später zugeschütteten Kanal durchzogen war, Rattan, *cây mây*, gehandelt. Ein biegsames Produkt aus dem Stamm der Rattanpalmen. Noch heute werden daraus Möbel und Gebrauchsgegenstände wie Körbe und Tabletts hergestellt. Das Naturprodukt findet sich auch im Inneren des heute als Museum geöffneten Hauses, das durch seine großzügige architektonische Gestaltung vom Reichtum seiner vormaligen Besitzer kündet. Hinter zweistöckigen Laden- und Werkstatträumen zur Straße hin, fünf Meter breit, erstrecken sich eine repräsentative Empfangshalle, Wohnbereiche mit antikem Mobiliar, unterbrochen von einem Lichthof mit Grünpflanzen, verbunden durch Balkone. Die Schlafzimmer liegen im oberen Stockwerk, auf der dem Nordwind abgewandten Seite, der in den Monaten November bis Ende Januar Hanoi nasskalte Luft bringt. Die Böden bestehen wie die Decken und die Fensterläden aus dunklem Edelholz, reich mit Schnitzereien verziert. Im hinteren Bereich liegt die Küche mit einem Backofen unter freiem Himmel. Die Dachkonstruktion erlaubte das Sammeln von Regenwasser in Zisternen. Das Stille Örtchen am Ende des Tunnelhauses ist ein Gebäude für sich. Auf tragenden Dachbalken wachen Glück verheißende Drachen.

Als dieses 157 Quadratmeter große Haus erbaut wurde, durfte keines der Gebäude höher sein als des Kaisers Sänfte, wenn sie durch die Straßen getragen wurde. Niemand sollte von oben auf den Herrscher herabsehen können. Zudem mussten sich alle Häuser der Zitadelle unterordnen, die im 11. Jahrhundert entstand und deren Reste wie der Flaggenturm und einige heute noch erhaltenen Tore samt Mauern zum UNESCO-Weltkulturerbe zählen.

Die wechselnden Bewohner und die Geschichte des Hauses in der Mã Mây stehen für die Entwicklung Vietnams und die der Altstadt. Es gab mehrere Enteignungswellen, die das Land seit der Französischen Kolonialzeit erschütterten. Auf die erfolgreich wirtschaftende Kaufmannsfamilie, die 1945 das Anwesen erworben hatte, folgte zehn Jahre später die zwangsweise Einquartierung von fünf Familien. 1954, nach der Niederlage der Kolonialmacht Frankreich in der Schlacht von Điện Biên Phủ, starteten die siegreichen Kommunisten eine »Reform der Kapitalisten und der Bourgeoisie«. Welche Auswirkungen diese politischen und gesellschaftlichen Veränderungen nach der Teilung des Landes in der 1956 gegründeten Demokratischen Republik Vietnam (DRV) auf die Bewohner von Hanoi hatten, beschreibt sehr anschaulich Heinz Schütte in seinem Buch *Hanoi, eine nachsozialistische Moderne*. Darin geht der in Frankreich lebende Soziologe, Germa-

nist und Wirtschaftswissenschaftler anhand von akribisch dokumentierten Interviews Lebenswegen auf den Grund.

Um der Wohnungsnot Herr zu werden, wurde Wohnraum
konfisziert. Angehörige »kapitalistischer Familien« waren »Re-
pressionen ausgesetzt. Sie mussten Schuldbekenntnisse schreiben, jeder in der Familie, von der Großmutter angefangen, jeden
Tag. Man musste gestehen, Arbeiter ausgebeutet zu haben, um
reich zu werden«, erzählte ihm ein Bewohner von Hanoi. Die
Leute versetzten Wertsachen wie den Familienschmuck, um zu
überleben, während »der Herrschaft der bäuerlichen Kader und
der Abschaffung des privaten Kleinhandels unter KP-Generalsekretär Lê Duẩn«.

»Bevor sie nach der Niederlage der Kolonialmacht bei Điện
Biên Phủ den Norden verließen und in den Süden flüchteten, versuchten Bürger einschließlich hoher Verwaltungsbeamter, ihren
gesamten beweglichen Besitz in spontan sich bildenden Straßen-
märkten zu verkaufen. Ihre Häuser allerdings fanden keine Käufer, da man zu Recht annahm, dass das kommende kommunistische Regime kein Privateigentum dulden werde, und so ließen
sie ihre (später verstaatlichten) Häuser im Stich«, schreibt Schütte. Er zitiert aus dem Bericht eines Hanoier Journalisten, dessen
Großvater väterlicherseits »ein zweistöckiges Schlauchhaus mit
acht Zimmern, Innenhöfen, Lager- und Geschäftsräumen eines Händlers in der Hàng Gai übernahm. Dieser war 1954 nach
Saigon gegangen. Die Familie ließ sich, um sich vor Lärm und
Schmutz der Straße zu schützen, in zwei Räumen in der Mitte der
ersten Etage nieder, und das galt für eine dreiköpfige Familie als
angemessen. Wegen des Verbots von privatem Handel und Gewerbe wollte damals niemand den sich zur Straße hin öffnenden
Ladenraum und die dahinter liegenden Zimmer bewohnen; ihr
kommerzieller Wert war gleich Null.«

Mit einer Wohnfläche von nur 1,5 Quadratmetern pro Person
und 90 000 Menschen galt das Gebiet Ende der 1980er Jahre als
eines der dicht besiedelten in Südostasien. Sechs Leute in einem

etwa zehn Quadratmeter großen Raum – von der Großmutter bis zum Kleinkind –, so hauste eine mir befreundete Familie, bei der ich 1979, trotz des damals für Ausländer geltenden Besuchsverbotes, zu Gast war. Sie lebte in der Hàng Quạt, in der damals wie heute religiöse Gegenstände verkauft werden. Ihr Wasser zum Kochen und Waschen entnahmen die Menschen einem Brunnen, an dem sich auch ihre Nachbarn versorgten. Abwässer flossen den Rinnstein vor den Elendsquartieren entlang. Der Gestank von einem Plumpsklo, auf das drei Großfamilien angewiesen waren, vermischte sich mit dem Geruch einer dampfenden Suppe über offenem Feuer. Licht spendete, wenn überhaupt vorhanden, eine einzelne Glühbirne. Öllampen ersetzten die Energieausfälle, die zu dieser Zeit in der Hauptstadt an der Tagesordnung waren.

Diese Lebensverhältnisse änderten sich etwa zehn Jahre später. Mit den 1986 eingeleiteten Reformen der Kommunistischen Partei, der Erneuerung, *đổi mới*, kam der private Wohnungsbau in Gang. Die Menschen versuchten, ihr vormaliges Eigentum zurückzukaufen. Im Falle des oben beschriebenen Ladenraumes des Großvaters »gehört das weiträumige Lokal heute dem Staat, der es an einen Seidenhändler vermietet hat«, so Schütte. »Sehr zum Bedauern der Familie, da gerade dieser Raum seit *đổi mới* die gewinnträchtige Basis des Geschäftslebens darstellt.« Die Leute rissen ab und bauten neu. Wer Geld hatte, wollte so schnell wie möglich modernisieren und vom Aufschwung profitieren. Bereits 1993 enthüllte eine Studie, dass die Hälfte aller alten Gebäude in diesem Areal zerstört bzw. neu- oder umgebaut worden waren. Im selben Jahr wurden die Landnutzungsrechte privatisiert. »Der staatliche Mietwohnungsbau kam vorübergehend zum Erliegen. Dabei erfolgte eine rasche Verlagerung hin zu privaten Wohnungsbautätigkeiten, die in den 1990er Jahren zunächst vorwiegend ungesteuert bzw. ungeplant abliefen«, so der Geograph Michael Waibel. Seit Mitte der 1990er Jahre forscht der Experte zu stadtgeographischen Fragen in Vietnam. Seinen Recherchen zufolge waren allein 2002 und 2003 die Preise für Landnutzungsrechte in Hanoi und Saigon »jeweils um etwa 30 bis 40 Prozent gestiegen. In einigen zentralen innerstädtischen Lagen erreichten sie das Niveau von Tokio. Aber auch Grundstücke in der Peripherie Hanois wurden deutlich teurer bewertet als etwa in Stadtrandlagen Münchens oder Hamburgs.« Eine vergleichsweise kleine Schicht von Vietnamesen habe sich an diesem Spekulationsboom ungemein bereichern können, so der Wissenschaftler. Der sich öffnende Markt offerierte Baumaterial und Technik, vor allem aus China. Gestaltungsideen aus dem Westen dienten Immobilienbesitzern als Vorbild für die Verwirklichung ihrer Träume.

Die Welt entdeckte Vietnam als Reiseziel. Touristen brauchten Übernachtungsmöglichkeiten. Das repräsentativ innen wie außen vom sozialistischen Bruderstaat Kuba errichtete Hotel Thắng Lợi am Westsee, Hồ Tây, und das 1901 im französischen Kolonialstil erbaute, aber damals heruntergekommene und heute unter fünf Sternen firmierende Sofitel Metropole, das älteste Hotel der Stadt, genügten der von Backpackern angefachten Nachfrage nicht mehr. Minihotels schossen wie Pilze aus dem Boden. Aus den bis dahin für die Altstadt charakteristischen, schmal wie Buchrücken nebeneinanderstehenden Häusern mit einem Stockwerk wurden Gebäude mit drei bis fünf Geschossen. Die Besitzer bauten auf statt an. Diese Methode der Erweiterung des eigenen Wohn- und Geschäftsraumes hat im Vietnam der Großfamilien Tradition. Denn der Boden ist knapp und teuer in einem von der Bauernwirtschaft geprägten Land.

Auch auf dem Grundstück 87 Mã Mây stand vor der Rekonstruktion ein zweistöckiges Gebäude, das, um die traditionelle Struktur wieder herzustellen, abgerissen wurde. Die fünf Familien, die bis 1999 das Tunnelhaus bewohnten, wurden umgesiedelt.

Das hatte, Anfang der 1990er Jahre, das Volkskomitee Hanoi mit den Bewohnern der gesamten Altstadt vor. Anders als die Pekinger Stadtverwaltung, die Hutongs – Viertel mit schmalen Gassen und einstöckigen Hofhäusern, eine noch bis in die 90er

Jahre vorherrschende traditionelle Wohnbebauung – dem Erdboden gleichmacht, um an ihrer Stelle einige dieser alten Häuser mit neuen Materialien (Beton statt Holz) und modernem Komfort zu errichten, oder Einkaufszentren und Wohntürme zu platzieren, sind sich engagierte Architekten und Denkmalschützer in Hanoi des kulturellen Erbes bewusst. Um das historisch wertvolle Gebiet der 36 Gassen vor dem Ausverkauf zu bewahren, gab es Pläne, die darauf abzielten, nach und nach einige Straßen zu sanieren. Dafür hätten die Hausbesitzer allerdings so lange ausziehen müssen, bis die Arbeiten abgeschlossen sind. In einem Land, in dem Korruption alle Bereiche des öffentlichen Lebens durchdringt, für die ehemaligen Bewohner ein Unterfangen mit ungewissem Ausgang. Anders als in Peking, wo viele Menschen ihre alten Häuser ohne fließend Wasser oft freiwillig wegen des angekündigten besseren Lebensstandards verlassen, weigerten sich fast alle in der Hanoier Altstadt, derartigen Plänen Folge zu leisten. Obwohl sie auch hier sehr beengt wohnen, sich oft eine Toilette mit 30 anderen Personen teilen müssen und von mehr Komfort, der tagtäglich im Fernsehen beworben wird, träumen. Doch hier sind sie mitten im Stadtzentrum, können vom Handel auf vielfältigste Art profitieren und auf ein gewachsenes soziales Umfeld, auf die Hilfe und Unterstützung von Nachbarn wie zuvor in ihren Heimatdörfern, zurückgreifen.

Die UNESCO, Wissenschaftler wie Michael Waibel und weitere Experten aus dem In- und Ausland versuchten, die Regierung in ihrem Anliegen zu unterstützen, die Altstadt zumindest teilweise zu retten. Es wurde viel vor Ort besichtigt, diskutiert und analysiert. Doch letztlich scheiterten die Vorhaben: »Die kleinteilig zersplitterte Parzellenstruktur«, so Michael Waibel, stellt ein »großes Hindernis für die Umsetzung von großräumigen Planungs- und Sanierungsvorhaben dar.« Auch für die Umsiedlung der Menschen mangelt es der Stadtverwaltung an finanziellen Mitteln. Die Bewohner selbst wollen dort nicht weg, sie wollen sich nicht aus den zentralen Gassen in Randlagen umsiedeln lassen. Michael Weibels Fazit seiner Analyse *Die Altstadt von Hanoi: Ein Abbild urbaner Transformationsprozesse* aus dem Jahr 2003: »Die Politik der Erneuerung hat in Hanoi – ähnlich wie in osteuropäischen Städten – transformationstypische Prozesse wie ungeregelte Bautätigkeiten, einen Gründungsboom im privaten Sektor, nachholende Citybildung, Internationalisierung oder mit sozialer Segregation einhergehende Verdrängungsprozesse ausgelöst.« Die fortschreitende Entwicklung sei so schnell und ungeplant gewesen, dass die Tunnelhäuser und der Charakter und die Vitalität des gewachsenen Mischgebiets aus Wohnen, Handel und Gewerbe in der Erhaltung bedroht seien.

Elf Jahre später brachte der Wissenschaftler, der inzwischen am Institut für Geographie der Universität Hamburg lehrt, forscht und Projekte zur Stadtentwicklung leitet, das Fotobuch: *Hanoi – Capital City* heraus. Es zeigt die jüngere Geschichte dieser Metropole, belegt mit fotografischen Vergleichen aus den zurückliegenden 20 Jahren die rasanten, tiefgreifenden baulichen Veränderungen: Erhalt und Abriss, Verfall und Sanierung, Umgestaltung, Modernisierung. Sein Fazit: Der Charakter des historischen Zentrums von Hanoi werde auch weiter sich nur erhalten lassen, wenn Hanoi dem Vorbild von Paris folgt, wo in den letzten 50 Jahren Hochhäuser in der Innenstadt nicht erlaubt wurden. Er fordert: »Die letzten verbleibenden Perlen der alten Wohnhäuser müssen um jeden Preis erhalten bleiben. So sollten etwa den Hausbesitzern Beratung und Zuschüsse gewährt werden, damit sie ihre Gebäude auf authentische Art und Weise fachgerecht renovieren lassen können.« Doch wie der Wissenschaftler auch feststellt, »mangelt es an Bewusstsein und zum Teil auch an finanziellen Ressourcen« in der Bevölkerung, »um historische Bausubstanz zu erhalten«. Zudem steht der Denkmalschutz hier nur auf dem Papier. Gern sehen Beamte für Schmiergeld nicht so genau hin.

»Das Wichtigste für einen Vietnamesen ist das Land, nicht das Haus«, erklärt mir mein langjähriger Freund, der Architekt

Lý Trực Dũng. Er ist einer der Intellektuellen Vietnams, die seit Jahren gegen den unbedachten Ausverkauf der Altstadt und des Französischen Viertels ankämpfen. Zu DDR-Zeiten in Weimar ausgebildet, steht der heute 70-Jährige für den Erhalt kulturhistorisch wertvoller Bausubstanz. Die Quadratmeterpreise für Bauland seien im Vergleich vor đổi mới in die Höhe geschnellt, erzählt er. Um das Jahr 2010 explodierten in Hanoi die Bodenpreise. »Aktuell kostet ein Quadratmeter Bauland im Zentrum von Hanoi 550 bis 600 Millionen Đồng, etwa 25 000 Dollar.« Und damit weit mehr als in Hongkong, das als teuerste Stadt der Welt gilt.

Wer es nicht abwarten konnte, zu zeitig verkaufte, in den frühen 1950er Jahren enteignet wurde oder sein Geld etwa in Gold statt in den Erwerb von Boden anlegte – was viele Vietnamesen auch heute für sinnvoll halten –, büßte Millionen ein. »Sie verloren nicht Millionen Đồng, sondern Dollar«, betont Dũng. Ein bekannter Kunstsammler habe sein Grundstück im Stadtzentrum verkauft, als er meinte, dass die Preise dafür nicht mehr wesentlich steigen könnten. Jetzt residiert die Botschaft von Österreich auf diesem Land, in einem 15-geschossigen Gebäude, meint Dũng. Er muss es wissen: Seit 2003 ist er mit seinem damals gegründeten Büro Buffalo Architects ein gefragter Experte vor allem bei Deutsch sprechenden Auftraggebern wie Botschaften und dem Goethe-Institut.

Nach dem am 1. Juli 2015 geänderten Gesetz für Immobiliengeschäfte dürfen Ausländer nicht nur Häuser und Wohnungen kaufen, sondern auch selbst in dieser Branche aktiv werden. Das bei dieser Preisentwicklung und dem stetig wachsenden Interesse an Bauland und Häusern im Stadtzentrum von Hanoi Eigentümer schwach werden, ist nur eine Frage der Zeit. »Doch sie oder die neuen Besitzer rekonstruieren drauflos, ohne Rücksicht auf die alte Bausubstanz, ohne nachzudenken. Frei nach ihrer Phantasie«, schimpft Dũng.

Innerhalb eines Jahres konnte ich miterleben, wie in der Hàng Bông eine Ansammlung alter Häuser verschwand. An deren Stelle entstand ein Hotel mit neun Stockwerken, das wie ein Krebs-geschwür in das historische Viertel hineinwuchs. Mit seinen Aus-maßen, lang wie ein Tunnelhaus, seiner Struktur aus Beton und Glas, mit bodentiefen Fenstern, ist es bis heute erfreulicherweise das einzige hohe Gebäude geblieben, das den Charakter der Alt-stadt in dieser Gegend maßgeblich negativ beeinflusst.

Heinz Schütte und Dũng, die seit Langem freundschaftlich eng verbunden sind, kennen viele Beispiele von solchem Größen-wahn. Dazu gehören neu errichtete Villen in der Nähe und am Westsee, dem exklusivsten Wohnort in Hanoi. Hier stehen Häu-ser mit Zwiebeltürmen, vergleichbar denen auf der Basilius-Ka-thedrale in Moskau, mit hohen Säulen und Kuppeldächern. Seit-dem ein Rundweg den See attraktiv für Spaziergänger, Radfahrer und Jogger macht, kann jeder diese Bauten hinter mannshohen, schmiedeeisernen Zäunen in Augenschein nehmen. Im Französi-schen Viertel, in dem die Deutsche Botschaft in einer von Dũngs Firma vorbildlich restaurierten Villa residiert, verschwinden nach und nach wertvolle Zeitzeugen des kolonialen Erbes. »Noch gibt es über 1600 Villen, Paläste, Dutzende von Regierungsstel-len, Bahnhöfe, Krankenhäuser, Schulen, Museen aus der Franzö-sischen Kolonialzeit in Hanoi. Wenn sie rechtzeitig saniert und repariert würden, dann würden sie noch einhundert Jahre exis-tieren, und noch einmal einhundert Jahre«, ist sich Dũng sicher.

Rund um die Uhr bewachte Wohngebiete wie Ciputra, das ers-te Joint Venture in Hanoi, in diesem Fall mit indonesischer Be-teiligung, findet er fürchterlich. Normalsterbliche kommen dort nicht hinein. Wer eines der seit 2004 entstandenen Apartments in mehreren Wohntürmen, eine der 2500 Villen, eines der Büros und Reihenhäuser sein Eigentum nennt oder gemietet hat, muss durch ein Portal, das an das Brandenburger Tor erinnert. Wild gewordene, sich aufbäumende Pferde mit wehender Mähne wa-chen als Statuen über diesen Eingang, vor dem das, was Hanoi ausmacht, die Alltagskultur, die Vitalität, die Spiritualität, die un-gebändigte Lebensfreude, ausgesperrt werden.

Eines Tages lud mich ein deutscher Freund zu sich nach Hause ein. Er meinte: »Du wirst überrascht sein.« In seinem Auto fuhren wir in Richtung Flughafen. Dann bog er ab – nach Ciputra. Mit seiner Familie gehörte er zu den hier überwiegend mit ausländischem Pass lebenden Bewohnern. Sein Sohn besuchte die Internationale Schule auf dem Gelände. Wir gingen ein Stück zu Fuß, entlang einer endlos erscheinenden Villensiedlung. Die zweistöckigen Häuser mit Erkern, Balkonen und Türmchen zwischen gepflegtem Grün waren ganz hübsch anzuschauen. Nur, dass sie wie Uniformierte bei einer großen Zeremonie in Reih und Glied standen, keinen eigenen Charakter hatten. Ein Rondell lockerte das Ganze in der Mitte auf. Dahinter ein exklusiver Club mit Swimmingpool und Schönheitssalon, Golfplatz und Shopping Mall.

Außer uns war kein Mensch zu sehen. Es herrschte eine gespenstische Stille. Dabei schien die Sonne an diesem Nachmittag. Selbst die Vögel, sonst in der Stadt überall zu hören, schwiegen. »Das ist doch nicht das Hanoi der Zukunft.« – »Nein«, antwortete er, »hoffentlich nicht.« Im möblierten Haus, mit vier Bädern und vier Schlafzimmern für 1500 Dollar Miete im Monat, führte er mich in den Raum, in dem er am liebsten verweilte. Es war sein kleines Arbeitszimmer, mit noch unverbautem Blick auf ein Meer aus wogenden Reisfeldern.

Hanoi schaut in eine Himmelsrichtung – nach Westen

Wie die Zukunft aussehen soll, bekräftigte der 12. Parteitag der Kommunistischen Partei Ende Januar 2016. An dem ehrgeizigen Ziel, Vietnam bis 2020 zu einem modernen Industrieland zu entwickeln, werde festgehalten, hieß es. Für Hanoi bedeutet das: Alle Ampeln für Wachstum stehen weiterhin auf Grün. Seit 1993 gibt es mehrere Masterpläne zur Entwicklung der Hauptstadt mit unterschiedlichen Zeitkorridoren. Der letzte mit Zielsetzung 2030 bis 2050 stammt aus dem Jahr 2008. Damals hatte der als Reformer geltende Premierminister Nguyễn Tấn Dũng die Entwicklung der Metropole zur Chefsache gemacht. Aus einem Wettbewerb von Entwürfen ging das internationales Konsortium PPJ (Posco E&C, Perkins & Eastman, JINA Architects) als Sieger hervor, dessen Akteure aus den USA und Südkorea kommen. Dahinter stehen in Großprojekten weltweit erfahrene, seit Langem in Vietnam gut vernetzte Architekten, »die in ihrer Präsentation geschickt auf der Klaviatur der vorherrschenden Leitideologie gespielt und Slogans wie zivilisierte Stadt, *đô thị văn minh,* und Modernität, *hiện đại,* einbrachten«, so Waibel in einem Aufsatz zur Stadterweiterung von Hanoi 2011 in der *Geographischen Rundschau.* Die kühne Vision von PPJ: Die erste nachhaltige Hauptstadt Asiens liegt in Vietnam. Das gefiel den Genossen.

Schon 1993 legte die Partei fest, dass keine Hochhäuser im Areal der Altstadt gebaut werden dürfen (der Hotelbau war wohl die berühmte Ausnahme von der Regel.) PPJ griff den Gedanken auf und schuf auf dem Reißbrett einen grünen Korridor mit Seen, Parks und landwirtschaftlichen Nutzflächen zwischen den historischen Vierteln und fünf Satellitenstädten. Ein neues Zuhause für 1,4 Millionen Menschen. 60 Prozent der gesamten Stadtfläche sollen weitgehend unbebaut bleiben. »Wir versuchen den Hanoiern verständlich zu machen, dass sie die einmalige Chance ergreifen und im Gegensatz zu den Chinesen erkennen sollten, dass ihre großartigen, architektonischen Gebiete im Zentrum der Stadt schützenswert sind«, betonte der New Yorker Architekt und Chef der Firma, L. Bradford Perkins.

Das Problem: Wo Millionen Menschen künftig wohnen sollen, sind die Landwirtschaft und Bauern in alten Dörfern zu Hause. Viele von ihnen zählen trotz Entschädigungszahlungen für den Grund und Boden zu den Verlierern dieser Entwicklung. Sie büßen ihre Arbeit ein, ihre Erwerbsquellen, ihre Existenzgrundlage. Die neu entstehenden Wohnungen können sie sich nicht leisten. Das ist nicht nur im Großraum Hanoi der Fall. Zudem sei die Infrastruktur, vor allem Stromversorgung und Abwasserentsorgung, völlig unzureichend, so Đỗ Đình Đức, Direktor der Hanoier Universität für Architektur. Die Bewohner seien abhängig von etwa 10 000 illegalen Brunnen. Deren Wasser erreiche selten Trinkwasserqualität. Zwar steht beides weit oben auf der Regierungsagenda und bis 2030 sind Investitionen von 52 Mrd. US$ vorgesehen, um Hanoi zur nachhaltigen Hauptstadt zu entwickeln, doch es fehlt an Know-how und ausländischem Engagement.

Bereits seit 1998 gibt es Pläne, an der Peripherie von Hanoi eine Art Silicon Valley von Vietnam zu errichten. Eine Stadt in der Stadt, wo Wissenschaft, Forschung, Ausbildung und die Anwendung modernster Technologien sich gegenseitig befruchten. Ein Ort nicht nur zum Studieren und Arbeiten, sondern auch zum Wohnen, Einkaufen und Amüsieren. Wie immer bei solchen Großprojekten bereitet der Straßenbau das Fundament für die Ansiedlung von in- und ausländischen Unternehmen, denen die Regierung mit Steuerermäßigungen entgegenkommt. Eine sechsspurige Autobahn führt in das 30 Kilometer vom Stadtzentrum entfernt liegende Hòa Lạc, zum Hòa Lạc High-Tech Park. Im Juni 2015 wurde hier der erste Spatenstich für die Infrastruktur wie Strom- und Wasserversorgung, Kläranlagen und Telekommunikation gesetzt. Bisher wollen sich im Park neben einheimischen Unternehmen Firmen aus Taiwan, Südkorea, Italien und Japan – das Vietnam mit einen Darlehen beim Ausbau unterstützt, niederlassen. Das auf dem Regierungsportal veröffentlichte Entwicklungsportfolio zu diesem Projekt zählt 114 Schwerpunkte aus den Bereichen Informations- und Automatisierungstechnik, der Biotechnologie und der Kommunikation. Zu den favorisierten Investitionsprojekten gehören Technologien der künstlichen Intelligenz, Bioinformatik, die Herstellung von Hochleistungskeramik für die Elektroindustrie, Elektronik und Maschinenbau sowie Technologien der mikrobiologischen Behandlung von Umweltverschmutzung. Auch Software für intelligente Transportsysteme, zur Steuerung von Gewächshäusern, von Erntemaschinen bis hin zu Satelliten soll hier entwickelt werden, neben medizinischen Geräten zur Diagnose und Therapie. Für hochqualifiziertes Personal brauchen die Investoren nicht weit zu gehen. Auf dem Gelände befindet sich die FPT-Universität, in der schon jetzt 2000 Studenten auf dem Gebiet der Informationstechnologie eingeschrieben seien. Zudem sollen auf dem Gelände neue Gebäude der Hanoi National University entstehen.

Grenzen verschwimmen – die Stadt kommt ins Dorf

Derzeit leben rund 30 Prozent der Bevölkerung in den Städten Vietnams. Der Anteil dürfte nach Ansicht der Weltbank bis 2020 auf 45 Prozent steigen. Bis dahin werden rund 1,3 Millionen Menschen in die urbanen Zentren ziehen – jährlich. Acht von zehn Stadtbewohnern sorgen sich um die wachsende Ungleichheit, um den tiefer werdenden Abgrund zwischen Arm und Reich. Das hat 2014 eine Umfrage der Weltbank in Zusammenarbeit mit dem vietnamesischen Institut für Arbeitswissenschaft und Soziales ergeben.

Staatlicherseits verfolgt man das Ziel, die Wohnfläche je Person bis 2020 auf 25 Quadratmeter anzuheben. Das wäre purer Luxus für die große Masse der beengt wohnenden Hauptstädter. Ein Fünftel aller Neubauwohnungen soll sozialverträgliche Mieten und Preise haben. Bis 2020 sollen im sozialen Wohnungsbau ungefähr 600 000 neue Häuser und Apartments mit einer Fläche von 30 Millionen Quadratmetern entstehen.

Im August 2015 konnte ich miterleben, wie es ist, wenn eine »sozialverträgliche« Satellitenstadt an ein Dorf heranrückt und sich die urbanen Grenzen verwischen. Der Ort heißt Đông Ngạc im Hanoier Bezirk Từ Liêm. Er liegt in der Nähe der Thăng-Long-Brücke, die sich seit 1985 über den Roten Fluss spannt. Hier atmen die Menschen freier. Der Lärm und Schmutz des nahe gelegenen Highways zwischen Innenstadt und Flughafen bleibt außen vor. Bisher war dieser Bezirk von dörflichen Strukturen geprägt.

Mit 500 Jahren ist Đông Ngạc eines der ältesten Dörfer Vietnams. Seit über 100 Jahren steht hier das Elternhaus meiner Freundin Minh. Auch einer ihrer Brüder wohnt mit seiner Familie in der Nachbarschaft. Der Ursprung mehrerer Pagoden, Mauern und von zwei Torbögen, die den Eingang zum Dorf in entgegengesetzter Himmelsrichtung symbolisieren, stammen aus dem 16. Jahrhundert. Auch der đình, in dem drei Heilige verehrt werden. Seine geschwungenen Dachtraufen beschützen nach oben strebende Drachen. Das Gemeindehaus ziert einen beschaulichen Platz, mit einer Versammlungshalle, Unterkünften für Mönche, steinernen Stupas, alten Bäumen und einer kleinen Brücke, die einen Fischteich überspannt. Im đình werden traditionelle Zeremonien abgehalten, zu denen die Bewohner zusammenkommen. Oft nehmen sie danach das Mittagessen gemeinsam ein und waschen dann, wie es seit alters Brauch ist, das Geschirr am Brunnen auf dem Gelände. So hat dieser Ort für sie einen hohen sozialen Wert. In einer Schule, untergebracht in historischen Gebäuden, werden die Kinder bis zur fünften Klasse unterrichtet. Schmale gepflasterte Sackgassen, in denen ebenso schmale, dreistöckige Häuser stehen, wechseln sich ab mit einigen neu gebauten, geschmackvollen Villen, begrünten Innenhöfen mit Bananenstauden, in deren Mitte noch ebenerdige Bauernhäuser ihren Platz haben. Am zentral gelegenen Teich, über und über bedeckt mit Wasserlinsen, wartet vergebens ein neu eröffnetes Café unter einem Bambusdach auf Kundschaft. Ein schmaler Weg führt zur Hauptstraße, in der gehandelt wird, womit die meisten Leute bisher ihr Geld verdienten: Obst, Gemüse, Reis und Fleisch, Tierprodukte. Einige wenige Geschäfte offerieren Haushaltstechnik, Lebensmittel, Kleider und Smartphones.

Die braucht es nicht, um sich über die Preise in Ecohome I oder II zu informieren. Das erledigt der Buschfunk. Seit einem Jahr wachsen an der Stelle, wo die Bauern früher ihrem Tagwerk nachgingen, Hochhäuser statt Reishalme. Die Gebäude stehen vor dem Dorf wie riesenhafte Monumente aus einer anderen Zeit. Ein krasser Kontrast zu dem bäuerlichen Leben um sie herum. In ihrer Mitte gibt es Springbrunnen, Gärten, Fußwege, öffentliche Erholungsflächen. Dazu Kindergärten, ein Gesundheitszentrum, eine Mehrzwecksporthalle, Fitnessräume, eine Bibliothek. Supermärkte und Banken ergänzen das Angebot. Letztere, speziell die vietnamesische VietinBank, unterstützt die künftigen Bewohner von Ecohome mit zinsgünstigen Darlehen. Denn nur wer nachweislich zu den Menschen mit niedrigem Einkommen gehört, darf hier eine Wohnung kaufen oder mieten. Bei den meisten reichen die Ersparnisse dafür nicht. Die Wohnungen kosten zwischen 400 und 800 Millionen Đồng, zwischen etwa 16 000 und 32 000 Euro. In ganz Vietnam liegt der Mindestlohn im Schnitt unter 100 Euro im Monat. Das Angebot ist gedacht für Bürger mit Verdiensten um die Revolution; Beamte und städtische Angestellte, Berufssoldaten, Arbeiter in Industrieparks, Behinderte, ältere, allein lebende Menschen. Sie sollen sich in den 12 bis 17 Stockwerke zählenden Hochhäusern mit einem handtuchschmalen Balkon wohl fühlen.

Eine von Minhs Bekannten aus dem Dorf ist mit ihren Mann in einen der Wohnblocks gezogen. Jetzt verfügt sie über etwas, das sie noch nie besessen hatte: Einbauküche und Bad, zwei Räume mit Klimaanlage. Minh erzählt, dass sie 20 Jahre Zeit habe, um den Kaufpreis abzuzahlen. Ihr Haus im Dorf habe sie jedoch behalten. Das sei jetzt ihre Geldquelle, denn dort wohnen mittlerweile andere Leute zur Miete.

Obwohl die Satellitenstadt wie ein Fremdkörper in der Landschaft steht, bewacht von Security, haben sich viele Dorfbewohner damit arrangiert. Sie hoffen auf bessere Geschäfte durch die Zuzügler und nutzen jeden kleinen Flecken Land, den das Bauprojekt in Dorfnähe übrig gelassen hat, weiterhin für den Anbau von Salat, Kräutern und Obst. Die Bewohner der Hochhäuser versuchen, etwas von ihren dörflichen Gewohnheiten beizubehalten, mit Blumen, Hühnern, Vögeln in Käfigen auf dem schmalen Balkon.

So friedlich wie um Đông Ngạc verläuft die Landnahme der Regierung für Großprojekte selten. Laut dem *Guardian* vom 21. Januar 2016 gab es immer wieder Proteste der Bauern südöstlich vom Hanoier Stadtzentrum, in der Nähe des Keramikdorfes Bát Tràng. Hier ging die Landbevölkerung gegen ein Projekt auf die Straße, das bis 2030 in neun Bauphasen nicht für sie, sondern für die gehobene Mittelschicht in die Breite und in den Himmel wachsen soll: Ecopark, auf einem Gelände von 500 Hektar. 1000 bis 2000 Dollar zahlen Interessenten pro Quadratmeter Wohnfläche in Hochhäusern, Villen und Reihenhäusern. Ein Wohntraum, »vereint mit Mutter Natur«, wie es in dazugehörigen Exposés der vietnamesischen Firmengruppe Viet Hung Urban Development and Investment heißt. Darunter verstehen die Investoren ein Gebiet im Ressort-Stil, mit sich öffnenden Terrassen zum Wasser hin, das durch künstlich angelegte Kanäle geleitet wird, durch Parks mit »blauen Augen« in den Grünflächen und Spielplätzen. Aber auch »abgelegenen Luxus mit einer privaten Universität und einer internationalen Klinik, einer speziell konstruierten ›Altstadt‹ und einem 18-Loch-Golfplatz.« Wer hierherziehe, habe »ein gemütliches Zuhause in einer Gemeinde mit höchsten Standards und Dienstleistungen, einschließlich Swimmingpools, Tennisplätzen, Sporthallen, Bars, Kinos, Spas, Saunen, Erholungsgebieten, kulinarischen Straßen und schicken Shopping-Outlets«. Kurzum, die Bewohner brauchen diese Stadt in der Stadt dann nicht mehr zu verlassen, um den Alltag zu meistern. Ein Rückzugsort für Gewinner, hauptsächlich junge Menschen, deren Wohnadresse eine Visitenkarte für ihren Erfolg ist.

Die Proteste der Bauern richteten sich gegen die zwangsweise Wegnahme ihres Ackerlandes, für das sie ihrer Meinung nach nicht in ausreichender Höhe entschädigt wurden. Denn wie in China halten auch in Vietnam bei solchen Vorhaben Mittelsmänner die Hand auf. Nach Berichten des *Guardian* standen sich bereits 2006, aber auch 2009 und 2012 die Landbevölkerung und die Polizei gegenüber. Mit Steinen und Tränengas gingen sie aufeinander los. Vor allem Frauen in Arbeitskleidung, mit Flip-Flops aus Plastik an den Füßen, zogen in die Innenstadt, um zu protestieren. Genutzt hatte es nichts. Wenn sie Glück haben, bekommen ihre Männer einen Job auf dem Bau. Mehrere Demonstranten wurden verhaftet. Die Polizei schlug auch Journalisten, die über die Vertreibungen schreiben wollten.

So entstehen immer tiefere Gräben zwischen denen, die ihren Grund und Boden und ihre Existenz verlieren, und denen, die darauf ihre Zukunft aufbauen wollen. Die sich abschotten, zurückziehen, in bewachte Gebiete ohne Armut. Doch die Mauern, so hoch sie auch sein sollten, schützen die Menschen nicht vor dem Smog. Der kennt keine Grenzen.

Vor den Abgasen und dem Feinstaub in der Luft versuchen sich Millionen Mopedfahrer, die täglich auf den Straßen der Hauptstadt unterwegs sind, mit einfachen Stoffmasken vor dem Mund zu schützen. Es macht vielleicht ein gutes Gefühl, etwas dagegen unternommen zu haben, aber das Material verhindert nicht das Einatmen der Schadstoffe. Masken wie in Thailand üblich sind hier unbekannt. Die zunehmende Luftverschmutzung in Hanoi ist oft Thema in Radio- und Fernsehsendungen. Auch im Internet, über Facebook und Twitter tauschen sich die Menschen über dieses heiß diskutierte und jeden betreffende Problem aus. Als im Frühjahr 2015 korrupte Beamte Tausende von alten Bäumen im Stadtzentrum von Hanoi unter den Vorwand fällen lassen wollten, dass sie morsch und krank seien, hatten die Einwohner, denen saubere Luft und ein grünes Hanoi am Herzen liegen, genug von Bereicherung am Eigentum aller. Lautstark demonstrierten sie auf der Straße mit Slogans wie: »Bestraft die Leute, die hinter dieser Aktion stecken!« Und »Tree hugs«. Rund um den Hoan-Kiem-See bildeten sie eine Menschenkette. Fotos davon wurden im Netz in kurzer Zeit Millionen Mal geteilt, auch von Vietnamesen im Ausland. Meine Freunde in Leipzig, deren Angehörige in

Hanoi leben, hatten von der Aktion gehört und konnten es nicht fassen, dass einflussreiche Leute nicht einmal vor der grünen Lunge der Hauptstadt zurückschrecken, um sich am Verkauf des Holzes und potentiellen Baugrundstücken zu bereichern. Doch dieses Mal waren sie zu weit gegangen. Die Jugend, vor allem Studenten, protestierten. Nach einigen Berichten in den Medien, die erstaunlicherweise ungeschminkt über die Aktion berichten konnten, schlossen sich Bewohner der Straßen dem Protest an, in denen die Bäume standen. Die Polizei sah zu, griff nicht ein. Wie die *taz* am 31. März schrieb, fand zur Zeit der Demonstrationen in Hanoi eine Tagung der Interparlamentarischen Union mit Teilnehmern aus 113 Ländern statt. Ihr Motto:»Für Demokratie. Für jeden!«, beobachtet von ausländischen Journalisten. Verhaftungen hätten da nicht ins Bild gepasst.

Die Protestkultur wächst langsam, aber stetig. Die Leute haben zwar Respekt vor der Polizei, auch weil sie wissen, dass sie diese wegen kleinster Vergehen schmieren müssen, damit sie in Ruhe gelassen werden, und weil sie sonst im Gefängnis landen können. Sie widersetzen sich aber immer wieder geduldig den Verordnungen von oben, die in ihren Augen unsinnig sind.

Eine dieser Reglementierungen des öffentlichen Lebens stammt aus dem Jahr 2003. Laut dieser sollen alle Gehwege im Stadtzentrum einen Meter freien Raum gewährleisten. Das war eine Säuberungsaktion während der Southeast Asian Games, die im Dezember 2003 ausgetragen wurden und bei denen sich das gerade dem Westen geöffnete Land ein modernes Antlitz geben wollte. So waren Essensstände, die sich zuvor überall dort in der Stadt befanden, wo sich Menschen versammelten, nur in dafür ausgewiesenen Gebieten und zu bestimmten Zeiten erlaubt. Auch geparkte Mopeds sollten verschwinden.

Historische Marktplätze wie der Chợ Cửa Nam (eine Markthalle im Jugendstil), wo sonntags die Besitzer von Singvögeln zusammenkamen, um sich auszutauschen, wurden durch Neubauten ersetzt. Ihr Zauber ist verschwunden.

Unzählige Garküchen, manche nur aus einem großen Suppentopf, wenigen kleinen Plastikschemeln und zwei Tischen bestehend, gibt es aber immer noch. Die neueste, vom Westen kopierte Geschäftsidee – grillen, was das Umland an Fisch, Tofu, Gemüse und auch Fleisch hergibt – erfreut sich wachsender Beliebtheit. Nicht wie in Deutschland im familiären Kreis auf der Terrasse oder im Schrebergarten, sondern auf kleinstem Raum an der Straße. Auch die Thüringer Bratwurst kommt hier in einer auf asiatische Verhältnisse geschmacklich veränderten Variante übers Feuer.

Die fliegenden Händler sind noch da, ebenso die Rikschafahrer. In ihnen sah die Kommunistische Partei bereits in den 1960er Jahren ein Symbol der Ausbeutung des Menschen durch den Menschen. Ein Grund sie abzuschaffen. Zu langsam und zu sperrig seien die Dreiräder, lautete die offizielle Version. Von den 2002 noch 5000 im ganzen Land existierenden Cyclos haben etliche überlebt. Die Nachfrage der wachsenden Zahl von Touristen, nunmehr auch Einheimische aus dem Süden, hat sie gerettet. Noch vier darauf spezialisierte Unternehmen gibt es in Hanoi, die sehr gern von Hoteliers für eine Fahrt durch die engen Gassen der Altstadt gebucht werden. Sie können überall für ein Foto oder eine Besichtigung halten, sind billig und bequem. Doch seit Kurzem nimmt die Regierung erneut Anlauf, um die Cyclos von Hanois Straßen zu bekommen. Im Volkskomitee der Stadt wurden Pläne diskutiert, sie durch moderne Straßenbahnen im Stadtteil Hoàn Kiếm zu ersetzen.

Lieblingsorte – Hanoi zum Genießen

Vor dem Eingang von Văn Miếu, dem Tempel der Literatur in Hanois erster Universität, warten die Rikschas besonders oft auf ihre zahlenden Gäste. Hier hat König Lý Thánh Tông sich und dem chinesischen Philosophen Konfuzius (551–479 v. Chr.) um

1070 ein Denkmal gesetzt. Ein ummauertes, langgestrecktes Ensemble aus fünf Höfen, gepflegten Grünflächen und einem geradlinigen Weg, der den Herrschern vorbehalten war. Soldaten und Bedienstete durften ihn nicht betreten. Sie mussten auf Pfade links und rechts der Anlage ausweichen und, wie ihr Gebieter auch, zuvor vom Pferd absitzen, vor dem ältesten und architektonisch schönsten Baudenkmal Hanois. Für mich ist Văn Miếu eine Insel der Geschichte dieses Landes.

Haben die Besucher das Eingangstor durchschritten, erwartet sie der bezaubernde Anblick des Khuê Văn Các. Vielen Touristen kommt dieser zweistöckige Turm von 1805 mit den charakteristischen, nach oben geschwungenen, von Drachen besetzten Dachfirsten bekannt vor. Auch denjenigen, die noch nie ihre Nase in ein Buch über Vietnam gesteckt oder selbst im Land unterwegs waren, meinen ihn schon einmal gesehen zu haben. Das ist nicht verwunderlich, denn Vietnamesen benutzen das wohl bekannteste Wahrzeichen von Hanoi weltweit gern als ihr Geschäftslogo. Auch die Rückseite des 100 000-Đồng-Scheins schmückt sich damit. Dem Historiker Dương Trung Quốc zufolge ist der Pavillon »ein Symbol für die Kultur unseres Landes«. Er steht auf vier Säulen aus Ziegelsteinen, in die Wolkenformationen eingraviert wurden. Im oberen Teil aus Holz zeigen vier Sonnenkränze die Himmelsrichtungen an. Es ist ein schönes Bild, sich vorzustellen, wie hier im 18. Jahrhundert Prüflinge interessante Literaturbeiträge diskutierten. Das Bauwerk spiegelt sich in der Quelle der himmlischen Erleuchtung, Thiên quang tỉnh, einem rechteckigen Wasserbecken. Rundherum stehen 82 von ursprünglich 112 steinernen Stelen. Sie tragen die Namen und Lebensdaten der Gelehrten, die hier zwischen 1442 und 1779 ihre Prüfungen mit Bravour ablegten. Die Stelen ruhen auf Schildkrötensockeln, als Zeichen der Weisheit.

Durch ein weiteres Tor gelangt der Besucher auf einen großen Versammlungsplatz, eingerahmt von Gebäuden und überdachten Hallen. Weihrauch durchzieht das Große Haus der Zeremonie. Roter Lack und Blattgold dominiert den Konfuziustempel, in dem der Meister und vier seiner Schüler verehrt werden. Beim Eintreten muss der Geist hellwach sein: Eine traditionell hohe Holzschwelle versperrt nach dem Glauben der Vietnamesen negativer Energie den Fluss ins Innere. Davor liegt ein Musikraum, in dem folkloristische Stücke auf alten Instrumenten zur Aufführung kommen, darunter die viele Liebeslieder begleitende *dàn bâu*, die einsaitige vietnamesische Stabzither. Hinter den beiden Gebäuden erstreckt sich ein großer Innenhof zur alten, zweistöckigen Nationalakademie. Bis 1915 wurden hier die Söhne der Mandarine unterrichtet. Ein großer Glockenturm, Quốc Tử Giám, beherbergt eine riesige Trommel. Noch heute wird in den Schulen des Landes nicht zum Unterricht und zur Pause geklingelt, wie bei uns üblich, sondern mit kurz aufeinanderfolgenden Schlägen auf diesem Instrument gerufen!

Touristengruppen bevölkern den Literaturtempel, Hochschulabsolventen kommen hierher, um in Fotoformationen ausgelassen ihren Abschluss zu feiern, junge Frauen posieren im *áo dài*, junge Männer in manchmal etwas zu eng oder zu locker sitzenden Anzügen, wohl ihrem ersten überhaupt. Sie haben Spaß daran, sich lange rote Roben wie aus vergangener Zeit überzuziehen, sich kreisförmig aufzustellen und dann auf ein Kommando – *một, hai, ba* – Doktorhüte in die Luft zu werfen. So lebt die Tradition fort. Abseits des Spektakels finden sich Plätze der Ruhe, Bänke unter blühenden, duftenden Frangipani-Bäumen. In Andenkenshops gibt es Bilder zu sehen, die Văn Miếu noch ohne Kommerz zeigen. Auch leuchtend bunt bemalte Wasserpuppen aus dem Holz des Feigenbaumes werden hier verkauft.

Sie sind Vertreter einer 1000 Jahre alten Kunstform, die in den Dörfern im Delta des Roten Flusses ihren Ursprung hat, dem Wasserpuppentheater *rối nước*. Das gibt es nur in Vietnam. Nach der Überlieferung soll es zur Belustigung der Landbevölkerung entstanden sein. Einige Spielszenen nehmen noch heute die Obrigkeit aufs Korn. Verbürgt sind Erzählungen aus dem

11. Jahrhundert. Aus Aufführungen zu Pagodenfesten wurden im 16. Jahrhundert feste Spielstätten. Dafür braucht es ein großes Wasserbecken oder einen Teich, einen Bambusvorhang, hinter dem sich die Puppenspieler verbergen können, so dass nur die Handlung im Mittelpunkt der Aufführung steht. Sänger und Musiker begleiten sie, verleihen den etwa eine Armlänge großen Figuren durch ihre Stimmen eigene Charaktere. Hier kommt eines der verborgenen Talente der Vietnamesen zum Vorschein: ihr feiner, köstlicher Humor. Den Stoff für die witzig erzählten Geschichten liefern wie zur Entstehungszeit des Theaters der Alltag der Bauern, Mythen und Legenden. An fünf Meter langen Bambusstangen und vielen Schnüren lassen die Spieler, selbst in Wathosen im Wasser laufend, die Puppen auf der Oberfläche tanzen. Der als naiv geltende Bauer Tễu steht als Spaßmacher im Mittelpunkt der Szenen. Während seine Landsleute im Takt der Live-Musik Reissetzlinge aufs imaginäre Feld bringen, mit lustigen Büffeln den Boden bearbeiten, eines der Tiere lieber ein Flöte spielendes Kind auf den Rücken trägt als seinem Herrn zu gehorchen, versucht er vergeblich mit einer Angel Fische zu fangen. Als es ihm unter dem Gejohle der Umstehenden gelingt, jagt ihm eine Wasserschlange den Fang wieder ab. Farbenfrohe Drachen liefern sich einen Kampf im aufgewühlten Element, Phönixe tanzen über die Wellen, aus denen schließlich die goldene Schildkröte vom Hoan-Kiem-See auftaucht.

Am Hoan-Kiem-See steht das meistbesuchte Wasserpuppentheater der Stadt, Nhà hát múa rối Thăng Long. Besonders die Vorstellungen am Abend sind Tage zuvor ausverkauft. Am authentischsten ist das Spiel in der Meister-Pagode, Chùa Thầy, die etwa 30 Kilometer von der Hauptstadt entfernt steht. Das religiöse Bauwerk mit 100 Statuen, darunter den zwei größten im ganzen Land, wurde nach Từ Đạo Hạnh, einem der besten Puppenspieler des 12. Jahrhunderts, benannt. Eingebettet in ein Dorf, liegt es romantisch am Fuß eines kleinen Berges, vor dem sich der Drachensee, Hồ Long Chiểu, erstreckt. Darin ragt ein steinerner

Pavillon aus dem Wasser, der den Puppenspielern als Theaterkulisse dient. Allerdings finden die Darbietungen hier nur zum alljährlichen Tempelfest Anfang April statt.

Ein Schauspiel anderer Art können Sie erleben, wenn Sie das Café Vườn in der Hàng Gai, ganz in der Nähe des Hoan-Kiem-Sees, aufsuchen. In der Nummer 11 wohnt eine alteingesessene Familie. Ihr Geschäft zur Straße hin, mit Seidenschals und Stickereien, ist nur eine Tarnung, allerdings eine einträgliche. Dahinter verbirgt sich ihr eigentliches Standbein – ein Ort für Genießer. Kommen Sie mit, durch einen schmalen, dunklen Gang, der nach einigen Metern in einen lichtdurchfluteten Innenhof führt. Dann stehen Sie in einem funktionstüchtigen Tunnelhaus, dessen Besitzer Ihnen Einblick in Wohnzimmer und Küche gewährt. Eine steile, zum Teil gewendelte Treppe führt über mehrere Etagen nach oben. Auf dem ersten Treppenabsatz stehen die Türen zu einem prächtigen Altarraum offen. Hier und in auf zwei höher gelegenen Räumen erwarten verschwiegene Plätze die Gäste, die gern das Nationalgericht *nem rán*, in gebratenen Reispapier gewickeltes gehacktes Schweinefleisch mit Gemüse, den langsam in ein Glas tropfenden heißen vietnamesischen Kaffee mit süßer Milch, *cà phê sữa nóng*, und kleine Leckereien wie geröstete Erdnüsse bestellen. Die Aussicht auf den See, auf umliegende Straßen und das Meer aus Dächern bekommen sie gratis dazu. Den etwas beschwerlichen Aufstieg unterstreicht Vogelgezwitscher, das aus Käfigen im Innenhof kommt. Das Café ist ein Treffpunkt für Liebespaare und Intellektuelle, aber längst kein Geheimtipp mehr.

Von gleich dreien erzähle ich Ihnen hier: Es gibt Straßen in Hanoi voller Poesie – so die Kim Mã, eine Allee nordwestlich vom Stadtzentrum. Hier greifen die Äste der alten, knorrigen Bäume über den Köpfen der Passanten wie Finger zweier Menschen ineinander. Im Frühling und im Sommer bilden sie ein blühendes Dach aus lila Königsblumen, *hoa bằng lăng*. Selbst im Regen ist die Kim Mã ein Gedicht. Im Herbst bezaubert sie mit buntem Laub, das einem Teppich gleich auf dem breiten Fußweg liegt, der den entgegengesetzt fließenden Verkehr teilt. Bei morgendlichem Sonnenschein lassen die Strahlen einen durchsichtigen Vorhang aus goldenem Licht aufs Trottoir fallen. Ein Geschenk der Natur. Hochzeitswillige Paare lassen sich in diesem Umfeld gern für das Familienalbum in Szene setzen. Models kommen für ein professionelles Fotoshooting hierher. Einige Plattenbauten, die links und rechts der Kim Mã vom einstigen sozialistischen Vorbild, der DDR, künden, übersieht man.

Die Phan Đình Phùng ist der breiteste Boulevard von Hanoi. Alte, dickstämmige, eng hintereinander wachsende Dracontomelonbäume, *cây sấu,* erfreuen das Auge, besonders wenn sie im Frühsommer blühen. In der Straße ist das Nordtor der Zitadelle zu besichtigen. Es gibt einige schöne Cafés am Wegesrand, darunter eines, in dem ich gern unter einem Glasdach mit darüberlaufendem Wasserfall einen *cà phê đá,* einen Eiskaffee, genieße.

Am Abend zieht es mich manchmal in eine der zahlreichen Pagoden der Stadt. An der in der Chùa Lý Quốc Sư in der gleichnamigen Straße nahe der St.-Joseph-Kathedrale laufen viele Touristen vorbei, statt einmal hineinzugehen. Wenn Sie nicht davor zurückschrecken, sich mit einer Gemeinschaft gläubiger Menschen zum Gebet zu versammeln, erleben Sie hier 900 Jahre alte Tradition und Geschichte auf engstem Raum. Insofern Sie sich respektvoll verhalten und entsprechend kleiden – kurze Hosen und T-Shirts mit Spaghettiträgern sind tabu –, werden Sie immer willkommen sein. Hier heißt es: Schuhe ausziehen, sich wie die anderen mit den Fußsohlen nach hinten auf den mit dünnen Bambusmatten ausgelegten Boden setzen, zuhören. Dann können Sie die Spiritualität dieses Ortes verinnerlichen.

Das Gebäude, dessen Grundstrukturen auf 1131 zurückgehen, ist dem buddhistischen Mönch Minh Không gewidmet, der als Heiler, Lehrer und königlicher Ratgeber verehrt wird. Sein Bildnis steht für alle sichtbar auf dem prunkvoll mit Blattgold verzierten Altar, den drei Buddhas im Hintergrund bewachen. Statuen, vier Frauengestalten und drei Mandarine, stehen versteckt an den

Seiten des Raumes, der von Säulen mit chinesischen Schriftzeichen gestützt wird. Während der Gebete im Sprechgesang, begleitet von einem monotonen Klopfen, schwängert duftender Weihrauch die Luft.

Das authentische, geheimnisvolle Hanoi können Sie entdecken, wenn Sie sich zumindest einmal während Ihres Aufenthaltes überwinden, mit den Stadtbewohnern aufzustehen. Vier Uhr morgens ist die richtige Zeit sich einem *xe ôm*, einem einheimischen Motorradfahrer anzuvertrauen. Umarmen Sie ihn – denn das bedeutet das Wort *ôm* –, setzen Sie sich einen vom Fahrer mitgebrachten Helm auf (Helmpflicht) und lassen Sie Ihren gerade gefundenen Guide in Richtung Long-Biên-Brücke fahren, parallel zum Roten Fluss. Die Straße hier heißt Au Co, *đường* Âu Cơ. Sie können auch den Bus Nummer 31 nehmen. Nach einigen Haltestellen entlang einer kilometerlangen Mosaikwand, die anlässlich des 1000-jährigen Bestehens der Stadt von in- und ausländischen Künstlern sowie Schülern und Studenten gestaltet wurde, werden Sie überrascht sein über das, was Sie jetzt im Morgengrauen, jedoch tagsüber nicht sehen: den größten Blumenmarkt von Hanoi, Chợ Hoa Quảng An. Bereits nach Mitternacht kommen die Bauern aus den Blumen züchtenden Dörfern Nhật Tân, Quảng Bá, den benachbarten Kreisen Mê Linh, Đông Anh und Sóc Sơn (alle in Nähe des Internationalen Flughafens Nội Bài gelegen) hierher, um ihre vergängliche, in allen Farben des Regenbogens leuchtende Ware an Händler zu verkaufen. Geschickt transportieren sie mit dem Moped Berge von duftenden roten Rosen. Jede einzelne Knospe haben sie sorgsam in Papier eingepackt. An überdachten, durch Lampenlicht erhellten Ständen liegen die langstieligen Blumen dann neben Wolken aus Nelken, Chrysanthemen, Gerbera, Dahlien, Lotos, Lilien, Hortensien, Ringelblumen und Orchideen, gewachsen im südlichen Hochland von Đà Lạt, dem ehemaligen Erholungsort der Franzosen. Im Winter, wenn das *Tết*-Fest naht, wird das Sortiment noch bereichert durch Pfirsich- und Aprikosenblütenzweige sowie gelb leuchtende *cây quất*, Kumquat-Bäume, über einen Meter hohe Topfpflanzen, ohne die – ähnlich unseren Weihnachtsbäumen – das Fest der Feste in Vietnam undenkbar ist.

Feste, Bräuche, Kalender und Ahnenkult

Tết Nguyên Đán – vier Anlässe zum Feiern

Hanoi weint, vor Freude. Einmal im Jahr drängen sich mehr Menschen in und vor den Ankunftshallen des nationalen und internationalen Flughafens Nội Bài als in den 36 Gassen der Altstadt. Kleine Kinder in seidenen, mit Rüschen und Schleifen geschmückten Kleidern thronen, ungeduldig mit den Beinen baumelnd, auf den Schultern ihrer Väter. Junge Mädchen, lila Gladiolen, rote Rosen, gelbe Chrysanthemen in den Händen haltend, rufen aufgeregt den Namen ihrer Schwestern und Brüder. Alte, weißhaarige Frauen mit runzligen Gesichtern halten alsbald zum ersten Mal ihr Enkelkind in den Armen. Mit Tränen in den Augen kehren im Ausland lebende Vietnamesen heim zu ihren Wurzeln. Es ist die Zeit von *Tết Nguyên Đán*, dem Fest des ersten Morgens. Das ist Neujahr, Frühlingsanfang, Geburtstag und Ahnenverehrung in einem – vier Anlässe zum Feiern, der wichtigste, kulturelle, familiäre und spirituelle Höhepunkt im Jahr. Schon Wochen zuvor löst dieser Termin eine weltweite Reisewelle aus. Flugtickets nach Vietnam sind dann am teuersten. Jeder, der es sich finanziell leisten kann, will beim Fest der Feste in der Heimat sein. Der Termin für die längsten Feierlichkeiten im Land fällt immer in die Zeit zwischen Mitte Januar und Mitte Februar unseres Kalenders. Er steht im vietnamesischen Mondkalender *Âm Lịch*.

Der vietnamesische Mondkalender orientiert sich, ähnlich wie der chinesische Kalender, an den zwölf Mondphasen, von Vollmond zu Vollmond. Der Bezug auf die Mondphasen ist bezeichnend für die tausend Jahre währende, besondere Stellung der Landwirtschaft in diesen Ländern, weshalb der Mondkalender auch als Bauernkalender bezeichnet wird. Entgegen unserem Kalender, der die Zeit im Lauf eines Sonnenjahres in zwölf Monate mit 365 Tagen (und sechs Stunden) aufteilt, zählt ein Monat im Mondkalender 29 oder 30 Tage, somit 355 Tage im Jahr. Jedes zwölfte Jahr hat dreizehn Monate. Daher fällt das asiatische Neujahrsfest nie auf den gleichen Tag. Da Vietnam und China in unterschiedlichen Zeitzonen liegen, verschieben sich die Daten der Mondkalender beider Länder von Zeit zu Zeit. *Tết Nguyên Đán* der Vietnamesen fällt somit auch nicht immer mit dem chinesischen Frühlingsfest zusammen. Der Mondkalender ist in zehn Stämme, *can*, eingeteilt. Diese entsprechen den männlichen und weiblichen Aspekten der fünf Elemente nach der daoistischen Theorie zur Naturbeschreibung: Holz, Feuer, Metall, Wasser und Erde. Darüber hinaus gliedert er sich in zwölf Zweige, *chi*. Sie sind die Tierkreiszeichen. Deren Reihenfolge bleibt immer dieselbe.

Klingt kompliziert? Ist es auch. Jedoch nicht für Vietnamesen, deren Feste und deren Alltag dem Mondkalender schon immer folgen. Alles richtet sich nach dessen Regeln, nachzuschlagen im Tausendjahrkalender, *Lịch vạn niên*. In dieser Schrift sind die Besonderheiten für jeden Tag eines Zyklus von 60 Jahren festgehalten. Es gibt demnach günstige und ungünstige Tage und Stunden, an denen man beispielsweise reisen, Geschäfte eröffnen, heiraten und sogar ein Kind bekommen sollte – oder eben auch nicht. *Lịch vạn niên* beeinflusst das individuelle Verhalten der Vietnamesen aller Schichten. Es wurde beobachtet, dass sich gerade die wohlhabenderen und besser ausgebildeten Städter mit zunehmender Strenge den Regeln des *Lịch vạn niên* unterwerfen.

Tết Nguyên Đán, *Tết* allein heißt Fest, ist dreigeteilt. Die letzten Tage des alten Jahres nennt man *Tất niên*. Silvester wird als *Giao thừa* bezeichnet. *Tân niên* bedeuten die Festtage im neuen Jahr. Die geistige Welt der Vietnamesen ist voller Glauben an Götter, gute und böse Geister, geprägt von Ritualen und Bräuchen, die taoistischen, buddhistischen und konfuzianischen Einflüssen entspringen.

Einer Sage nach sollen die zwölf Tierkreiszeichen entstanden sein, als der mächtige Jadekaiser Ngọc Hoàng, die höchste Gottheit des Taoismus, alle auf der Erde lebenden Tiere zum Neujahrsfest zu sich einlud. Doch nur zwölf Tiere zollten ihm Respekt durch ihre Aufwartung. Zur Belohnung gab er ihnen, der Reihenfolge ihres Erscheinens nach, jeweils die Aufsicht über ein Jahr. Die als einfallsreich geltende Maus erschien als Erstes. Der fleißige und geduldige Büffel kam hinterher. Den beiden folgten der mutige und energiegeladene Tiger, die für ihre Feinfühligkeit bekannte Katze (in China der Hase), hinter ihr der Wohlstand, Macht und Glück bringende Drache. Die weise Schlange war schneller als das freiheitsliebende Pferd. Die warmherzige Ziege (in China das Schaf) traf vor dem Abenteuer in jeder Beziehung suchenden, humorvollen und intelligenten Affen ein. Der stolze, attraktive Hahn flog vor dem treuen, selbstbewussten Hund zu Ngọc Hoàng. Als Letztes erschien das wegen seiner Gutmütigkeit als naiv geltende, aber auch Wohlstand verheißende Schwein. Im Erscheinungsjahr dieses Buches schreiben die Vietnamesen seit dem 8. Februar das Jahr des Feuer-Affen, *Năm Thân*.

Das Fest wird im ganzen Land, aber rituell unterschiedlich begangen. Das hängt sowohl vom Klima und den damit verbundenen, natürlichen Wachstumsbedingen als auch von den kulturellen Einflüssen über Jahrhunderte ab. Jede der 54 Ethnien Vietnams hat ihre eigenen Bräuche. Im Süden ist der Ahnenaltar mit zum Teil anderen Früchten und Blumen geschmückt als im Norden. Mit dem Fest beginnt die schönste Zeit des Jahres – der Frühling ist da! Die Ahnen, deren Seele nach dem Glauben der Vietnamesen weiterlebt und im Alltag immer bei ihnen ist, sollen an all den schönen Dingen teilhaben. Ihre Verehrung steht im Mittelpunkt der Feierlichkeiten. Da viele Vietnamesen auf dem Land oft nicht genau wissen, wann sie geboren wurden, werden sie mit Beginn des neuen Jahres ein Jahr älter. Nach der konfuzianischen Denkweise wächst damit die Achtung vor ihnen. Geburtstage halten sie für gegeben und deshalb nicht sonderlich hervorzuheben. *Tết* ist ein willkommener Anlass, dass gleich miteinander zu verbinden.

Die Vorbereitung des Festes beginnt schon weit vor dem eigentlichen Termin. Viele Familien sparen das ganze Jahr für die drei gesetzlichen Feiertage, die nach Möglichkeit durch Überstunden und Urlaub auf mindestens eine Woche ausgedehnt werden.

»Früher gab es nur zu diesem Anlass Fleisch«, erzählt mir meine Freundin Trần Thị Như. Sie stammt aus einer Bauernfamilie in den Bergen der Provinz Yên Bái, auf halbem Weg zwischen Hanoi und dem bekanntesten Treckingort in Nordvietnam, Sa Pa, gelegen. In Yên Bái siedeln neben der Hauptbevölkerungsgruppe Kinh (87 Prozent der Vietnamesen) Volksgruppen der Tày, Dao, H'Mông, Thái, Nùng und Mường. Như gehört zu den *Kinh*. Sie ist eine kleine, lebenslustige Frau, mit einem starken Charakter zur Selbstbestimmung. Seit vielen Jahrzehnten lebt und arbeitet sie in Ostdeutschland. Sie hat ihren heute erwachsenen Sohn, der kürzlich sein Studium erfolgreich abschließen konnte, allein großgezogen. Mit fast 60 Jahren lernte sie Schwimmen, mit 62 Skilanglauf! Einmal im Jahr, zum *Tết*, zieht es sie wie Tausende ihrer Landsleute weltweit zum Ort ihrer Geburt. Ihr Mann lebt in Hanoi, der Rest ihrer großen Familie weiterhin im Bergland.

In der Zeit von *bao cấp*, den Jahren der Rationierung, die Zeit nach dem 1975 errungenen Sieg über die USA (die aber eigentlich durch die verordnete Kollektivwirtschaft schon Jahrzehnte davor begann), »war alles knapp«, erzählt Như, die damals, mit Anfang 20, eine junge Frau war. »Stoff für neue Kleider, mit denen jeder ins neue Jahr gehen möchte, Öl zum Braten. Ganz besonders Delikatessen zum *Tết* wie Schweinefleisch«, ohne das die rechteckigen, die Erde symbolisierenden traditionellen Klebreiskuchen *bánh chưng* nicht auskommen. Sie sind von *lá dong*-Blättern (*Phrynium capitatum* – sie ähneln denen der Banane) ummantelt. Ihre Füllung besteht aus fettem Fleisch vom Bauch des Schweins und grünen Mungbohnen, *đỗ xanh*. »Schweinefleisch gab es auf dem freien Markt sehr selten zu kaufen, auch nicht mit Lebensmittelmarken, die uns viele Jahre zwangen, nach dem Nötigsten anzustehen«, erinnert sich Như. »Doch in unserer großen Familie wurden Schweine gehalten. Deren Schlachtung jedoch war nur mit einer Genehmigung der Partei gestattet. Insofern war das Fleisch dieser Tiere damals etwas Besonderes.«

Damit sie auch was hergaben, wurden die bei uns bekannten Schwarzen Hängebauchschweine schon viele Monate vor dem Fest mit nahrhaften Essenresten gefüttert. Das Fleisch dieser Tiere steckt ebenso im *bánh ít trần*, auch ein *Tết*-Kuchen, der ohne Blätter über heißem Dampf gegart wird und durch seine runde Form den Himmel symbolisiert. Sie merken schon: Es geht ums Essen. Wenn die allerorten von Familien mangels ausreichender Stühle oder einfach traditionell bedingt ausgerollten Bambusmatten auf dem Boden der Wohnhäuser sich vor der auf ihnen ausgebreiteten Menge an köstlichen Speisen biegen könnten, würden sie es tun. So nehmen Festessen die meiste Zeit bei der Vorbereitung des *Tết* in Anspruch.

Heute sind die Zutaten für die acht Gerichte, die bei den *Kinh* zum Neujahrstag in vier Schüsseln und auf vier Teller kommen, leicht zu beschaffen. Die Zahl vier symbolisiert die vier Jahreszeiten und die vier Himmelsrichtungen. Ist die Familie wohlhabender, käme die Kombination von sechs Schüsseln und sechs Tellern oder sogar acht Schüsseln und acht Tellern in Betracht. Zwei Dips müssen unbedingt auf den Tisch: *chanh muối*, aus Zitronensaft, Salz und Pfeffer, und die Fischsoße *nước mắm ớt*, die in keiner Küche in Vietnam fehlen darf, verfeinert mit Chilischoten. Doch alles, besonders Kleidung und die Zutaten fürs Festessen, werden etwa schon zwei Monate vor den Feiertagen teurer.

Das Hauptnahrungsmittel Reis gibt es in über 100 Sorten. Das daraus gemachte Reispapier braucht man zum Einwickeln von Gehacktem, vermischt mit Ei, Glasnudeln, hauchdünn und klein geschnittenen Möhren, Kohlrabi, Baumpilzen, Sojakeimen, frischen Kräutern und Gewürzen wie der Fischsoße. Im Norden heißt diese Spezialität *nem rán*. *Chả giò* sagen die Bewohner im Süden zu den gebratenen Frühlingsrollen. Sprachliche Unterschiede, die allein schon verdeutlichen, dass die beiden Landesteile kulturell mindestens so weit auseinander liegen wie Rostock und München. Fleisch gibt es in den Kühlregalen der Supermärkte oder, gerade frisch geschlachtet, auf den Märkten zu kaufen. Ein jungfräuliches Hähnchen, das an *Tết* unbedingt mit Füßen und Kopf gekocht auf den Altar muss, Enten, Gänse und allerlei andere Vögel wie Spatzen und Tauben, kann man von hier lebend mit nach Hause nehmen, um sie dort zu schlachten. Ebenso den Fisch. Gemüse und Ost bekommen die Bewohner der Altstadt von Hanoi durch die fliegenden Händler an die Tür gebracht. In anderen Landesteilen gibt es frische Zutaten an jeder Ecke. Gesundheitsbewusste Städter, die nicht aufs Geld sehen müssen, kaufen bei ihnen bekannten Bauern direkt ein. Bio-Produkte sind in den Regalen der Läden noch selten zu finden und keiner weiß, ob das, was draufsteht, tatsächlich der Wahrheit entspricht.

So haben die Frauen, die sich gemeinsam mit allen weiblichen Familienmitgliedern ums Festessen kümmern, alle Hände voll zu tun vor den Feierlichkeiten. Allerdings ist *bánh chưng* auch Männersache. Um diese Kuchen, bei meiner Freundin Như an die 50 Stück, zuzubereiten, bedarf es vieler Hände und Geschichten, die dabei die Runde machen. Der neueste Tratsch und Klatsch findet gern aufmerksame Zuhörer.

Wie bei Như vor einem der *Tết*-Feste in Yên Bái. Ihre 88-jährige Mutter fühlte sich bestens unterhalten. Im Sonntagsstaat, einer dunklen, mit glitzernden Fäden durchwirkten Jacke und langer Hose, saß sie mit uns gemeinsam auf der breiten Terrasse ihres Hauses. Alle ihre sechs Kinder hatten dazu beigetragen, dass die Zutaten für die Kuchen in ausreichender Menge vorhanden waren. Als Familienoberhaupt beobachtete sie genau, ohne Brille, ob alles mit rechten Dingen zugeht. Nur eine Frau in der Familie war so geschickt, dass die frisch geschnittenen *lá dong*-Blätter ihr Inneres nicht mehr verloren, nachdem sie alles mit dünnen Bambusstreifen zu einem Paket verschnürt hatte. In Salzlage marinierte Zwiebelherzen, *củ kiệu*, dürfen zu diesem Festessen nicht fehlen. Hinterm Haus kochte indes in mehreren, riesigen Töpfen über offenem Feuer Wasser. Die grünen, etwa ein Pfund schweren Kuchen müssen darin bis zu zwölf Stunden lang köcheln. Zuvor hatte einer der Brüder von Như ausreichend Holz in kleine Stücke geschlagen.

Als wir fertig waren, die zahlreichen Enkelkinder Fußball und Fangen im Innenhof spielten, fröhliches Gelächter aus der Küche drang, saß die Mutter von Như immer noch vor der Tür. Der Bambusstuhl, den sie sich dafür zurechtgestellt hatte, war bequem. Alle wuselten um sie herum. Die Luft fühlte sich kühl und feucht an. Ein verschmitztes Lächeln bekam ich von ihr auf meine Frage zur Antwort, ob sie sich nicht ausruhen, ins Haus kommen und wärmen wolle. Manchmal nahm sie aus ihrer Jackentasche ein Betelblatt, auf das sie etwas gelöschten Kalk strich, das Ganze mit einem Stück der Betelnuss einrollte und in den Mund steckte. Nachbarn und Freunde kamen vorbei, um der Mutter und den weitgereisten Gästen – Như und mir – ihre Aufmerksamkeit zu schenken. Als die Sonne hinter den Bergen verschwand, begab sich die alte Frau ins Haus. Moskitonetze wurden über breite, mit Perlmutt verzierte Holzbetten gespannt, das Essen aufgetischt. Unabhängig von *Tết* besteht so ein Mahl immer aus mehreren Speisen: Fleisch oder Fisch, viel Gemüse, einer Suppe und Reis. Wir ließen es uns schmecken, mit Nhưs Mutter in unserer Mitte. Danach setzte sich die alte Frau abseits von uns auf ihr Bett. Dort begann sie, immer mal verstohlen zu uns herüberschauend, Geld zu zählen. Es waren nur große neue Scheine, die ihr die Besucher würdevoll überreicht hatten.

Alte Menschen werden im konfuzianisch geprägten Vietnam hoch geschätzt. Dank ihrer Erfahrungen und Weisheit genießen sie den Respekt der Jüngeren, nicht nur bei einem Fest. Doch vor und während dieses wichtigsten Ereignisses des Jahres bringen Nachbarn, Bekannte und Freunde dies mit einer entsprechenden Summe Đồng zum Ausdruck. So ging das einige Tage. Am Abend genehmigte sich Nhus Mutter einen Schwarzen Bohnentee, der sie innerlich wärmte wie ein Schnaps.

Der Gott des Reichtums hatte da noch nicht seine Hände im Spiel. Dem wird erst im neuen Jahr gehuldigt. Am 23. Tag des zwölften Mondkalendermonats indes gehört die ungeteilte Aufmerksamkeit der Familie dem Küchengott Táo Quân. Damit beginnt *Tết*. Der Küchengott ist der spirituelle Wächter des Herdes. Um ihn ranken sich viele im Volk verwurzelte Geschichten mit unterschiedlicher Auslegung. Mal ist er mit einem anderen Gott zusammen oder er besteht aus drei Göttern, einer Frau und zwei Männern. Die folgende Version ist wohl die bekannteste, aber tief traurig.

Sie spielt, wie könnte es anders sein, auf dem Land. Es geht um zwei Menschen, einen Holzfäller und seine Frau. Aus einer anfangs harmonischen Beziehung wurde eine für beide unerträgliche Ehe. Sie blieb kinderlos. Betrunken, aus Sorge um den gemeinsamen Unterhalt, schlug der Mann seine Frau. Daraufhin verließ sie ihn und heiratete einen Jäger aus der Gegend. Just vor dem Neujahrsfest trug es sich zu, dass ein Bettler an die Tür des Hauses klopfte, in dem das Paar glücklich lebte. Da die Frau ein Herz hatte, ließ sie ihn ein, um ihn zu bewirten. Von ihrem Mann, dem Jäger, war noch nichts zu sehen und zu hören. Als sie seine Schritte vernahm, erkannte sie in dem Fremden, der am Tisch saß und aß, ihren ehemaligen Gemahl. Schnell wies sie ihn an, sich in einem Haufen Reisstroh in der Küche zu verstecken. Ihr Mann, hungrig, aber erfolgreich auf der Jagd, zündete sogleich das Stroh an, um das erlegte Wild zu garen. Aus Liebe zu seiner ehemaligen Frau gab der Bettler keinen Laut von sich und ließ sich verbrennen. Der Frau tat dies so leid, dass sie sich aus Gram in die Flammen warf. Der Jäger wusste sich nicht zu helfen, sprang aus Verzweiflung hinterher. So fanden alle drei den Tod im Herdfeuer. Das Drama kam Ngọc Hoàng zu Ohren. Die Liebesgeschichte rührte ihn derart, dass er alle drei zu ihm aufgestiegenen Seelen zu Göttern erklärte. Seit dieser Zeit wachen sie gemeinsam über das Herdfeuer und damit nach dem Glauben der Vietnamesen über das Wohlergehen jeder Familie. Auf dem Land sieht man heute noch in manchen Küchen einfache, bäuerliche Feuerstellen, die aus drei Steinen – den drei Göttern, bestehen.

Allen Legenden um den Küchengott Táo Quân gemein ist, dass er über die guten und die schlechten Taten in der Familie genau Bescheid weiß. Einmal im Jahr reitet er auf einem goldenen Karpfen zum Himmel. Dort muss er dem Jadekaiser Bericht erstatten. Je positiver dieser ausfällt, desto gewogener ist Ngọc Hoàng den Menschen auf der Erde. Schließlich bestimmt er nach dem Glauben vieler Vietnamesen das Schicksal der Familie im kommenden Jahr. Dem Jadekaiser hat 1909 die kantonesische Gemeinde in Saigon einen kleinen, aber prächtigen Tempel gewidmet.

Um den Küchengott zu bestechen, wird ihm allerlei Zuckerzeug geopfert. Das sind süße Puddings, Klebreis- und Honigkuchen. Wer ganz sichergehen will, beschmiert den Devotionalien aus buntem Papier, den zwei Männern und einer Frau, symbolisch mit Honig den Mund. Da kann er ja nur im Sinne der Bewohner auf der Erde Süßholz raspeln. Der Fisch, auf dem er reitet, ist oft ein noch zappelnder Karpfen oder auch ein Goldfisch. Der Karpfen wird entweder vor der Zeremonie zubereitet und auf den Altar für den Küchengott gestellt, oder aber landet auch erst danach im Kochtopf. Der Goldfisch erhält nach der Zeremonie seine Freiheit zurück, in einem nahe gelegenen Fluss, der ins Meer mündet. Das soll Glück bringen. Zu diesem Tag gehören ein erster gründlicher Hausputz und ein gemeinsames Essen von den zuvor dem Küchengott geopferten Speisen. Mit dem Verbrennen der Devotionalien, die auch aus Kleidung und Papiergeld für den Reisenden bestehen, wird er gen Himmel geschickt.

Seine Audienz beim Jadekaiser dauert eine Woche. In dieser Zeit ist niemand da, der den Herd vor bösen Geistern beschützen kann. Das erfordert das Ausschmücken des Hauses mit Lampions, Lichterketten, in Han-Schrift (Hochchinesisch) von Kalligraphen verfassten doppelsinnigen Sprüchen auf Seidenpapier, alles in rot-goldener Glück und Wohlstand verheißender Farbe. In den Dörfern stellen die Bauern auch eine Art Vogelscheuche auf, einen Bambusstab mit alten Kleidern. Er soll die bösen Geister verwirren und sie von Haus und Hof fernhalten.

Mit der Reise des Küchengottes geht das *Tết* in seine heiße Phase. Viel Zeit verbringen die Menschen damit, ihre Häuser und Wohnungen einem gründlichen Frühjahrsputz zu unterziehen, wenn nicht gar einem neuen Anstrich zu verpassen, innen wie außen. Altes wird entsorgt, kaputtes repariert. Dieses Ritual heißt *tống cựu nghênh tân* – das Alte hinauswerfen, das Neue empfangen. Das undichte Dach, für das bisher kein Geld und keine Zeit da waren, muss unbedingt noch vor Neujahr ausgebessert werden. Der Ahnenaltar wird entstaubt, das Haus gekehrt, damit man im neuen Jahr nicht das Glück hinausfegt. Schneider, für neue, hochwertige Kleider, sind seit Langem ausgebucht. Ebenso Friseur- und Kosmetikstudios, in denen sich Frauen aller Altersgruppen schick machen lassen. Die Älteren sind genauso eitel wie die Jungen. Waschsalons, die es auf den Dörfern mangels eigener Maschinen noch häufig gibt, verzeichnen den besten Umsatz im Jahr. Denn Wäsche waschen während der Feiertage ist tabu. Das würde Unglück bringen. Auch für das Säubern und Reparieren des *đình* muss Zeit sein. Diese Arbeiten sind die Angelegenheiten aller. Vor Banken bilden sich lange Schlangen. Jeder möchte nur frisch gedruckte Scheine als Geldgeschenk für Kinder, Verwandte, Arbeitskollegen und Freunde erwerben. Auch, um Schulden zu bezahlen, die man nicht mit ins neue Jahr nehmen sollte. Denn das würde beiden, dem, der das Geld geliehen, und dem anderen, der es zurückerhalten soll, Pech bringen.

Verwandte, die zum *Tết* nicht zu Hause sein können, erhalten Grußkarten. Darin wird ihnen »*Sức khỏe dồi dào*«, »Beste Gesundheit«, »*An khang thịnh vượng*«, »wachsendes Wohlbefinden«, oder auch »*Tiền vào như nước*«, »Geld soll wie Wasser fließen«, gewünscht. »*Chúc mừng năm mới*«, »Ein gesundes neues Jahr«, ist dabei der gebräuchlichste Spruch.

Es gibt so viel zu tun, dass in *Tất niên* die Pausen in den staatlichen Firmen nicht mehr eingehalten werden, Angestellte zeitiger als sonst Feierabend machen oder morgens später ins Büro kommen. Den Chef zu erreichen ist dann Glückssache, und wenn doch, wird er sich entschuldigen lassen. Jeder zeigt dafür Verständnis, denn alle sind im Neujahrs-Rausch. Der erfasst das ganze Land, wie auch 1,4 Milliarden Chinesen, zudem die Bevölkerung von Korea, Taiwan, Singapur und der Mongolei. Jeder ist auf den Beinen, um von A nach B zu reisen, aber vorher noch einzukaufen. Die Kinder in Vietnam haben schulfrei. Universitäten schließen. Krankenhäuser entlassen ihre genesenden Patienten.

Auf farbenfrohen *Tết*-Märkten, ähnlich unseren Weihnachtsmärkten, drängeln sich die Besucher, um kandierte Trockenfrüchte, *mứt*, zu erstehen. Das sind Leckereien aus Kokos, Papaya, Ananas, Mango, Aprikosen, Lotos und Kürbiskernen, Erdnüssen, Ingwer, Süßkartoffeln. Hübsch verpackt in runden Bambuskörbchen oder roten Schächtelchen, sind sie etwas fürs Auge und den Gaumen. Sie schmecken wunderbar zum grünen Tee. Überdies eignen sie sich als süßes Mitbringsel bei den vielen anstehenden Besuchen. Rot gefärbte, geröstete Samen von Wassermelonen und Sonnenblumenkerne sind als Snack zum Bier sehr beliebt.

Ebenso Neujahrsbilder, *tranh Tết*, Farbholzdrucke auf Seide oder Papier. An Hauseingängen und in Wohnungen aufgehangen, sollen sie das Glück festhalten. Die Künstler, die für den Druckstock Holz des Brotfruchtbaumes und Naturfarben verwenden, finden ihre Motive im ländlichen Alltag und in der vietnamesischen Mythologie. Das Dorf Đông Hồ, etwa 50 Kilometer von Hanoi in der Provinz Bắc Ninh gelegen, ist berühmt für seine Werke, die von der Kooperative nicht nur auf *Tết*-Märkten, sondern auch online angeboten werden.

Der Ahnenaltar – Schmuckstück voller Symbolkraft

An den Marktständen gibt es Schokolade und Kekse – made in Germany – zu kaufen, die als ein höherwertiges Geschenk, auch an die Ahnen, gelten. Es ist ein Brauch, für sie an den Festtagen wie *Tết, ngày mùng một* (Neumond), *ngày rằm* (Vollmond), *ngày giỗ ông bà cha mẹ* (Todestage der Vorfahren), fünf verschiedene Obstsorten, *mâm ngũ quả*, auf dem Altar zu opfern. Wie im Mondkalender steht die Zahl Fünf für die wichtigen daoistischen Elemente Eisen, Holz, Wasser, Feuer und Erde, also ein Symbol des Lebens. Opfert man fünf Obstsorten auf dem Altar, so will man seinen Respekt und Dankbarkeit gegenüber Vater Himmel und Mutter Erde sowie den Ahnen zum Ausdruck bringen. Je nach Landesregion unterscheidet sich die Zusammensetzung des *mâm ngũ quả*. Im Norden sind es gewöhnlich Früchte der subtropischen Gärten, je nach Jahreszeit, wie Birnen, Granatäpfel, Aprikosen, grüne Babyäpfel, Scharon, Pomelo, Bananen, Tausendaugen, Clementinen, Orangen und Kumquats. Im Süden kommen tropische Früchte wie Wassermelonen, Papaya, Mango, Ananas, Kokosnuss, Drachenfrüchte, Mangostane und Feigen hinzu. Regional unabhängig werden gern *quả phật thủ* geopfert. Diese Fünf-Finger-Frucht gehört zur Familie der Rautengewächse. Sie riecht gut, schmeckt aber nicht. Laut *Wikipedia* heißt sie auch Judenapfel. Ihre goldgelbe Schale wird zu Zitronat verarbeitet. In ihrer geschlossenen Form erinnert sie an eine zu groß geratene Zitrone. Wenn sie sich im Reifeprozess öffnet, sieht sie mit ihren einzelnen Fruchtständen eher aus wie ein schwimmender kleiner Tintenfisch. Die phantasievollen Vietnamesen sehen in den »Fingern« die Hand Buddhas. Deshalb hat auch sie ihren festen Platz auf dem Ahnenaltar im Haus, in Pagoden und Tempeln.

Die Nordvietnamesen arrangieren ihre Obstgabe eher nach Form und Farben. Eine grüne Bananenstaude umschließt in der Mitte einen runden gelben Pomelo, ringsherum wird dies mit bunten Farbtupfern der orangefarbenen Kumquats und Clementinen sowie roten und grünen Scharon dekoriert. Hinter diesem Fruchtarrangement, in der Mitte des Altars, steht leicht erhöht eine Duftkerzenschale. Links und rechts werden je ein Öllämpchen oder eine Kerze gestellt, die die Sonne und den Mond symbolisieren. Unverzichtbar steht außerdem eine Vase voller gelber Chrysanthemen in ungerader Zahl auf dem Altar, die das lange Leben symbolisiert. Das ist ein typisches Bild für den Familienaltar im Norden Vietnams, ein Symbol für die Harmonie zwischen der Natur und dem Menschen sowie zwischen Vor- und Nachfahren.

Die Südvietnamesen bevorzugen für den Altar dagegen Früchte, die, in Anlehnung an die Aussprache der Fruchtnamen, bestimmte Wünsche symbolisieren.

Die Frucht *mãng câu*, Mangostane, wird gern auf den Altar gelegt, weil *câu* »wünschen« heißt. Das Stammwort von *quả dừa*, der Kokosnuss, klingt in der Aussprache ähnlich wie *vừa*, das »genug« bedeutet. *quả sung*, die Feige, steht für »Glück«. Zudem wünscht man sich mit der Papaya, *quả đu đủ*, Wohlstand, da die zweite Silbe des Wortes »reichlich« heißt. Mit *quả xoài*, der Mango, wird dem Wunsch nach Reichtum entsprochen. Die Wortkombination klingt ähnlich wie »(Geld) ausgeben«. Im Süden ist es Brauch, am Tag vor Neujahr ein Tablett mit eben diesen fünf verschiedenen Obstsorten vor die Tür zu stellen. Dazu allerdings noch Teller mit Klebereis, Reis, Salz, zwei Tassen Schnaps sowie Tee und Wasser. Diese Nahrungsmittel sind nicht den Ahnen in der Familie, sondern den Vorfahren gewidmet, die das Land urbar gemacht haben. Den Ahnen werden später noch süße Kuchen aus Reis, Ingwer und Kürbiskonfitüre geopfert. Sich modern gebende junge Familien in Hanoi und in Ho-Chi-Minh-Stadt betreiben das heutzutage weniger konventionell. Sie sind entschieden freier in ihrer Obstauswahl. Motto: Hauptsache schön bunt, ein Augenschmaus. Auch die aus China importierten rot-gelben Äpfel werden wegen ihres Aussehens gern geopfert, aber später nicht gegessen, da alle wissen, dass sie hoch mit Chemikalien belastet sind. Tatsächlich halten die Früchte etwa ein halbes Jahr, ohne zu faulen, bekunden meine Freunde übereinstimmend.

Tết ist ein Fest der Blumen. Im Norden schmücken die Vietnamesen ihre Wohnräume traditionell mit blühenden Pfirsichzweigen, *hoa đào*. Der Süden verwendet gelbe Aprikosenblüten, *hoa mai*. Die Blütenzweige symbolisieren einen neuen Anfang. Thematisch gestaltete Blumenstraßen in allen größeren Städten ergänzen die Vielfalt frühlingshaften Grüns, Diese Ausstellungen werden von den Volkskomitees für Propagandazwecke genutzt. So war 2016 die Blumenpracht auf der Flaniermeile zwischen Rathaus und Saigon-Fluss mit dem Slogan überschrieben: »Ho-Chi-Minh-Stadt: Kreativität – Integration – Entwicklung.«

Kumquat-Bäumchen, übersät mit Hunderten orangefarbenen Früchten, stehen für Sonne und Gold. Je mehr die Pflanze, die durchaus auch noch Blütenstände haben kann, davon trägt, desto reicher ist das kommende Jahr, sagt der Volksmund. Große Exemplare können für einige Millionen Đồng ausgeliehen werden und müssen nicht für Hunderte Euro den Besitzer wechseln. Familien in den Städten schmücken sie und sparen sich damit den Neujahrsbaum *cây nêu*, der heute noch in den Dörfern zu sehen ist. Dafür wird ein hoch gewachsener Bambus geschlagen, an dessen Spitze an einem runden Bambuskranz Papierfische, Papiergold, Gongs und Glöckchen aus Ton hängen, die im Wind leise klingen. Zusammen mit dornigen Zweigen sollen sie böse Geister vertreiben. Ähnlich unserem Maibaum werden diese Stangen, an denen auch Spruchbänder und buddhistische Fahnen wehen, als Symbol des beginnenden Frühlings gesehen.

So ist die Woche vor Neujahr ausgefüllt mit vielen zeitaufwendigen Tätigkeiten, ausgerichtet auf die Feiertage. Soweit es möglich ist, besuchen die Menschen am letzten Tag des alten Jahres die Familiengräber. In den Dörfern liegen diese meistens mitten in den Reisfeldern. Sie schmücken sie mit Blumen, verbrennen Räucherstäbchen. Dem daoistischen Yang-Prinzip folgend, das hell, hart, heiß, männlich und Aktivität symbolisiert, (dem gegenüber das schwarze Yin steht; dunkel, weich, kalt, weiblich, Ruhe) immer in ungerader Zahl, meistens drei oder fünf. Nach altem Volksglauben steigt mit dem Rauch die Einladung an die Ahnen in den Himmel, nach Hause zu kommen, um gemeinsam zu feiern. In den Städten werden die Familiengräber in der Regel erst zum Gräberfest, *Tiết Thanh minh*, besucht, das am 3. März des Mondjahres stattfindet.

Der Küchengott kehrt noch vor Neujahr zurück vom Jadekaiser. Hoffentlich mit einer Glück verheißenden Botschaft für die Familie, die sich an dem letzten Tag des alten Jahres nach einem ausgiebigen kulinarischen Opfer für die Ahnen am Altar zum gemeinsamen Essen zusammenfindet. Pünktlich um Mitternacht sind die meisten zu Hause. Die gesamte Familie geht nach draußen, um im Freien zu beten. Die Menschen verneigen sich vor der Natur, vor allen Göttern. Anschließend werden Duftkerzen auf dem Familienaltar angezündet. Ruhe nach den hektischen Tagen kehrt jedoch jetzt noch nicht ein. Im Gegenteil. Junge Leute eilen auf die Straße, um dem großen Feuerwerk, das die Städte ausrichten, beizuwohnen. Damit werden die bösen Geister vertrieben, das neue Jahr um Mitternacht jubelnd begrüßt. Die Knallerei auf private Kosten ist seit dem 1. Januar 1995 im ganzen Land verboten. Zu viele Unfälle mit Todesfolge hatten dazu geführt. Wer sich dem widersetzt, Raketen aus China, wo einst das Schießpulver erfunden wurde, unter der Hand bezieht und anzündet, riskiert hohe Geldstrafen. »Dieses Verbot, auch wenn es vernünftig klingen mag, macht die Vietnamesen wehmütig«, erklärt mir meine langjährige Freundin Sương, die in Deutschland studiert hat und hier mit ihrem deutschen Mann und dem gemeinsamen Sohn in Leipzig lebt. »Denn für viele von uns ist *Tết* mit den traditionellen Knallfeuern verbunden, deren Krachen dem Lachen der Kinder glich und eine fröhliche, unbeschwerte Zeit ankündigte.«

Im Februar 2016 berichtete das Fernsehen live von den *Tết*-Veranstaltungen. Ein Reporter interviewte vor allem junge Leute unter einem pyrotechnisch perfekt in Szene gesetzten mitternächtlichen Himmel über dem Hoan-Kiem-See und wollte wissen, was sie sich fürs neue Jahr wünschen. »Glück und Frieden«, sagten die meisten. »Dass die Liebe hält, das Studium erfolgreich abgeschlossen werden kann«, fügten einige hinzu. Von den fröhlich feiernden Menschen schwenkte die Kamera um auf Kehrbrigaden – nur aus Frauen bestehend, die mit großen Besen die Straßen fegten, für eine sofort wieder saubere Hauptstadt.

Nach dem Feuerwerk strömen die Leute in die festlich geschmückten, von Lichtern erhellten Pagoden und Tempel. Sie verneigen sich vor den Altären, beten für das Wohlergehen ihrer Familien und den Segen der Ahnen. Heimwärts frönen besonders junge Männer gern einen von der Ordnungsmacht geduldeten Volkssport. Sie klettern zur Freude ihrer Freundinnen in blühende Bäume, die auf dem Terrain heiliger Stätten wie Pagoden stehen. Die von ihnen abgebrochenen Zweige werden feierlich nach Hause getragen. Das nennt man »Glück sammeln«, *hái lộc*. Der so gewonnene zusätzliche Schmuck soll böse Geister fernhalten. Die Zeit von *Tân niên* ist gekommen – die Festtage beginnen.

Auf die knallbunte Nacht, die gegenseitigen Glückwünsche zum Neuen Jahr, die Straßen voller Familien und Händchen haltender junger Paare in neuen, meist roten Kleidern und Schuhen, in denen sie von einer rosigen Zukunft träumen, folgt – Stille. Ich bin öfters zu dieser Zeit in Vietnam gewesen, in Hanoi. Plötzlich, wie aus heiterem Himmel, weicht, einer unsichtbaren Dramaturgie folgend, das öffentliche Leben unwirklichen Stimmungen. Am Neujahrsmorgen irren nur verwunderte Touristen durch die ansonsten menschenleeren Gassen. Hotels sind unterbesetzt. Alle Geschäfte, Märkte, Restaurants haben geschlossen. Die sonst gerade in der Altstadt an jeder Ecke zu findenden Garküchen – verschwunden. Selbst von fliegenden Händlern ist nichts zu sehen. Mit einer Ausnahme: Eine Salzverkäuferin dreht mit dem Fahrrad einsame Runden. Das Gewürz, am Neujahrstag gekauft, bringt, wie sollte es anders sein, Glück ins Haus. Die junge Frau lässt sich die Feiertagsarbeit gut bezahlen. Ansonsten ist Hanoi eine Geisterstadt. Die Metropole am Roten Fluss hat sich ins Private zurückgezogen, für einige Stunden.

Es existieren ungeschriebene Gesetze, die es am Neujahrstag und der ersten Woche im Jahr zu beachten gilt. Denn alles, was in dieser Zeit passiert, weist auf die kommenden Monate hin. Deshalb ist der erste Besucher der Familie das wichtigste überhaupt: ein Glücksbote. Er sollte männlich, finanziell und beruflich erfolgreich sein, eine gute Ehe führen, mehrere Kinder haben und sich bester Gesundheit erfreuen. Dazu ist sein Geburtsjahr von Bedeutung. Es muss zu dem gerade angebrochenen neuen Jahr passen. Die Frau des Hauses hat natürlich vorgesorgt, wenn sie das Erscheinen des ersten Gastes nicht dem Zufall überlassen will. Eine seit Wochen diskret ausgesprochene Einladung an einen Freund der Familie erledigt diese erste Hürde, die jetzt nur noch ein unangemeldeter, unerfahrener Ausländer gefährden könnte. Selbst wenn er männlich, gut aussehend und vermögend ist und zudem Manieren hat, könnte er nicht ohne weiteres den Job übernehmen. Steht er dazu noch im schwarzen Anzug und weißen Hemd vor der Tür, in unseren Augen also festlich gekleidet, sieht es für das Wohlergehen der Familie im neuen Jahr schlecht aus. Denn schwarz bedeutet in Vietnam Unglück, weiß den Tod. Eine rote Seidenkrawatte rettet die Situation dann auch nicht mehr.

Die versammelte Gemeinschaft dürfte sich darüber dann zwar ärgern, aber weder fluchen noch streiten. Denn mit Schimpfwörtern vertreibt man das Glück, und Tränen beschwören ein tränenreiches Jahr herauf. Kleinen Kindern schärfen die Eltern und Großeltern schon tagelang vor dem Jahreswechsel ein, dass sie sich am Neujahrstag zu benehmen haben. Jeder passt auf, dass der Nachwuchs beim Essen keine Schüssel fallen lässt. Scherben bringen Pech, kein Glück wie bei uns. Auch mit dem Müll, der sich in der Küche angehäuft hat, ist es so eine Sache. Der Abfall sollte am ersten Tag, *ngày mồng một Tết*, nicht nach draußen gebracht werden. Sonst trägt man damit das Glück aus dem Haus. Das erste Geräusch, das man außerhalb der vier Wände vernimmt, könnte ein Hahnenschrei sein. Das würde viel Arbeit bedeuten.

Vor dem Mittagessen am ersten Neujahrstag versammelt sich die Familie am Ahnenaltar. Auf einem hohen Tisch, der in begüterten Haushalten reich mit Holzschnitzereien oder Intarsien aus Perlmutt verziert ist, stehen in Augenhöhe neben eingerahmten Fotos der Verstorbenen brennende Lampen und Kerzen. Das Familienoberhaupt leitet die Zeremonie. Mit drei entzündeten Räucherstäbchen in den gefalteten Händen und mehreren Verbeugungen vor dem Altar tritt die Frau oder der Mann des Hauses in Kontakt zu den Ahnen. Sie bekommen all das zu hören, was die Familie im vergangenen Jahr erlebt hat. Gerade so, als wären sie nur mal kurz weg gewesen. Von den festlich zubereiten Speisen dürfen sie sich zuerst nehmen. Die Räucherstäbchen glimmen Tag und Nacht. Denn die Seelen der Ahnen sind noch im Haus. Erst am siebten Tag des neuen Jahres darf der Altar aufgeräumt und das dort noch liegende Obst verzehrt werden. Opfergaben wie Papiergold, Papiergeld und Papierkleidung werden verbrannt. Sie sollen den Verstorbenen nach ihrer Rückkehr auf die andere Seite das Dasein erleichtern. In der Zwischenzeit wird bei allen Gelegenheiten aufgetafelt, lange beieinandergesessen, getrunken und gegessen.

Wie unser Weihnachtsfest ist *Tết* anstrengend. Eine sensible Zeit voller Emotionen, von der alle erwarten, dass man sich aufeinander freut, dass allen alles gelingt, das Essen schmeckt, die Kinder artig sind. In der keiner dem andern auf die Nerven geht, Streitigkeiten sowieso nicht ausgetragen werden. Allein schon weil der Küchengott sich alles Negative merkt, für die nächste Audienz beim Jadekaiser. Und das wiederum der Familie schaden könnte. Doch so beschaulich, wie es von außen auf die Betrachter wirkt, ist es nicht. Es kommt auch an diesen Feiertagen zu lautstarken Auseinandersetzungen zwischen Ehepaaren, Kindern und Eltern –

wahrscheinlich weil alle gestresst sind, damit ja nichts dergleichen passiert. Das Gesundheitsministerium meldete 2016, dass während der Feiertage landesweit 13 Tote und 5100 Krankenhausaufenthalte wegen Schlägereien zu verzeichnen waren.

Nach dem ruhigen Jahresanfang setzt sich Vietnam noch am Nachmittag des ersten Mondtages wieder aufs Moped, oder komfortabler, schon wegen der betagten Großeltern, in ein Taxi, um sich gegenseitig zu besuchen. Der erste Tag ist dem Vater und seiner Familie gewidmet. Der darauffolgende der Mutter und ihrer Familie. Am dritten Tag stehen die Lehrer im Mittelpunkt aller. Nachbarn und Kollegen treffen sich, um einander zum neuen Jahr zu beglückwünschen.

Anlässlich des neuen Jahres werden traditionell Geldgeschenke in roten Briefumschlägen mit goldenen chinesischen Schriftzeichen innerhalb der Familie ausgetauscht. Im Norden heißt das Glücksgeld *tiền mừng tuổi*, im Süden nennt man das Begrüßungsritual *tiền lì xì*. Ältere, wie Großvater und Großmutter, geben sie den Enkelkindern, verbunden mit dem Wunsch, dass sie gesund bleiben und gute schulische Leistungen vollbringen. Alle Erwachsenen tun es ihnen gleich, die Eltern, Onkel, Tanten und wer sonst noch zur weit verzweigten Verwandtschaft gehört. Die Kinder erhalten die finanzielle Aufmerksamkeit während der Feiertage auch von ihren Lehrern, bei denen sie sich zuvor respektvoll für das an sie vermittelte Wissen bedankten und deren Familien Glück, Frieden und Wohlstand wünschten. Das Geld dürfen sie dann für Kartenspiele, die an *Tết* sehr beliebt sind, ausgeben. Früher war es Sitte, dass nur die Älteren und Ranghöheren die Jüngeren oder Rangniedrigeren mit Geld bedachten. Heutzutage wird es gern gesehen, wenn erwachsene Kinder den Eltern das Geldgeschenk überreichen. Angestellte in Firmen und Privathaushalten, die zu *Giao thừa* längst zu Hause sind, haben vor den Neujahrsferien diese Umschläge schon von ihren Chefs feierlich überreicht bekommen. Landesweit ist es üblich, Mitarbeitern in den Unternehmen ein 13. Gehalt zu zahlen – cash.

In den folgenden Tagen gehen die Menschen in die Tempel und Pagoden, um die Ahnen und die Götter zu verehren, die guten Geister willkommen zu heißen, für das Glück ihrer Familien zu beten oder Mönche dafür beten zu lassen. Das kostet ein höheres, finanzielles Opfer. Dieses Mal kein Papiergeld, sondern echte Đồng-Scheine, die auch für den Erhalt der historischen Stätten verwendet werden.

Ums Geld geht es am zehnten Tag nach Neujahr. Der Gott des Reichtums, *thân tài*, steht dann im Mittelpunkt der Aufmerksamkeit der Familie. Die Menschen gehen nicht nur in die Pagoden, um ihn zu verehren, sondern beschenken sich selbst. In langen Schlangen, noch Stunden bevor die mit Gold handelnden Geschäfte in Hanoi und Ho-Chi-Minh-Stadt morgens öffnen, stehen die Leute an. Sie wollen ihr Erspartes in massivem, glänzendem Metall anlegen. Das hat an diesem Tag die Form eines kleinen Barrens und eines Rings. Ob der Ring passt, spielt keine Rolle, denn er ist nur ein Symbol des Glücks, dass man ins Haus bringen will. Auch Münzen mit dem Tierkreiszeichen gehen über die Ladentische. Juweliere haben dennoch an diesem Tag allerhand zu tun. Welche Frau freut sich nicht über ein goldenes Armband oder eine Kette, die der Gatte schenkt, im Geist der Tradition. Durch dieses finanzielle Opfer ist ein gutes Geschäftsjahr zu erwarten.

Tết Nguyên Đán eröffnet einen Reigen von Volksfesten in den Städten und auf den Dörfern, die die Menschen in Heerscharen anlocken. 8900 Feste zählt die Statistik in Vietnam, die meisten davon im ersten Mondkalendermonat, darunter 7000, die in der Tradition ihre Wurzeln haben. Das kommt nach Meinung des Ethnologischen Museums in Hanoi daher, dass die Bauern schon immer im Frühling die meiste Freizeit hatten, weil die Reisernte gerade abgeschlossen war.

Das Fest in der Parfümpagode, chùa Hương Tích, am sechsten Tag des ersten Mondmonats, ist legendär. Hier wird die Göttin der Barmherzigkeit, Quan Âm, verehrt. Aber nicht sie allein besuchen Hunderttausende, die sich auf den etwa 70 Kilometer langen Weg von Hanoi in das Gebiet von Hương Sơn aufmachen. Inmitten von einem Netz aus Wasserwegen ragen wie Zuckerhüte steile, vom Dschungel überwucherte Berge aus der Landschaft. Darin eingebettet liegen 30 buddhistische heilige Stätten, die über das ganze Jahr, doch hauptsächlich in den ersten drei Monaten nach dem Mondkalender, das wichtigste Ziel für Pilger in Nordvietnam sind. Nach *Tết* setzt hierher eine Völkerwanderung ein, die vom kleinen Ort Mỹ Đức per Sampan dem malerischen Wasserlauf des Flusses Suối Yến folgt. Die Pagoden, von denen die Hương Tích in einer riesigen Tropfsteinhöhle mit vergoldeten Buddha- und vielarmigen Quan-Âm-Statuen am meisten beeindruckt, sind dann nur nach einem Fußmarsch zu erreichen. Erst geht es den Berg hinauf, in etwa einer Stunde, dann wieder hinunter, vorbei an der »Pagode der himmlischen Küche«, *chùa Thiên Trù*, aus dem 18. Jahrhundert. Der Auf- und Abstieg lohnen sich. In der vom Weihrauch geschwängerten Luft zelebrieren Mönche althergebrachte Rituale im Licht Hunderter Lampen und Kerzen. Das ganze Areal ist erfüllt von Menschen, die für reichen Kindersegen beten und um Vergebung bitten. Hier ist die Glaubenswelt der Vietnamesen sehr lebendig.

Volkstümliche Liebeslieder singen die Frauen und Männer beim *Lim*-Fest. Am 13. Tag des ersten Mondmonats strömen Besucher aus dem 30 Kilometer entfernt liegenden Hanoi in die Gemeinden der Provinz Bắc Ninh. Traditionell in langen Gewändern gekleidete Künstler, die den *Quan Họ*-Stil, einen Wechselgesang aus dem 13. Jahrhundert, pflegen, sind hier überall zu erleben. Gesungen wird in den Pagoden, in Reisfeldern, auf Straßen und Plätzen, sogar in Booten, die sich in langsamer Fahrt auf Dorfteichen um die Tempel bewegen. 2009 erklärte die UNESCO diese Musik zum immateriellen Kulturerbe.

Auf den Dörfern wird zum Frühlingsfest viel gemeinsam gefeiert. Bunte Drachen, die nur ihrer Farbe, aber nicht ihrer Form nach etwas mit dem chinesischen Fabelwesen gemein haben, tanzen auf Männer-Beinen zu lauter Trommelmusik durch die Straßen. Dieses Ritual, *múa lân*, ist dem dickbauchigen Erdgott *Ông Địa* gewidmet, der vor langer Zeit ein Dorf vor dem Zorn eines Ungeheuers aus dem Meer rettete. Durch die Gabe von heiligen Pflanzen verwandelte es sich in ein schönes, zahmes, Glück bringendes Tier. Der Erdgott hat natürlich auch seinen Auftritt, treibt besonders gern mit Kindern seinen Schabernack. An anderer Stelle spielen, ebenfalls nur Männer, kostümiert König, Dame, Turm, Springer, Läufer, Bauer: Schach. Nur wer jung und attraktiv ist und nicht vom Pech verfolgt, darf als menschliche Figur das auf dem Weg gemalte Schachbrett betreten.

Ein anderer Spaß ist *bịt mắt đập niêu*, eine Art »Blinde Kuh« auf Vietnamesisch. Unter den nicht immer schmeichelnden Kommentaren der Umstehenden muss ein Spieler mit verbundenen Augen einen über ihn hängenden Tontopf mit einem Stock treffen und zerschlagen. Doch allein der Weg dorthin ist das Ziel. Der Spieler sollte darauf achten, einen Fuß vor den anderen zu setzen. Eine Begrenzung links und rechts von ihm darf er nicht überschreiten, sonst hat er schon verloren. So geben Freunde lautstark Unterstützung, in welche Richtung er sich bewegen soll. Ein Gaudi, besonders für junge Leute, die sich mit diesem alten Brauch die Zeit vertreiben und anderen imponieren können. Für die Dorfjugend eine von vielen Gelegenheiten an *Tết*, sich besser kennenzulernen, einen Partner fürs Leben zu finden.

Diese Art der ungezwungenen Begegnungen unter den Augen der Alten beherrschen die von den Franzosen als Montagnards, Bergvölker, bezeichneten ethnischen Gruppen besonders gut. Die H'mông im Kreis Mèo Vạc, Provinz Hà Giang, gehören mit etwa 900 000 Menschen zu den größten Volksgruppen in Vietnam. Einst aus China eingewandert, erstreckt sich ihr Siedlungsgebiet im äußersten nördlichen Hochland. Sie haben einen schon als vergessen gemeinten Brauch wiederbelebt. Wie *Die Stimme Vietnams* anlässlich von *Tết* 2016 meldete, wurde neben dem traditionellen Tauziehen, Tänzen und Gesangswettbewerben das

Spiel »den Po anfassen« zelebriert. Und das geht so: Wenn ein Mädchen einem Jungen gefällt, sie seinen Blickkontakt erwidert, darf er versuchen, ihren Po anzufassen. Dazu muss man wissen, dass die traditionelle Kleidung der H'mông alles andere als sexy ist, doch bunt und kunstvoll gefertigt. Sie stellen sie selbst aus Hanf und Naturfarben her. Diese sind so bedeutend, dass sich die Volksgruppe in fünf Hauptstämme gliedert: Blumen-, Weiße-, Rote-, Schwarze und Grüne H'mông. Die beiden letzten fallen durch ihre von Indigo dunkelblau gefärbten Hände und Füße auf. Die Blumen-H'mông, um die es hier geht, tragen weite Faltenröcke aus Stoff mit mehreren Lagen, über und über bestickt mit geometrischen Mustern. Also bedarf es viel Geschicklichkeit, Schnelligkeit und Willenskraft, um den Mädchen näher zu kommen, und das unter den anfeuernden Rufen der Menge, die das Ergebnis bezeugen wird. Hat es der Junge neunmal geschafft, ist das Paar offiziell anerkannt von der Dorfgemeinschaft. Die beiden müssen dann nur noch ihre Familien informieren, so dass sie heiraten können.

Die Kreisverwaltung gelobte nach dem Fest, so *Die Stimme Vietnams,* gegenüber dem Volkskomitee, die Kultur der H'mông zu fördern. Sie beabsichtigt, »mithilfe von Experten den Brauch ›Po anfassen‹ für eine Belebung des Tourismus in der Region zu nutzen«. Die Bevölkerung in den umliegenden Dörfern wurde darüber in Kenntnis gesetzt.

Politik, Wirtschaft, Gesundheit, Bildung und Kultur

Onkel Hồ und seine Erben

Der Politikwissenschaftler Jonathan London von der City University of Hongkong stellte im Frühjahr 2016 im Interview mit der Deutschen Welle fest: »Die Vietnamesen sind politisch so aktiv wie seit Jahrzehnten nicht.« Das stimmt – hatte es doch im Vorfeld des lange vorbereiteten Besuches von US-Präsident Barack Obama Ende Mai 2016 in Vietnam zahlreiche Demonstrationen wegen umweltpolitischer Verfehlungen gegeben.

Vor Obama kamen bereits im Jahr 2006 George W. Bush und im Jahr 2000 Bill Clinton. Der Demokrat war der erste Präsident der USA, der, 25 Jahre nach dem Ende des Krieges, das Land besuchte. Zu dem Zeitpunkt war ich gerade in Hanoi. Stundenlang warteten die Menschen in einer der Altstadtstraßen auf ihn und seine Familie. Es hatte sich herumgesprochen, dass er eine der vielen Galerien besuchen würde, die bekannte Maler des Landes ausstellten. Jugendliche kletterten auf Bäume, um besser sehen zu können. Selbst Polizisten, die für die Absperrungen zuständig waren, suchten nach einem höheren Podest am Straßenrand. Ich stand mit Freunden auf einem einer Galerie gegenüberliegenden Balkon. Um dorthin zu gelangen, hatte ich eine im Haus wohnende Familie gefragt, ob sie uns für kurze Zeit den Zugang zu diesem Aussichtspunkt gewähren würde. Die Oma bedeutete uns, hereinzukommen, aber leise zu sein. Vorsichtig stiegen wir über die Körper dreier schlafender Kinder, die auf dem Boden lagen. Als uns vietnamesische Sicherheitsleute entdeckten, wollten sie zwar, dass wir unseren Aussichtspunkt wieder verlassen, doch die

Leibwächter des Präsidenten erlaubten uns zu bleiben. Tausende Hände streckten sich Clinton entgegen, als er mit Frau Hillary und Tochter Chelsea die vor der Galerie haltende Limousine und später das Geschäft mit einem Bild wieder verließ. Ein Auftritt, der durch die Presse ging, die meisten Vietnamesen im Land aber nicht sonderlich bewegte.

Anders war es bei Barack Obama. Wie Clinton stand er bei seinem Besuch vor einer Wand aus jubelnden Menschen. Er hatte in einem einfachen Straßenrestaurant in der Hanoier Innenstadt zu Abend gegessen. Der amerikanische Starkoch Anthony Bourdain bezahlte die Rechnung: Sechs Dollar für *Bún chả*, eine nordvietnamesische Spezialität. Dabei kommt gegrilltes Schweinefleisch in einer fein süßsäuerlichen Soße, abgeschmeckt mit angebratenen Zwiebeln, dünn geschnittenen Möhren und Kohlrabi, auf den Tisch. Dazu gibt es dünne, noch warme Reisnudeln, und ein Potpourri aus frischen Salat und Kräutern.

Obamas Stippvisite in einer der Altstadtgassen war die beste PR, nicht nur für das Restaurant »Bún chả Hương Liên«, sondern für den Präsidenten selbst. Denn gutes Essen ist für Vietnamesen, die aus der Vergangenheit Hungersnöte kennen und ein Bauernvolk sind, eines der wichtigsten Dinge im Leben. Wenn ein ausländischer Gast die vietnamesische Küche schätzen gelernt hat, ist das oft der Anfang einer Freundschaft und erfolgreichen geschäftlichen Verbindung. Obama wusste die Essstäbchen geschickt zu handhaben, twitterten einheimische Restaurantbesucher, die an den Nachbartischen zum Präsidenten saßen und ihr Glück kaum fassen konnten. Der inszenierte Besuch – Bourdain hatte ein Kamerateam mitgebracht, das Aufnahmen für eine seiner Sendungen drehte – dürfte Obama viele Sympathiepunkte der Bevölkerung eingebracht haben. Zurück auf der Straße, empfing ihn ein Blitzlichtgewitter. Die dort wartenden Hauptstädter und Journalisten zückten ihre Handys und Kameras, die neben dem Präsidenten Bodyguards aus beiden Nationen mit Schweißperlen auf den Gesichtern im Bild festhielten. Shakehands mit dem ehemaligen Feind, der nach 50 Jahren das Waffenembargo gegen Vietnam aufhob. Das habe aber, so Obama, nichts mit dem expansionsfreudigen Nachbarn im Norden – China – zu tun. Vielmehr werde damit der Prozess der Normalisierung der Beziehungen abgeschlossen. Die internationale Presse bewertete das jedoch als deutliches Signal an die Machthaber in Peking, dass Vietnam jetzt einen neuen starken Freund, den alten Widersacher, an seiner Seite habe.

Bereits im Juli 2015 hatten Vietnam und die USA eine gemeinsame Erklärung zur »Vision über die Verteidigungszusammenarbeit« unterzeichnet. Dabei ging es neben der Beseitigung der Kriegsfolgen, Minenräumung und Entgiftung der mit Dioxin verseuchten Gebiete auch um die »Seefahrtsicherheit auf der Grundlage der international geltenden Gesetze«, wie *Die Stimme Vietnams* während des Besuchs von Obama in Hanoi berichtete. Eines der wichtigsten Themen, die es zu erörtern gelte, sei die Ostmeer-Frage. Ostmeer ist Biển Đông, die Bezeichnung für das Südchinesische Meer in Vietnam. Dort liegen, 400 Kilometer vom Festland und damit weiter entfernt von Vietnam als von der zu China gehörenden Insel Hainan, die Paracel-Inseln, eine Ansammlung kleiner Eilande, Korallenriffe und Atolle mit paradiesisch schneeweißen Stränden, wie hingetupft in die azurblau und smaragdgrün schimmernde See. Sie verteilen sich auf einer Fläche von 15 Quadratkilometern, auf die neben Vietnam vor allem China und Taiwan Anspruch erheben. Seit Jahren versucht dort Peking seine Ansprüche zu untermauern und lässt die 2,1 Quadratkilometer kleine Hauptinsel ausbauen. Neben einem Hafen gibt es bereits eine 3000 Meter lange Start- und Landebahn. Nach Berichten des US-Geheimdienstes soll China dort Kampfjets stationiert haben. Mehrere internationale Zeitungen verbreiteten im Februar 2016 Satellitenbilder.

Um die weiter südlich gelegenen Spratly-Inseln streiten sich sechs Staaten: China, Vietnam, Taiwan, Malaysia, Brunei und die Philippinen. Alle außer Brunei haben dort Truppen stationiert und mit dem Bau von militärischen Anlagen deutliche Signale an die jeweils anderen Nationen gesandt. China ließ künstliche Inseln auf dem Yongshu-Jiao-Atoll aufschütten und dort im Januar 2016 einen Airbus und eine Boeing 737 landen. Diese Muskelspiele bewogen wohl Vietnam, sich um ein besseres Verhältnis zu den USA zu bemühen. Wer in diesem Seegebiet das Sagen hat, kontrolliert eine wichtige Passage zwischen westlichem Pazifik und Indischen Ozean. Zudem gibt es immer wieder Berichte über große Ölvorkommen in diesem Gebiet.

Als China 2014 eine Ölbohrinsel zu den Paracel-Inseln schleppte und Vietnam vor die Nase setzte, sprach Hanoi von einen Terrorakt. Tausende Vietnamesen verübten im Süden des Landes mit wehenden roten Fahnen antichinesische Krawalle, vor allem in Industriezonen wie Bình Dương und Đồng Nai nahe Ho-Chi-Minh-Stadt. Hunderte Fabriken, darunter auch von Investoren aus Taiwan, Hongkong, Singapur und Südkorea, die Protestierende wegen ihrer unbekannten Schriftzeichen an den Fassaden für chinesische Firmen gehalten hatten, gingen in Flammen auf. Es gab Tote und hunderte Verletzte. Viele Chinesen flohen über den Landweg ins nahe Kambodscha. China flog Tausende seiner Staatsbürger aus und warnte vor Reisen nach Vietnam. Die Regierung in Hanoi schwankte zwischen der Duldung der Proteste als Signal an Peking und hartem Durchgreifen mit Verhaftungen gegen diese »illegalen Demonstrationen«. Befürchtungen, dass internationale Investoren daraufhin das Land meiden würden, bestätigten sich nicht, auch weil die Krawalle nach zwei Wochen unter Kontrolle waren.

Immer wieder setzen sowohl vietnamesische als auch chinesische Soldaten Fischer des jeweils anderen Landes fest, weil sie ihre Netze angeblich in fremden Gewässern ausgeworfen hätten. »Medien und Soziale Netzwerke schütten auf beiden Seiten noch Öl ins Feuer«, meinte die vietnamesische Forschungsbeauftragte Lê Thu Hường vom Singapur Institut für Südostasienstudien zu den Ereignissen gegenüber dem Nachrichtensender n-tv im Mai

2014. Dasselbe Medium zitiert Sam Bateman von der Singapur-Nanyang-Technologie-Universität. Aggressive Verstöße auf der einen und wütende Demonstranten auf der anderen Seite bringen nichts, meinte er: »Da gibt es nur Verlierer. Dabei könnten alle Gewinner sein, wenn sie nur die Notwendigkeit der Zusammenarbeit zur gemeinsamen Verwaltung des Meeres und seiner Ressourcen akzeptieren würden.« Das US-Zentrum für Strategische und Internationale Studien (CSIS) analysierte in seiner jüngsten Studie das Ziel der in den Medien immer noch als kommunistischen großen Bruder von Vietnam genannten Volksrepublik: Das drei Millionen Quadratkilometer große Südchinesische Meer soll bis 2030 zu einem »südchinesischen Binnenmeer« ausgebaut werden.

Mit heute 92,64 Millionen Menschen hat Vietnam nur so viele Einwohner wie eine Provinz im Reich der Mitte. Wie die *Frankfurter Allgemeine Zeitung* am 21. Mai 2016 meldete, sind die vietnamesischen Waffenimporte in den Jahren von 2011 bis 2015 um 699 Prozent gestiegen. »Der Grund für die Aufrüstung: China.«

Mit der Aufhebung des Waffenembargos verknüpfte Obama Forderungen nach der Einhaltung der Menschenrechte in Vietnam. Länder, die Grundfreiheiten wie Meinungs- und Religionsfreiheit gewährten, genössen mehr Wohlstand, sagte er laut *Die Welt* vom 23. Mai 2016. Bei einer Pressekonferenz stand er neben dem neu ernannten Präsidenten Trần Đại Quang. Der Staatschef war zuvor Polizeigeneral und somit der Chef des Ministeriums für Staatssicherheit. »Wenn es Meinungsfreiheit gibt, befeuert das die Innovation«, sagte Obama vor 2000 ausgesuchten Studenten. Hochrangige Vertreter des Staates, die bei dieser arrangierten Zusammenkunft linientreuer junger Menschen in der ersten Reihe saßen, hätten »mit versteinerten Minen« zugehört. Vietnam habe schließlich die Meinungs- und Versammlungsfreiheit und das Recht auf Demonstrationen in seiner eigenen Verfassung verankert. Tatsächlich sind die entsprechenden Paragraphen jedoch Auslegungssache. Der Einparteienstaat, der bei jeder noch so harmlosen Äußerung in der Öffentlichkeit und in sozialen Netzwerken um seine Autorität und Kontrollverlust fürchtet, ist weit davon entfernt, sie auch anzuwenden. Vielmehr werden Menschen wie der Blogger Nguyễn Chí Tuyến auf offener Straße blutig zusammengeschlagen. Wie *Die Welt* am 5. Oktober 2015 berichtete, war er »das Gesicht der Bürgerbewegung« gegen das Fällen von 6700 Bäumen in Hanoi. Drei Wochen nachdem sich der unter seinem Bloggernamen Anh Chí bekannte junge Mann im April 2015 mit dem deutschen Parlamentarischen Staatssekretär im Bundesjustizministerium, Christian Lange, in Hanoi getroffen hatte, attackierten ihn morgens vor seinem Haus vier Männer mit einer Eisenstange. Als Lange, wieder in Deutschland, davon erfuhr, war er schockiert über den »brutalen Angriff auf Herrn Nguyễn Chí Tuyến«, wie er in einem Brief an das vietnamesische Justizministerium schrieb: »Ich bin mir sicher, dass das vietnamesische Justizministerium und die vietnamesischen Strafverfolgungsbehörden alles tun werden, um diese Tat restlos aufzuklären und die Täter ihrer gerechten Strafe zuzuführen.«

Erst ein Vierteljahr später reagierte das vietnamesische Justizministerium: Die Polizei in Hanoi würde »nach gesetzlichen Bestimmungen ermitteln«. Seitdem schweigt Hanoi. Praktisch werde gegen die Täter nicht ermittelt, heißt es im Auswärtigen Amt. Der Menschenrechtsbeauftragte der Bundesregierung, Christoph Strässer, dazu: »Es passt nicht zusammen, dass sich Vietnam in der neuen Verfassung auf die Einhaltung der Menschenrechte verpflichtet hat und gleichzeitig das in dem von Vietnam ratifizierten Zivilpakt festgeschriebene Gebot der Meinungsfreiheit nicht achtet.«

Als die prominente Bloggerin Tạ Phong Tần im September 2015 freigelassen, aber sofort in die USA abgeschoben wurde, teilte Strässer mit, dass er sich sehr über deren Freilassung freue. »Wir haben uns sehr dafür eingesetzt. Gleichzeitig bedaure ich, dass eine Freilassung aus dem Gefängnis offenbar nur um den Preis einer unmittelbaren Ausreise ins Ausland möglich ist.« Wie die Deutsche Welle am selben Tag berichtete, hatte Tần, eine ehemalige Polizistin, »in mehr als 700 Blog-Einträgen Korruption, Machtmissbrauch, Enteignung von Bauern und Misshandlungen von Kindern durch Polizei und Behörden angeprangert«. 2011 war sie wegen »Propaganda gegen die Sozialistische Republik Vietnam« festgenommen und ein Jahr später zu zehn Jahren Haft verurteilt worden.

Am 11. April 2014 war Vi Đức Hồi, ein ehemals hochrangiges Mitglied der KP, freigelassen worden. Er hatte 2006 ein Mehrparteiensystem und mehr Demokratie gefordert. Zunächst wurde er aus der Partei geworfen, dann, nachdem er online ein Buch veröffentlicht hatte, in dem er beschrieb, warum er sich der Demokratiebewegung anschloss, folgte 2010 die Verhaftung und unter Ausschluss der Öffentlichkeit die Verurteilung zu fünf Jahren Gefängnis mit anschließendem dreijährigen Hausarrest. Laut »Reporter ohne Grenzen« sind in Vietnam nach China die meisten Blogger weltweit inhaftiert.

Zunehmend nutzen hochrangige Parteimitglieder und Chefs staatlicher Unternehmen im Ruhestand das Internet. Ehemalige Parteimitglieder betreiben Blogs, »in denen sie offen die Regierung kritisieren und damit täglich Zehntausende Besucher anziehen«, berichtet Nguyễn Công Khế am 29. Oktober 2015 unter *unser-vietnam.de*. Er ist der Gründer der Tageszeitung *Thanh Niên* und arbeitete 23 Jahre als Chefredakteur. Wie viele andere Journalisten ist er gleichzeitig Mitglied der Kommunistischen Partei und Vorsitzender eines privaten Medienunternehmens, das Online-Nachrichtenportale betreibt. Aufgrund seines Bekanntheitsgrades und seines Einflusses in der Partei könne er sich, so die Redaktion, indirekt Kritik gegenüber der Staatsführung erlauben.

Mich fragte einmal ein in Hanoi lebender deutscher Unternehmer, ob ich wüsste, welchen großen Vorteil ich gegenüber Reisenden aus anderen Ländern hätte, die aus und über Vietnam berichten. Nach einem kurzen Zögern meinerseits erklärte er: »Sie sind eine Ostdeutsche. Das hier ist, abgesehen von dem stetig steigenden Wirtschaftswachstum mit deutlichen kapitalistischen Zügen, der gravierenden Korruption und den kulturellen Eigenheiten der Vietnamesen, eins zu eins die DDR.« Tatsächlich kommt mir vieles bekannt vor. Die Erzählungen über Parteiversammlungen, in denen ein eigener Kopf und abweichendes Verhalten von gesellschaftlichen Normen in der Parteigruppe, über den Parteisekretär bis zum Ausschlussverfahren gerügt wird. Das Gegenlesen von Texten und die Streichung »gefährlicher Inhalte« vor dem Erscheinen von Beiträgen in Printmedien, Radio- und Fernsehsendungen. Die hochgehaltene Parteidisziplin, mit roten Fahnen und endlos langen Reden. Und ein Staat, »der aus Angst vor dem Volk«, wie die in Berlin lebende Südvietnamesin und Menschenrechtsaktivistin Thúy Nonnemann 2001 in einem Interview mit dem Deutschlandfunk sagte, gerade heute überall seine Augen und Ohren hat.

Dass ehemalige hohe Beamte, Parteifunktionäre und Direktoren von staatlichen Unternehmen im Ruhestand bei politischen und wirtschaftlichen Fragen oft kein Blatt vor dem Mund nehmen, ist mir allerdings in der DDR nicht zu Ohren gekommen.

Andererseits kümmert sich die Regierung mit Krediten, Saatgut und praxisnahen Lehrveranstaltungen um arme Menschen, besonders unter den vom wirtschaftlichen Aufschwung kaum partizipierenden Minderheiten im abgelegenen Hochland. Die vom Staat geförderte Möglichkeit zum Kauf von preisgünstigem Wohnraum für Familien mit geringem Einkommen ist in einem durch und durch kapitalistischen System kaum denkbar.

Machtspiele hinter den Kulissen

Wenn Staatsgästen wie Obama in Hanoi der rote Teppich ausgerollt wird, schaut bei Gesprächen im Präsidentenpalast immer einer auf alle herab: Hồ Chí Minh. Er war 1930 der Gründer der Kommunistischen Partei Vietnams und von 1954 bis 1969 Präsident der Demokratischen Republik Vietnams. Keine 300 Meter von dem in Gelb – der Farbe der Kaiser und der Macht – gehaltenen Gebäude aus der Kolonialzeit entfernt liegt der kommunistische Revolutionsführer einbalsamiert im Mausoleum am Ba Đình-Platz. Das Areal, das morgens für Thai-Chi und an Feiertagen für Aufmärsche und Paraden genutzt wird, ist das politische Zentrum des Landes. Dort ruht der ehemalige Präsident Vietnams entgegen seinem Willen. Volksnah, sich seiner Werte, aber auch seiner Bedeutung bewusst, verfügte er noch zu Lebzeiten, dass seine Asche in drei Urnen aufgeteilt im Norden, im Süden und in der Mitte des Landes begraben werden soll. Anstelle von Statuen wünschte er sich laut seinem Testament, dass Besucher seines Grabes Bäume pflanzen sollten, als Grundlage für einen Wald, zum Nutzen der Landwirtschaft. Doch die Spitzen des Parteiapparates hielten sich nicht an seine Verfügung. Noch zu seinen Lebzeiten und ohne sein Wissen nahmen sie »unter größter Verschwiegenheit« das Mausoleum in Moskau, in dem die sterblichen Überreste seines Vorbildes, Wladimir Iljitsch Lenin, bis heute aufgebahrt werden, als Grundlage für den Bau in Hanoi – alles nachlesbar in Thomas Großböltings Buch *Der Tod des Diktators: Ereignis und Erinnerung im 20. Jahrhundert*. Die präzisen Anweisungen, die Hồ zu seinem Begräbnis gegeben hatte, seien von der Parteiführung »wie andere wichtige Passagen« im später veröffentlichten Testament weggelassen worden.

Hồ Chí Minh verstarb am 2. September 1969, am Nationalfeiertag des Landes. Um die Feierlichkeiten nicht mit dieser traurigen Nachricht für die Bevölkerung zu belasten, hatte das Politbüro beschlossen, das Sterbedatum auf den 3. September zu verlegen und die Nachricht erst am 4. September bekanntzugeben – eine Manipulation, die offiziell erst 20 Jahre nach dem Tod von Hồ Chí Minh durch Vũ Kỳ, dem früheren Privatsekretär des Präsidenten, aufgedeckt wurde.

Hồ Chí Minh, dessen Geburtsname Nguyễn Sinh Cung lautete, wird als Vater der Nation im ganzen Land verehrt. Viele Menschen im Land nahmen ihn als einen der ihren, einen Politiker zum Anfassen, wahr. Seine Porträts schmücken nicht nur Parteizentralen, Gemeindehäuser, Büros von Staatsbetrieben, Schulen, Universitäten, Hochschulen, öffentliche Gebäude. Auch von jedem Geldschein der nationalen Währung Đồng lächelt er als einstige Symbolfigur gegen Unterdrückung und Krieg dem Volk entgegen. Das wirtschaftliche Zentrum des Landes, das ehemalige Saigon, trägt seinen Namen. In jeder Familie gibt es mindestens ein Foto von ihm, das auf dem Land meistens über dem Ahnenaltar hängt. Mit der respektvollen und liebenswerten Bezeichnung *bác Hồ*, Onkel Hồ, verehren ihn die Vietnamesen wie ein Familienmitglied. Diese Art des Personenkultes hat nur entfernt etwas mit dem gemein, der in Nordkorea verordnet wird. Hồ, der die Unabhängigkeitsbewegung Việt Minh gegründet hatte, Sprachen scheinbar spielend erlernte und immer wieder seinen Namen wechselte, hatte nicht vergessen, woher er kommt – aus dem Volk. Das dankt es ihm, bis heute.

»Dass er in seinem Leben auch persönliche Interessen verfolgte – er war zumindest einmal verheiratet – und zeitweise auch durchaus einen Hang zur Eitelkeit an den Tag legte – allein sein selbstgewählter Name Hồ Chí Minh (*Hồ* steht für starken Willen und Intelligenz) [...] macht das Bild von ihm menschlicher«, schreibt Martin Großheim in seiner Biographie *Hồ Chí Minh: Der geheimnisvolle Revolutionär*. Zu jeder sich bietenden Gelegenheit zitieren die Partei und die Medien in Vietnam aus *Hồs* Schriften, und am 2. September 2014, zum 45. Todestag, würdigte *Die Stimme Vietnams* ihn als ausgezeichneten Politiker. Sein Testament sei »ein Licht von Geist und Glaubwürdigkeit: Parteimitglieder sollten den Zusammenhalt und die Einheit der Partei wie die Pupille ihrer Augen bewahren, schrieb Hồ Chí Minh. Die Partei solle Demokratie umfassend verbreiten und ständig sowie ernsthaft Kritik und Selbstkritik üben. Jedes Parteimitglied solle seine Ethik verbessern, die Partei transparent halten, seiner Führungsfunktion würdig sowie treuer Diener des Volkes sein.«

Was unter Onkel Hồ undenkbar war, passiert heute. Vor dem 12. Parteitag im Januar 2016 gab es Beobachtern zufolge interne Machtspiele hinter den Kulissen. Innerhalb der Partei konkurrieren zwei Flügel miteinander: eine eher prowestlich und damit zu den USA hin orientierte Gruppe und eine konservative, die sich trotz der Streitigkeiten im Ostmeer an China orientiert. Zur Ersteren gehörte der auf dem Parteitag abgewählte Premier Nguyễn Tấn Dũng. »Er war es, der das Freihandelsabkommen Trans-Pazifische Partnerschaft (TPP), dem die USA, aber nicht die Volksrepublik China angehören, maßgeblich vorangetrieben hat«, so die Deutsche Welle.

»In ihrer Einstellung zu China bleibt Vietnams politische Elite gespalten« meint Politikwissenschaftler Wilfried Arz dazu. »Auf Parteiebene versöhnlich-kooperative Töne (von KP-Chef Nguyễn Phú Trọng). Leitmotiv: gemeinsame Interessen bei Stabilisierung der KP-Herrschaft und innenpolitischen Überwachungsstrategien. Auf Regierungsebene hingegen heftige Kritik (durch Regierungschef Nguyễn Tấn Dũng) an Chinas Kompromisslosigkeit, maritime Nutzungsansprüche im Südchinesischen Meer einseitig durchzusetzen. Tiefes Misstrauen gegen China bestimmt als Konstante das kollektive (Geschichts-)Bewusstsein der Vietnamesen.« Den geopolitischen Hintergrund kommentiert er so: »Amerika will mit dem gegen China gerichteten TPP künftige Regeln im Welthandel diktieren (Zugang zu Märkten, Investitionsgesetze, Lizenzen) und vor Chinas Haustür konkurrierende Produktionsstandorte durch ein Netz von wirtschaftlich eng miteinander verflochtenen Staaten schaffen. Damit rückt Vietnam als Wirtschaftsstandort und geopolitischer Bündnispartner in den antichinesischen Fokus amerikanischer Außenpolitik in Südostasien.«

Auf dem Parteitag kam es zu Neubesetzungen im Zentralkomitee, im Politbüro und im Staatsapparat. Das politische Lager des Pragmatikers Dũng unterlag bei der Abstimmung der Parteitagsdelegierten der als prochinesisch geltenden Gruppe um

Nguyễn Phú Trọng. Der 71-Jährige ist seit 2011 Generalsekretär der KP-Vietnams. Neuer Regierungschef wurde Nguyễn Xuân Phúc (61). Nach Meinung von Wilfried Arz ist »Phúc dem Reformflügel zuzuordnen, der den wirtschaftspolitischen Kurs seines Vorgängers Dũng fortsetzen wird«. Allerdings gelte er in Partei, Staatsapparat und Militär als schwach vernetzt, was zum Ende seiner Karriere bereits nach fünf Jahren führen könnte, so Arz in einem Artikel vom 26. Januar 2016 im *Eurasischen Magazin*. Neuer Staatspräsident wurde Generalleutnant Trần Đại Quang, der als Minister die Polizei und paramilitärische Einheiten kommandierte. Mit 59 Jahren ist er der Einzige im Zentrum der Macht, der bei seiner Berufung noch nicht das mit 60 angegebene Rentenalter für Männer in Vietnam erreicht hatte. Den Vorsitz der 500 Mitglieder zählenden Nationalversammlung, knapp 24 Prozent davon sind weiblich, übernimmt erstmals eine Frau: Nguyễn Thị Kim Ngân (61). Die ehemalige Lehrerin und Ministerin für Arbeit war 2013 als zweite Frau im Politbüro aufgerückt.

Die Sozialistische Republik Vietnam (SRV) ist ein Einparteienstaat. Der Führungsanspruch der Kommunistischen Partei Vietnams (KPV) ist seit 1980 in der Verfassung festgeschrieben. Pluralismus und eine formale Opposition existieren in Vietnam nicht. Die KPV wurde 1946 von Hồ Chí Minh gegründet. Laut der Konrad-Adenauer-Stiftung bestand bis 1988 in Vietnam formal ein Mehrparteiensystem, wobei die neben der KPV stehenden Parteien keinen nennenswerten politischen Einfluss hatten und sich deswegen, offiziellen Meldungen zufolge, im Oktober 1988 selbst auflösten.

Die politische Macht im Land konzentriert sich in Hanoi. Das Politbüro ist das oberste Parteigremium. Das Zentralkomitee kommt zweimal im Jahr zusammen. Alle fünf Jahre wird auf einem Parteitag, der höchsten Instanz der KPV, die Richtung der Politik und Wirtschaft mit einem Fünfjahrplan festgelegt. Die dort verabschiedeten Entscheidungen wurden zuvor hinter verschlossenen Türen in neuerdings auch kontrovers geführten Debatten getroffen. Die Exekutive ist mit Volkskomitees in den Provinzen, den Distrikten und Dorfgemeinden vertreten. Daneben gibt es auf allen Verwaltungsebenen Parteikomitees.

Aus den Reihen des 175 Mitglieder zählenden Zentralkomitees wird das Politbüro (16 Mitglieder) bestimmt, aus dessen Reihen der KPV-Generalsekretär gewählt wird, auf den sich alle Macht konzentriert, da die Partei über dem Staat steht. Den führt der Premierminister an, als politisch wichtigste Person im Land. Er kann bis zu zwei Amtsperioden gewählt werden. Ihm untersteht die Zentralregierung, der die Minister und die Vorsitzenden anderer Behörden mit Ministerialstatus angehören. An der Spitze des Staatsapparates steht der Staatspräsident. Der vierte hohe Posten im Land ist der Vorsitz der Nationalversammlung, die aller fünf Jahre gewählt wird. Sie ist das vietnamesische Parlament und formell das oberste Staatsorgan des Landes. 90 Prozent der 500 Mitglieder gehören der KP an. Die Beteiligung bei der letzten Wahl am 22. Mai 2016 lag nach offiziellen Angaben bei 98,77 Prozent.

Nach einem 2016 veröffentlichten Länderbericht der Bertelsmann Stiftung hat die Nationalversammlung in den letzten Jahren mehr an Prestige gewonnen. Am 11. Juni 2013 waren die Delegierten dazu aufgerufen worden, die Arbeit eines jeden Ministers und ausgewählter hochrangiger Beamter auf einer Skala von niedrigen, mittlerem und hohem Vertrauen zu bewerten. Die schlechtesten Noten erhielten der Chef der Staatsbank (42 Prozent), der Bildungsminister (36 Prozent), Premierminister Nguyễn Tấn Dũng (32 Prozent) und der Minister für Gesundheit (29 Prozent). Hätte jemand mehr als 50 Prozent der Stimmen auf sich vereint, so würde er »zwei Jahre lang überwacht werden«, heißt es in dem Bericht. Bei einem Misstrauensvotum von zwei Dritteln hätte man »sofort Maßnahmen ergriffen«. Das Abstimmungsergebnis spiegle die schlechte Leistung der Wirtschafts-, Bildungs- und Gesundheitspolitik wider, so die Stiftung.

»Interne Diskussionen kreisen bereits um einen kosmetischen Umbau des politischen Systems: aus der Nationalversammlung könnte ein Unterhaus, aus dem Zentralkomitee ein Oberhaus mutieren, Kandidaten vorab nach Kriterien politischer Loyalität selektiert werden«, schreibt Arz am 26. Januar 2016 im *Eurasischen Magazin*. »Der Stadtstaat Singapur wird als funktionierendes Beispiel einer konfuzianischen Diktatur von Technokraten in Beijing und Hanoi seit Jahren aufmerksam beobachtet. Neoliberale Wirtschaftspolitik und politische Autokratie sind in Singapur seit dessen Staatsgründung (1962) eine erfolgreiche Symbiose eingegangen. Vietnams politische Zukunft muss sich keineswegs zwangsläufig in Richtung eines Systems mit westlich-demokratischem Zuschnitt bewegen.«

Korruption – das Geld kommt im Briefumschlag

Schon 2012 wäre der damalige Premierminister Nguyễn Tấn Dũng fast seines Amtes enthoben worden. Ihm wurde die hohe Schuldenrate staatlicher Unternehmen angelastet. »Viele der Staatsbetriebe profitieren von großzügigen Krediten, konzentrieren sich aber nicht auf ihr Kerngeschäft, sondern ›wildern‹ mit wenig Kompetenz in anderen Bereichen«, schreibt die Deutsche Gesellschaft für Internationale Zusammenarbeit (GIZ) auf *liportal.de* zur vietnamesischen Wirtschaftspolitik. Dies führe mehr und mehr zu Problemen. 2012 und 2014 wurden Manager staatlicher Konzerne und Banken, darunter einige der reichsten Männer des Landes, wegen Veruntreuung öffentlicher Gelder, Betrugs, Unterschlagung und Missbrauchs der Machtposition bis zu lebenslangen Haftstrafen und sogar zum Tode verurteilt. Und weiter stellt *liportal.de* fest: »Die Korruption ist eines der größten innenpolitischen Probleme, dem sich die KP Vietnams stellen muss. Auf dem 12. Parteitag musste die Parteiführung eingestehen, dass trotz der verstärkten Anstrengungen in den letzten Jahren bei der Korruptionsbekämpfung wenig Fortschritte erzielt wurden. Parteichef Nguyễn Phú Trọng brachte – vielleicht ungewollt – das Dilemma der KP Vietnams beim Kampf gegen die Korruption zum Ausdruck, als er sagte, dass ›man die Maus fangen müsse, aber dabei kein Porzellan zerschlage solle‹. Das Porzellan steht hierbei für die KP Vietnams, die nicht zu Schaden kommen und deren Autorität nicht untergraben werden darf.«

Es ist im Volk bekannt, dass, wer immer kann, vom Verkehrspolizisten bis hin zu hohen Parteikadern, sein monatliches Einkommen durch Korruption aufbessert oder sich gar im großen Stil bereichert. Und das bei jeder sich bietenden Gelegenheit. Ob für eine Ordnungswidrigkeit wie dem Fahren ohne Helm, für einen Stempel, ohne den in Vietnam nichts geht, bis hin zur Ausweisung von Grundstücken für Investoren. Schmiergeld wird übrigens immer im Briefumschlag übergeben. Der trägt, meist in Ermangelung anderer Papiere zum Transportieren von Mitteilungen, oft eine rot-blaue Schraffur als Umrandung. Luftpostbriefumschläge! Die Ironie, die dahintersteckt, ist typisch vietnamesisch: Immer schön die höfliche Form bewahren und gleichzeitig signalisieren, dass man sich beeilt, den Wünschen des anderen, der höhergestellt ist als man selbst, gerecht zu werden.

Dieses Verhalten hat historische Wurzeln, die teilweise im konfuzianischen Moralkodex gründen. »Jeder Vietnamese kommt irgendwann einmal in die Situation, eine Genehmigung zu brauchen«, schrieb Monika Heyder in ihrem Buch *Kulturschock Vietnam*. Und »früher oder später wird er zu der Einsicht gelangen, dass es ohne Schmiermittel gar nicht bzw. mit demselben schneller und besser geht. Wer standhaft bleibt und weder gibt noch nimmt, hat im Alltag mit ungleich mehr Problemen zu rechnen als seine Mitmenschen.« Das könne bis dahin gehen, dass die eigene Existenz auf dem Spiel steht. Heyder, die Vietnamistik studierte und einige Zeit in Hanoi lebte, geht in ihrer Betrachtungsweise Jahrhunderte zurück. »Ihr Hierarchiebewusstsein lässt Vietnamesen [...] großen Respekt vor ›Mandarinen‹ aller Art haben. Man zeigt sich Höhergestellten gegenüber demütig, ja passiv und reagiert auf Unverschämtheiten mit noch größerer

Anpassung und Unterordnung.« Unter den vietnamesischen Königen und während der Kolonialherrschaft habe es immer korrupte Beamte gegeben, »die es verstanden, ihr Amt zur persönlichen Bereicherung zu nutzen. Solche Leute wurden zwar vom Volk gehasst, aber sie waren auch berechenbar: Wusste man erst einmal, dass ein Mandarin zwar die Hand aufhalten, aber dafür ›Recht‹ verkaufen würde, dann konnte man mit dem Verhassten auch auskommen«. *Có di có lai mói toai lòng nhau*, lautet eine gängige Redewendung: Gegenseitiges Wohlverhalten ist Voraussetzung für Zufriedenheit auf beiden Seiten. Wir würden sagen: Eine Hand wäscht die andere.

Die Frage des Miteinanderauskommens rühre bereits an der Basis des vietnamesischen Gesellschaftsvertrages, erklärt Heyder, und weist damit auf ein alle Bevölkerungsschichten durchziehendes, kulturell bedingtes Phänomen hin. »Ausgleich, Vermeidung von Konflikten, Streben nach Harmonie sind Grundsätze, die von Konfuzianismus, Daoismus und Buddhismus gleichermaßen getragen wurden. Es nimmt daher nicht Wunder«, meint sie, »dass Geben und Nehmen als willkommenes Mittel des Interessenausgleichs verstanden und praktiziert wurden.« Das Eindämmen der Korruption vergleicht Heyder mit einem Flächenbrand, für dessen Bekämpfung man nur einen Handfeuerlöscher zur Verfügung hat. Geber und Nehmer hätten keinerlei Interesse an einer Aufklärung. »Die Neigung, sich mit den Gegebenheiten zu arrangieren, ist einfach größer als das Vertrauen in jegliche Behörde.« Oft seien ganze Familienclans in Unterschlagung und Korruption verwickelt. Ein Filz, dem Ermittlungsbehörden meist machtlos gegenüberstehen. »Sie haben es nicht nur mit undichten Stellen in den eigenen Reihen zu tun, sondern leiden auch unter dem Fehlen der materiellen Voraussetzungen für ihre Arbeit.« Das schrieb Heyder 1997 in der ersten Auflage des Buches. Damals kam es zu Unruhen unter den Bauern in der Provinz Thái Bình im Delta des Roten Flusses. Ursache dafür war die illegale Besitznahme von Land. Die Regierung reagierte darauf mit einem

Dekret, das die Verwaltung auf lokaler Ebene transparenter machen sollte. Doch das Vertrauen in örtliche Kader ist nach wie vor gering. »Die KP Vietnams versucht durch eine neu eingerichtete ›Zentralkommission für Interne Angelegenheiten‹ die Initiative in der Bekämpfung der Korruption wieder an sich zu reißen«, heißt es auf dem Länderinformationsportal der GIZ. Laut Transparency International lag der Korruptionsindex (CPI) 2015 für Vietnam bei 31 von 100 möglichen Punkten. Damit nimmt Vietnam den 112. Platz von 167 Ländern ein, führend ist Dänemark mit 91 Punkten, Deutschland liegt mit 81 Punkten auf Platz 10.

Vietnam – der beste Ort für Investitionen in der ASEAN

Vietnam ist »einer der weltweit größten Wachstumserfolge der vergangenen 30 Jahre«, lobt die Weltbank das südostasiatische Land in seinem Länderreport. Mit einem Jahreseinkommen von 1400 US-Dollar pro Kopf zählt Vietnam nun zu den sogenannten »Ländern mit mittlerem Einkommen«. Wegen seines raschen Aufstiegs hat die Investmentbank Goldman Sachs Vietnam in den Kreis der »Next Eleven«, eine Auswahl besonders vielversprechender wachstumsstarker Schwellenländer, aufgenommen.

Vietnams Regierung will mehr, bis 2020 sollen die Unternehmen weltweit wettbewerbsfähig sein und sich nachhaltig entwickeln, meldete *Die Stimme Vietnams* Anfang Juni 2016. Vor allem eine Steuerreform und die Schaffung von günstigen Bedingungen für Unternehmen stehen auf der Agenda. In seinem Blog erläutert Oliver Massmann im August 2015, was damit gemeint ist: »Es sollen Reformen erlassen werden bzgl. der zeitaufwendigen und lästigen Verwaltungsvorschriften, [...] indem internationale Standards eingeführt werden sollen. Seit dem 1. Januar 2015 ist die Zeit, die man damit verbringt Steuervorschriften einzuhalten, von 872 Stunden pro Jahr im Jahr 2013 auf 370 Stunden gesunken, die Erarbeitung der Steuererklärung dauert nur noch 121,5

Stunden, diese kann dann sowohl online eingereicht werden als auch online bezahlt werden.« Laut Massmann ist Vietnam der beste Ort in der ASEAN, um Investitionen zu tätigen, und zwar genau zum jetzigen Zeitpunkt. »Das ist keine Überzeichnung der Lage in Vietnam«, erklärt er, »denn das Investitionsumfeld [...] hat Potential und basiert auf einer soliden Grundlage, verbesserter wirtschaftlichen Diversifizierung, internationaler Anpassung, reformierter Investitionsgesetzgebung und guter Wirtschaftspolitik.«

Mit China im Rücken versucht Vietnam seit Anfang der 1990er Jahre, seine wirtschaftlichen Beziehungen weltweit zu forcieren. 1997 trat das Land der ASEAN-Staatengemeinschaft bei und 2001 schloss es ein Handelsabkommen mit den USA. Im November 2006 trat Vietnam erstmals als Gastgeber des Asiatisch-Pazifischen Wirtschaftsforums (Apec) auf. Zu diesem Zeitpunkt war der damals neue Ministerpräsident Nguyễn Tấn Dũng Gastgeber für Staats- und Regierungschefs aus 21 Apec-Mitgliedsländern – darunter George W. Bush und Wladimir Putin. Bis dahin hatte Vietnam 28 bilaterale Handelsabkommen unter Dach und Fach. 2007 wurde Vietnam Mitglied der Welthandelsorganisation WTO.

Bis 2025 soll in der ASEAN mit der ASEAN Economic Community (AEC) ein gemeinsamer Markt ähnlich der EU entstehen. Ein großer Wirtschaftsraum mit 600 Millionen Menschen, von dem Vietnam hofft zu profitieren. Die Verhandlungen zum allerdings umstrittenen Trans-Pacific Partnership (TPP) laufen noch. »Vietnam wäre einer der größten Nutznießer«, vermutet Massmann, »als Folge der engen Handelsbeziehungen mit den USA sowie der guten wettbewerbsfähigen Situation in Bezug auf den Fertigungssektor, da China momentan dort immer mehr an Boden verliert. Statistiken zeigen, dass Vietnams BIP durch die Teilnahme am TPP um 13,6 Prozent steigen wird.« An TPP sind notwendige Reformprozesse, wie etwa die Zulassung unabhängiger Gewerkschaften, gebunden.

Mit der Unterzeichnung eines Freihandelsabkommens Ende 2015 vertiefte das Land seine wirtschaftlichen Beziehungen zur EU. »Es stellt eine Art Einfallstor für europäische Firmen dar«, so ein Bericht von *GTAI* (2016). »Diese könnten etwa Komponenten in die ehemalige französische Kolonie exportieren, dort zum Endprodukt montieren und anschließend mit dem Siegel ›Made in Vietnam‹ zollfrei im gesamten AEC-Raum verkaufen.« Die EU will den Vertrag bis 2018 ratifizieren. Nach China ist die EU mit 33 Milliarden Dollar zweitgrößter Handelspartner Vietnams. Deutschland ist mit Abstand Vietnams größter Handelspartner innerhalb der europäischen Gemeinschaft. Wie das *Handelsblatt* am 4. August 2015 berichtete, betrug 2014 das Handelsvolumen beider Länder 7,8 Milliarden US-Dollar. Inzwischen liegt es laut der *Stimme Vietnams* vom 17. Juni. 2016 bei knapp neun Milliarden US-Dollar.

»Durch TPP und das Freihandelsabkommen mit der EU sollen [...] nicht nur die Exporte von Waren gestärkt werden«, schlussfolgerten die Experten für Weltwirtschaft und Entwicklungsfinanzierung am Deutschen Institut für Entwicklungspolitik (DIE), Axel Berger und Dominique Bruhn, bereits am 28. Juli 2015 auf *euractiv.de*. »Ähnlich bedeutsam ist der Import von Reformdruck. Ohne diesen scheint es der kommunistischen Führung nicht zu gelingen, die planwirtschaftliche Vergangenheit vollständig abzustreifen, um marktwirtschaftliche Strukturen zu stärken und Vietnams Wettbewerbsfähigkeit auszubauen.«

Die Stimme Vietnams berichtete am 7. Juni 2016 über ein Treffen von Premierminister Nguyễn Xuân Phúc mit Unternehmern in Ho-Chi-Minh-Stadt. Er sagte dort, »dass Firmen aller Wirtschaftssektoren den gleichen Zugang zu Ressourcen wie Kapital, Markt und Geschäftschancen hätten. Der Staat werde die legitimen Interessen der Unternehmen schützen und ihr Geschäftsrecht gemäß den Gesetzen gewährleisten.« Anwalt Phạm Ngọc Hưng, Mitglied des vietnamesischen Unternehmensverbandes, äußerte sich wie folgt: »Alle Menschen können Geld in Geschäften investieren, ungeachtet ob es im kleinen oder großen Umfang geführt wird. Es gibt hier zwei Varianten: Die privaten Unternehmen können alles tun, was vom Staat nicht verboten wird. Und die staatlichen Unternehmen dürfen alles tun, was der Staat ihnen erlaubt. Hier gibt es keinen Widerspruch mit der Marktwirtschaft.«

Turbokapitalismus auf Kosten von Mensch und Natur

Das Zusammenspiel von wirtschaftlicher Entwicklung bei gleichzeitigem Umweltschutz ist für Vietnam ein Drahtseilakt. Ohne Investitionen in die Infrastruktur sind die wachsenden Abfall-, Abwasser- und Müllprobleme nicht in den Griff zu bekommen. Oft fehlen dafür Geld und Know-how. Manchmal auch die Einsicht, dass »40 Jahre in Sachen Umweltschutz nichts passierte«, wie mir Trần Miên 2014 sagte. Bis 2012 war er der Chef der Vietnam National Coal and Mineral Industries Group (Vinacomin). Der staatliche Energiekonzern betreibt in der Provinz Quảng Ninh, zu der die Bucht von Hạ Long gehört, einen riesigen Tagebau. Mit 130 000 Mitarbeitern gehört das Unternehmen zu den größten des Landes.

Vietnam ist reich an Bodenschätzen: Öl, Gas, Kohle, Gold, seltene Erden. Allein in der Provinz Quảng Ninh lagern laut GTAI 6600 Millionen Tonnen Steinkohle. Die hier geförderte Anthrazitkohle zählt wegen ihres geringen Asche- und Schwefelgehaltes und dem hohen Brennwert zu den hochwertigsten Kohlen weltweit. Ein Teil der Produktion geht in den Export. Schon in der Kolonialzeit wurde dieser Rohstoff der Erde entrissen. Die Kohle aus den Bergwerken in Quảng Ninh hilft, den Energiehunger dieses Schwellenlandes zu stillen. Trotz globaler Krisen verbuchte Vietnam ein Wirtschaftswachstum um die sieben Prozent in den letzten fünf Jahren. Bis 2020 plant die Regierung die Erschließung weiterer Minen, auch unter Tage, und den Bau von zahlreichen Kohlekraftwerken.

»Die Leute, die nahe der Minen wohnten, konnten nicht spazieren gehen, ohne vom Kohlestaub bedeckt zu werden. Die Straßen waren voller Dreck«, sprach Miên mit mir über die Vergangenheit. »Man hatte die Halden immer weiter aufgeschüttet, an die Folgen wurde nicht gedacht. Es gab keine Bepflanzung, keinen Baum, keinen Strauch. 70 Millionen Kubikmeter Abwasser flossen in einem Jahr ungeklärt aus den Bergbaugebieten ins Meer.« Ob das den Fischen und letztendlich den Menschen geschadet hat? Miên zuckte mit den Schultern: »Es wurde nicht kontrolliert. Das war ein heißes Thema, sowohl in den Medien als auch im Zentralkomitee der Partei«, erinnerte er sich. Als Genosse im Ruhestand konnte er mit mir aus dem Nähkästchen plaudern. »Unser Unternehmen und die lokale Regierung gerieten immer mehr unter Druck.«

1995 war das Jahr des ersten Umweltgesetzes in Vietnam. Dann habe es noch einmal zehn Jahre gedauert, bis sich unter den Managern, den Tochterunternehmen, den Angestellten der Bergwerke und auch beginnend unter der örtlichen Bevölkerung langsam ein Umweltbewusstsein entwickelte. »2005 gab es wieder ein neues Umweltgesetz, obwohl in dieser Hinsicht noch gar nicht viel passiert war. Wenn sich die Menschen dessen nicht bewusst sind, fehlt auch die Umsetzung«, betonte Miên. »Wir hatten keinerlei Erfahrungen auf diesem Gebiet. Es gab niemanden, der darin ausgebildet war. Wir hatten keine Technologie, kein Equipment. Nichts.« Vinacomin suchte Hilfe im Ausland – und fand sie in Experten aus Deutschland. Seit 2005 koordiniert Harro Stolpe, Inhaber des Lehrstuhls für Umwelttechnik und Ökologie im Bauwesen an der Ruhr-Universität Bochum, die Research Association Mining and Environment in Vietnam (RAME). Einen Zusammenschluss deutscher Forschungsinstitutionen und Unternehmen, die ihre Erfahrungen im Umgang mit den Folgen des Bergbaus auf die vietnamesischen Verhältnisse übertragen. Aber nicht eins zu eins. Wichtiges Merkmal des Verbundprojektes ist das Zusammenwirken von Forschung und praktischer Umsetzung.

Pünktlich zum Tag des Bergarbeiters 2009 legten die Deutschen gemeinsam mit ihren vietnamesischen Partnern den Grundstein für die erste Anlage mit deutscher Technik in der Provinz. Inzwischen arbeiten hier mehrere moderne Kläranlagen. Die Leipziger Firma Bioplanta errichtete ein künstliches Feuchtgebiet, das saures Haldensickerwasser reinigt. Katrin Brömme, eine meiner deutschen Freundinnen in Vietnam, erarbeitete einen Best-Practice-Guide, mit dem vietnamesische Umweltingenieure die in Quảng Ninh gewonnenen Erkenntnisse auch anderswo im Land anwenden können. Wie mein Freund Dũng ist auch Katrin eine Mittlerin zwischen den Kulturen. Katrin spricht Vietnamesisch, als wäre es ihre Muttersprache, obwohl sie aus Oschatz in Sachsen kommt. Mit ihrem vietnamesischen Mann, einem Arzt, und zwei Kindern lebt sie seit vielen Jahren in Hanoi. Vinacomin schätzt sie als Expertin.

Umweltpolitische Themen werden in den staatlich kontrollierten Medien immer öfter behandelt. Die Medien gehen zunehmend offener damit um. Weiter steigende Abfallmengen, die touristische Aushängeschilder wie die Hạ-Long-Bucht und die größte Insel Phú Quốc im Golf von Thailand gefährden, und die zunehmende Luftverschmutzung wie in Hanoi stellen das Land vor große Herausforderungen.

Um das Jahr 2010 hatte die vietnamesische Regierung dieses Problem erkannt und angekündigt, zunächst Mopeds älterer Bauart auf ihren Schadstoffausstoß zu prüfen und niedrigere Emissionswerte festzulegen. Für deren Kontrolle sollten mindestens 150 Zentren in Hanoi und 150 in Ho-Chi-Minh-Stadt errichtet und 500 Offiziere ausgebildet werden, wie *vietnamnet.vn* im Juni 2015 berichtete. Doch der Plan, in den Jahren 2013 bis 2015 bis zu 90 Prozent der durch Motorräder verursachten Emissionen in den beiden größten Städten Vietnams in den Griff zu bekommen, habe »völlig versagt«. Dabei warnen Umweltschützer immer wieder vor der alarmierend hohen Luftverschmutzung. Die Hälfte der mehr als 40 Millionen Motorräder auf Vietnams Straßen seien alt und ohne jegliche Kontrolle des Schadstoffausstoßes. Dem Bericht nach sollen ab 2017 alle Motorräder, die nicht den Abgasnormen entsprechen, von den Straßen verschwinden. Dies und eine geschätzte Inspektionsgebühr von 100 000 bis 200 000 VND, zwischen vier und acht Euro, würde vor allem arme Familien vor ein finanzielles Problem stellen. Denn das Moped ist besonders auf dem Land, wo der öffentliche Nahverkehr nicht hinkommt, unverzichtbar. Oft nehmen zwei Erwachsene und zwei Kleinkinder darauf Platz, um von Ort zu Ort zu gelangen. Zudem ist es als Lastenträger für lebende Tiere wie Schweine, Geflügel, für Gemüse, Obst und Baumaterial nicht wegzudenken.

»Es ist eine unbestrittene Tatsache, dass das Motorrad die gesamte soziale und wirtschaftliche Struktur Vietnams verändert hat«, sagte Düng in einem Interview mit dem Investment Forum Magazin *bizlive.vn* im Januar 2016. »Es ist ein lebenswichtiger Bestandteil unseres Alltags und ich wage zu behaupten, dass ohne diesen Motor die gesamte Wirtschaft in Vietnam innerhalb einer Woche zusammenbrechen würde.« Der Verkehrsfluss sei wie die Blutgefäße in einem menschlichen Körper. »Sind sie verstopft, wird der Mensch krank, manchmal mit tödlichem Ausgang. 20 000 Motorräder und bis zu 7000 Autos werden jeden Monat neu zugelassen«, zitierte Düng in dem Beitrag den Vorsitzenden des Hanoier Volkskomitees, Nguyễn Đức Chung. Bis zum Jahr 2020 werden in Hanoi eine Million Autos und sieben Millionen Motorräder unterwegs sein. Die Staus, die sie schon heute täglich verursachen, schwächen die Volkswirtschaft. »Für jeden Einzelnen ist Zeit von unschätzbarem Wert«, meint Düng. »Bei täglich 90 Minuten Stau auf den Straßen von Hanoi und Ho-Chi-Minh-Stadt multipliziert mit vielen Millionen Menschen ist der Verlust an Arbeitszeit extrem hoch.« Als ehemaliger Student in Weimar verweist er auf Deutschland, eines der Länder mit »dem besten Eisenbahnsystem«. Daran sollte sich sein Land ein Beispiel nehmen, meinte er.

Der wachsenden Mittelschicht in den boomenden Städten

dürfte die Zielsetzung der Regierung, alte Motorräder mit hohen Abgaswerten aus dem Verkehr zu ziehen, keine Kopfschmerzen bereiten. Schon jetzt fährt ein Großteil ihrer Kinder ganz entspannt mit einem E-Bike in die Schule oder zur Uni. Vor Einfamilienhäusern parkt das erste Auto, noch mehr ein Prestigeobjekt als ein alltägliches Fortbewegungsmittel. Lexus, Mercedes-Benz, BMW, Ford, Honda, Kia, Toyota gehören zu den vierrädrigen Statussymbolen. Die Besitzer von Porsche Cayenne und Bentleys fahren ihre Wagen gern im Stadtzentrum der Metropolen in Nord und Süd spazieren. Für alle diese Fahrzeuge muss etwa das Dreifache des Einkaufspreises im Vergleich zu den Herstellerländern oder zu Thailand gezahlt werden. Saftige Einfuhr-, Verbrauchs- und Mehrwertsteuern, Straßenbenutzungsgebühren, Ausgaben für den Erwerb eines Nummernschildes, Anmeldegebühren und die Versicherung schrecken die Kundschaft anscheinend nicht ab. Das Motto lautet: Je größer und teurer das Auto, desto mehr Anerkennung im Freundeskreis. Das ist schließlich ein Mehrwert, aus dem sich noch Kapital schlagen lässt, im Sinne eines guten Geschäftes, eines vielversprechenden Auftrags oder eines Jobs für den Nachwuchs. Wen interessieren da Abgaswerte?

Das *Handelsblatt* schreibt am 14. Juli 2015, dass laut des vietnamesischen Autohersteller-Verbandes 2014 rund 106 000 Personenwagen verkauft wurden. Seit 2012 haben sich die Verkaufszahlen beinahe verdoppelt. Im Vergleich zu wohlhabenderen Ländern wie Thailand und Malaysia seien die absoluten Absatzzahlen zwar gering, die Zuwachsraten aber enorm. Das Blatt zitiert Horst Herdtle vom BMW-Importeur Euro Auto in Ho-Chi-Minh-Stadt mit den Worten: »Langfristig, wenn die vietnamesische Wirtschaft wächst, wächst auch der Automarkt und vor allem das Premium- und Luxussegment.« Der Marktanteil liegt für die Münchner bei etwa 30 Prozent. 2014 hat BMW nach eigenen Angaben erstmals mehr als 1000 Fahrzeuge in Vietnam verkauft, und das trotz des Steuernachteils, so das *Handelsblatt*. Wie BMW produziert auch Daimler in Vietnam. Vietnams Milliardäre haben bei den Stuttgartern »etwa 50 Bestellungen für den Luxusschlitten Maybach aufgegeben«.

Die Zahl der Menschen mit vielen Millionen Dollar auf dem Konto im Land der Đồng-Millionäre wächst. Nach *VNExpress* belief sich 2015 das Gesamtvermögen der 100 reichsten Personen in Vietnam auf fast 83,65 Billionen VND (3,7 Mrd. $), ein Plus von 2,6 Prozent gegenüber 2014. Das beschert der Autobranche glänzende Aussichten. Auch wenn die Fahrer mehr im Stau stehen als fahrend unterwegs zu sein und es wegen enger Straßen keine Freude macht, nicht einmal durchstarten zu können. Zudem fehlt es an geeigneten Parkplätzen in den Innenstädten, Parkhäuser haben Seltenheitswert. Doch die mehrspurigen neuen Autobahnen wie die von Hanoi nach Lào Cai, die Maut kosten, haben sie fast für sich allein.

Rasant steigt nicht nur die Zahl der Menschen, die sich ein Auto kaufen – und meistens, wie in Vietnam für kleine und große Anschaffungen üblich, bar bezahlen. Auch die Zahl der Verkehrsunfälle wächst besorgniserregend. Laut Auswärtigem Amt rangiert das Land bei der Anzahl der Verkehrstoten, zurzeit mehr als 12 000 pro Jahr, in der Weltstatistik ganz vorn. Weder die für Autofahrer geltende Null-Promille-Grenze (für Fahrrad- und Motorradfahrer 0,5 Promille) noch die 2007 eingeführte Helmpflicht haben daran etwas ändern können. Denn die Gründe dafür »sind eine oftmals rücksichtslose Fahrweise sowie die steigende Anzahl der Verkehrsteilnehmer«. Mopedhelme, die es in allen denkbaren Farben, Mustern und Formen – als Hut für Frauen, als Tropenhelm für Männer – zu kaufen gibt, sind vielmehr modisches Accessoire als ein Mittel, das vor lebensgefährlichen Kopfverletzungen schützt. Warum zwei Erwachsene auf dem Moped mit Helm unterwegs sind, ihre beiden Kinder jedoch, von der Mutter auf dem Rücksitz sorgsam festgehalten, ohne Helm dort sitzen, verstehe ich nicht. Auch Schüler auf Fahrrädern tragen selten einen Kopfschutz. Doch fast alle Verkehrsteilnehmer auf zwei Rädern haben ein buntes Stück Stoff vor dem Mund, an den

Ohren befestigt mit zwei Gummibändern, das vor gefährlichen Abgasen schützen soll. Gegen Feinstaub wirksamere Atemmasken, wie in Thailand üblich, scheinen in Vietnam unbekannt zu sein. Dabei lag die Feinstaubbelastung in Hanoi bereits 2013 doppelt so hoch wie in Bangkok.

Eine wachsende Bevölkerungsschicht sorgt sich beim Kauf von frischem Gemüse von fliegenden Händlern und Obst aus China um die Gesundheit ihrer Familien. Denn es ist bekannt, dass dort der Einsatz von Pestiziden und Dünger groß ist. Äpfeln aus dem Reich der Mitte wird nachgesagt, dass sie bis zu einem halben Jahr ihr rosiges Aussehen behalten. Deshalb sind sie weniger zum Verzehr als zum Opfern auf dem Ahnenaltar geeignet. Und auch bei Bioprodukten kann man nicht sicher sein – angesichts seltener Kontrollen, fehlender unabhängiger Institute und Korruption. Berichte über Lebensmittelskandale gehören zum Alltag in Vietnam. Wie die Behörde für Lebensmittelsicherheit mitteilte, gab es allein im Jahr 2015 mehr als 170 Fälle von Lebensmittelvergiftungen, von denen 5000 Menschen betroffen waren, darunter 23 mit tödlichem Ausgang. Für immer mehr Menschen in den beiden Metropolen im Norden und im Süden ist deshalb ein Fleckchen Erde zum eigenen Gemüse- und Obstanbau Gold wert. Um »saubere Lebensmittel« zu erhalten, liegt Urban Gardening im Trend. Auf den Balkonen vieler Häuser wachsen Tomaten, Gurken, Sojasprossen, Salat und vor allem Kräuter, die unentbehrlich für die vietnamesische Küche sind. Findige Hauptstädter bezahlen einen Bauern ihres Vertrauens dafür, dass er für sie ein Stück seines Bodens bewirtschaftet, ohne Chemikalien einzusetzen. In welcher Erde allerdings die Pflanzen wachsen und woher das Wasser kommt, das sie versorgt, darüber machen sich die meisten Menschen keine Gedanken. Dabei ist in ganz Vietnam Wasser aus der Leitung, ob Wohnung oder Hotel, nicht zum Trinken geeignet. Abkochen hilft zwar gegen Keime, aber nicht gegen Arsen, Mangan, Barium und Selen. Zum Teil hochgiftige und krebserregende Stoffe, mit denen Brunnen im Norden Vietnams verseucht sind, wie eine kanadische Studie aus dem Jahr 2011 feststellte. Nach dieser Studie seien etwa sieben Millionen Menschen im Einzugsgebiet des Roten Flusses betroffen, auch Bewohner von Hanoi. Allein schon die natürliche Grundwasserbelastung ist ein Problem, dazu kommt eine starke Verschmutzung der Oberflächengewässer.

Entlang des Roten Flusses und der Schutzdämme am Straßenrand in der Hauptstadt finden die Anwohner immer einen Platz für ein Gärtchen. Akkurat, wie mit dem Lineal gezogen, steht dort der Salat Kopf an Kopf. Knackig und grün sieht das Gemüse aus. Die Leute kaufen es frisch geschnitten von den Bauern. Dass in der Nähe Berge von Hausmüll lagern, stört anscheinend niemanden. Neun Zehntel der industriellen Sonderabfälle in Ho-Chi-Minh-Stadt werden einfach unbehandelt in Flüsse und Kanäle geleitet oder in der näheren Umgebung gelagert. Es fehlt an Unternehmen, die den Abfall verwerten können, und wegen fehlender staatlicher Anreize entsteht keine Abfallwirtschaft.

Seit Jahren sind das zentralvietnamesische Hochland und das Mekong-Delta von extremen Dürren betroffen. Aus dem fruchtbaren Delta im tropischen Süden des Landes kommen 52 Prozent der Reisproduktion Vietnams, das nach Indien zum zweitgrößten Reisexporteur der Welt aufgestiegen ist. 17 Millionen Menschen haben dort ihre Lebensgrundlage. Die Mangrovenwälder entlang der Küste, die das Land vor Stürmen, Überschwemmungen und damit vor Versalzung schützten, den Wasserhaushalt regulieren, gehen dramatisch zurück. Mehr als die Hälfte der Flächen im Delta sind versalzen, so *Die Stimme Vietnams* in einem Beitrag vom 2. März 2016. Der Sender sieht im Wetterphänomen El Niño die alleinige Ursache. Die negativen Folgen wie Temperaturanstieg und zunehmende Trockenheit sind eine Katastrophe für Millionen Menschen, die von der Landwirtschaft leben. »In diesem Jahr wird in Südzentralvietnam voraussichtlich auf 40 000 Hektar die Reisproduktion eingestellt werden müssen. 50 000 Bewohner werden von Trinkwassermangel betroffen sein.« An dieser Entwicklung ist nach Meinung von Experten und Umweltaktivisten nicht nur der Klimawandel mit einem bis zum Ende dieses Jahrhunderts prognostizierten Anstieg des Meeresspiegels um einen Meter schuld. Das Problem sei auch hausgemacht. Wie in vielen Ländern Südostasiens fallen die Mangrovenwälder in Vietnam Garnelen-Farmen zum Opfer. Der Flächenverbrauch für Aquakulturen hat sich in den letzten 15 Jahren in den Küstenregionen des Mekongs mehr als verzehnfacht, berichtete die Deutsche Welle. In dem Beitrag vom April 2010 wurde Naturland, ein Verband deutscher Öko-Landbauern, vorgestellt, der im Delta Bio-Garnelen züchtet mit der Maßgabe, dass ein Großteil der dafür benötigten Flächen wieder aufgeforstet wird.

Das Umweltbewusstsein in Vietnam wächst, besonders unter der Jugend des Landes. Das zeigen nicht nur die Demonstrationen für den Erhalt städtischen Grüns in der Hauptstadt. 3000 Schüler und Studenten beteiligten sich im März 2016 in Hanoi an einem »Tag der Erdstunde«. Sie pflanzten Bäume, kreierten umweltfreundliche Einkaufstaschen und dachten darüber nach, wie Strom eingespart und Abfälle vermieden werden können. Die Facebook-Seite des amerikanischen Englischlehrers James Joseph Kendell »Keep Hanoi clean« mobilisierte im Frühjahr 2016 innerhalb eines Monats über 5500 Jugendliche, die mit ihm gemeinsam Kanäle vom Müll befreiten. Die Aktion sorgte für einen derart medienwirksamen Wirbel, dass die Bevölkerung Beifall klatschte, aber die für die Reinigung zuständige Verwaltung in Erklärungsnot geriet. Der Vorsitzende des Volkskomitees der Stadt Hanoi, Nguyễn Đức Chung, dankte Kendell mit einer Medaille und versicherte ihm seine Unterstützung für ein wachsendes Umweltbewusstsein. Die Initiative will nun ihr Netzwerk auf die gesamte Hauptstadt ausdehnen.

Anfang April dieses Jahres ereilte Zentralvietnam eine Umweltkatastrophe, deren Folgen für Natur und Menschen beim Abschluss dieses Buches noch nicht abzusehen waren. Auf einer Länge von 200 Kilometern starb das Meer, bis in die Tiefsee, berichteten Medien wie die Deutsche Welle, aber auch nationale Zeitungen, Fernseh- und Radiosender. Sichtbares Zeichen dafür waren Millionen toter Fische, die an die Strände gespült wurden. Ausgehend von der Provinz Hà Tĩnh, spielte sich das Drama auch in den südlichen Nachbarprovinzen und damit in Vietnams Armenhaus Quảng Bình, Quảng Trị und Thừa Thiên-Huế ab. Ende April erreichte die Katastrophe die weit geschwungene Bucht bei Đà Nẵng. Ein Desaster nicht nur für die Umwelt und die örtliche Fischerei, auch für den Tourismus. Im Hafen der Stadt gehen Reisende von Kreuzfahrtschiffen aus Japan und den USA an Land. An der Küste liegen mit Blick zum Meer namhafte Luxusressorts. Der 90 Kilometer lange feinsandige China Beach, wo einst die US-Armee zwischen den Kampfhandlungen relaxte, macht als Surfer-Paradies weltweit von sich reden.

Ursache unbekannt, Regierung und Industrie weisen jede Schuldfrage von sich, hieß es anfangs in den staatlichen Medien. Doch Taucher entdeckten ein Abwasserrohr, das vom taiwanesischen Stahlunternehmen Formosa Ha Tinh Steel Company (FHS) direkt ins Meer führt. Die Firma liegt in der Industriezone Vũng Áng, die mit einem Investitionsvolumen von mehr als neun Milliarden Euro eines der wirtschaftlichen Prestigeprojekte des Landes ist. Neben Taiwan investieren hier Südkorea und Japan in Unternehmen für Elektronik, Kohlekraftwerke und einen Tiefseehafen.

Am 30. April berichtete das Nachrichtenmagazin *The Diplomat*, dass einer von fünf Männern, die das Abwasserrohr im Meer überprüften, am 24. April verstarb. Die anderen seien in ein Krankenhaus eingeliefert worden. Ein öffentliches Experiment mit einer Wasserprobe »ist für zwei zuvor quicklebendige Fische innerhalb von zwei Minuten tödlich verlaufen«.

Zuerst bestritt die FHS jegliche Verantwortung für die Katastrophe. Alle gesetzlichen Auflagen zur Abwasserreinigung seien erfüllt worden. Auf den wachsenden Druck der Bevölkerung und der Berichterstattung in den Medien entschuldigte sich ein leitender vietnamesischer Manager des Unternehmens mit den Worten: »Um ehrlich zu sein, muss man etwas verlieren, um etwas zu gewinnen. Willst du Fische oder ein Stahlwerk? Du musst dich entscheiden.« Diese Äußerung verbreitete sich in den sozialen Netzwerken wie ein Lauffeuer. Unter dem Hashtag *Tôi chọn cá* (Ich wähle Fisch) empörten sich viele Vietnamesen über das Verhalten der Firma und die Sprachlosigkeit der Regierung. Künstler schrieben Gedichte und Lieder. Ein halbnackter Mann, übertüncht mit weißer Farbe – weiß steht in Vietnam für Trauer – lief mit einem toten Fisch im Mund durch die Straßen in der alten Kaiserstadt Huế, die in einer der betroffenen Provinzen liegt. Andere legten sich in den Sand am Strand und formten mit ihren Körpern das Symbol für Fisch. Ungeachtet des Demonstrationsverbotes und Warnungen der Polizei an die Bevölkerung gingen landesweit viele Menschen auf die Straße, in Hanoi, Ho-Chi-Minh-Stadt, auch in den Küstenregionen. Sie forderten: »Formosa, hör auf, das Meer zu vergiften!«, oder »Fische brauchen sauberes Wasser. Menschen brauchen Transparenz!«. Die Frage nach der Glaubwürdigkeit ging der kommunistischen Regierung so an die Nieren, dass sie viele Demonstranten abführen, schlagen und einsperren ließ. Selbst vor Frauen und Kindern machten Männer in Zivil nicht Halt. Dessen ungeachtet war Zivilcourage in diesen Tagen zu beobachten. So stellten sich Passanten schützend vor Mütter mit Kindern, bildeten einen Kreis um sie, wie ein Schwarm Fische im Meer, der sich so vor dem Angriff größerer, fresslustiger Artgenossen zu verteidigen weiß. Der Manager von Formosa wurde entlassen.

Auf einer Pressekonferenz am 26. April 2016 in Hà Tĩnh verbeugten sich leitende Angestellte des Stahlunternehmens vor den Journalisten als Zeichen der Entschuldigung für die schockierenden Äußerungen ihres Kollegen. Dabei hatte der Mann wohl nur laut gedacht, hieß es in sozialen Foren.

»Der Fischmarkt ist quasi tot, selbst wenn viele der Fischer weit rausfahren auf wochenlangen Törns und deren Fang sicher und von guter Qualität sein müsste, die Menschen kaufen keinen Fisch oder Meeresfrüchte mehr. Es wird zu viel gelogen und vertuscht«, schrieb ein Leser im Forum *vietnam.de*.

Am 2. Mai 2016 war auf den Seiten der *Stimme Vietnams* zu lesen, dass der neuberufene Premierminister Nguyễn Xuân Phúc das Ministerium für Umwelt und Bodenschätze (MONRE) aufforderte, nach dem Grund des Fischsterbens zu suchen. Dazu sollte das Ministerium für Wissenschaft und Technologie mit ausländischen Spezialisten zusammenarbeiten. Bereits einen Tag später berichtete die *Thanh Niên News* über ein Treffen mit Wissenschaftlern aus den USA, Israel und Deutschland in Hanoi. In dem Artikel betonte der Minister, dass alle in Frage kommenden Unternehmen geprüft werden, einschließlich Formosa, und sich niemand schützend vor die Verursacher der Katastrophe stellen werde. Die in ihrer Existenz bedrohten Tausenden Fischer werde die Regierung mit 4500 Tonnen Reis versorgen und zudem 2,3 Millionen Euro zur Verfügung stellen. In dem Beitrag stand auch, dass das Umweltministerium im Hinblick auf das Fischsterben zugegeben habe, zu langsam reagiert zu haben. Eine selten zu lesende öffentliche Selbstkritik.

Die salzige Fischsoße *nước mắm* aus fermentierten Sardinen, ohne die kein vietnamesisches Gericht in die Schüsseln und auf die Teller kommt, ging seit dem Umweltskandal massenhaft über die Ladentische der Supermärkte. Obwohl die Regierung dazu aufgerufen hatte, die angelandeten toten Tiere zu vernichten, trauten viele Menschen ihren Landsleuten zu, den Fisch doch noch irgendwie zu Geld zu machen. Auf Kontrollen könne man sich bei einer galoppierenden Korruption sowieso nicht verlassen, hieß es in sozialen Netzwerken. Der BBC zufolge hatten Internetnutzer Schwierigkeiten mit dem Versenden von SMS-Nachrichten, die Begriffe wie »Fischsterben«, »Demonstration« und »Formosa« beinhalteten.

Wie unterschiedlich die Regierungsriege mit dieser Katastrophe umging, zeigten zwei Nachrichten: Auf der Parlament-Website wurde berichtet, dass Ex-Premierminister Nguyễn Tấn Dũng am 1. Mai 2016 bei einem Live-Konzert des in Vietnam bejubelten Sängers Đàm Vĩnh Hưng darum gebeten hatte, für ihn das Lied »Thành phố buồn«, »Die traurige Stadt«, zu singen. Das Lied war vor 1975 im Süden Vietnam komponiert und nach Kriegsende lange durch die kommunistische Partei, in der Nguyễn Tấn Dũng Karriere machte, verboten worden. Eine Woche zuvor besuchte der alte und neue KP-Generalsekretär Nguyễn Phú Trọng demonstrativ Formosa, um sich über die Baufortschritte unterrichten zu lassen. Zu den von der Katastrophe betroffenen Menschen am Meer kam er nicht.

Im Zusammenhang mit dieser Katastrophe sah das *Wall Street Journal* am 19. Mai 2016 »ein Glaubwürdigkeitsproblem der Regierung und einen Test, inwieweit die Menschen in Vietnam die Nachteile des halsbrecherischen Wirtschaftswachstums zu tragen bereit sind«. Am selben Tag zitierte die Deutsche Welle den Politologen Jonathan London von der City University of Hongkong: »Die Art der Stellungnahmen hat dem Verdacht Vorschub geleistet, dass die Sache heruntergespielt oder bestimmte Interessengruppen geschützt werden sollen. So kam zur Naturkatastrophe noch eine PR-Katastrophe.« Die Partei müsse aufhören, Probleme auf feindliche Kräfte zu schieben, meinte London. Auf die in vielen Städten des Landes über Monate anhaltenden Demonstrationen antwortete der Staat mit Verhaftungen unter dem Vorwand, dass terroristische Organisationen das Fischsterben ausnutzen würden, um gegen die Regierung mobilzumachen. Diese Organisationen würden aus den USA finanziert.

Ein Vierteljahr nach Beginn des Fischsterbens gab die Regierung bekannt, dass das taiwanesische Stahlunternehmen Formosa der Verursacher der Umweltkatastrophe war. Toxische Chemikalien, einschließlich Phenol und Cyanid, hätten dazu geführt, hieß es auf einer Pressekonferenz am 30. Juni in Hanoi. Dort entschuldigte sich der Geschäftsführer des Stahlherstellers, Chen Yuan Cheng, für den Vorfall in einem zuvor aufgezeichneten Video. Laut *forbes* vom 4. Juli 2016 werde das Unternehmen eine halbe Milliarde Dollar Entschädigung zahlen.

Das Fischsterben an der Zentralküste ist nicht Vietnams erster Umweltskandal. 2008 wurde publik, dass ebenfalls ein Unternehmen aus Taiwan, VEDAN, Produzent für die Herstellung von Ausgangsstoffen des Geschmacksverstärkers Glutamat und von Düngemitteln, zwei Abwasserleitungen in den Fluss Thị Vải in der südlichen Provinz Đồng Nai nahe Ho-Chi-Minh-Stadt betrieb. Eine für Routineuntersuchungen, die andere illegal – eine oft übliche Praxis in Vietnam. Doch 2008 seien die offensichtlichen Schäden des Flusses nicht mehr zu kaschieren gewesen. Ein rötlichbrauner Giftcocktail aus hoch toxischen Verbindungen vernichtete alles Leben in dem Gewässer. Die öffentliche Empörung war groß, Umweltschutz war erstmals ein öffentlich beachtetes Thema. Jedermann diskutierte darüber in Seminaren und Konferenzen. Knapp 7000 Bauern und ihre Familien waren betroffen. Erstmals hätten sich Anwälte in einem Schadensersatzprozess nach amerikanischem Vorbild eingeschaltet. Regierung und Anwohner seien großzügig entschädigt worden. Das Unternehmen sah seinen Ruf ruiniert, produziert heute aber immer noch. Der Umweltwissenschaftler Michael Zschiesche schreibt dazu in einer Publikation im Jahr 2013: »Durch den VEDAN-Fall zeigte die vietnamesische Regierung, dass sie jederzeit Unternehmen an den Pranger stellen kann. Doch 2010 registrierten die Umweltpolizeibehörden 43 Prozent mehr Fälle als 2009, wo vietnamesische Unternehmen mit zwei Abwasserleitungen operierten.« Nach offiziellen Angaben der Behörden gab es in dem Jahr 6500 Fälle von illegalen Einleitungen in Flüsse und Kanäle, 2011 bereits 7868.

Zweiklassengesellschaft – Gesundheit kostet

Vietnam investiert viel in die Gesundheitsvorsorge seiner Bevölkerung. Die Ausgaben hierfür umfassen etwa sechs Prozent des BIP. Ich war selbst schon in einer Klinik in Hanoi. Die Räume waren sauber, die Technik modern. Von der Aufnahme über notwendige Untersuchungen – Blutabnahme, Röntgenaufnahmen und Konsultation des Facharztes – verging wenig Zeit. Eine Krankenschwester begleitete mich mit meiner Akte unter dem Arm von Station zu Station. Ein Ärzteteam bewertete die Ergebnisse. Während meiner Wartezeit bekam ich ein Mittagessen in der Kantine, wo sich auch andere Patienten am Buffet bedienen konnten. Mein Eindruck war, samt der sich im Nachhinein herausstellenden richtigen Diagnose: Da sind Profis am Werk. Die Schwestern, von denen es sehr viele gab, waren freundlich und zuvorkommend. Ich war allerdings in einer Privatklinik – ach so, werden Sie jetzt sagen –, wo ich die Untersuchungen und Dienstleistungen bar bezahlen musste, einen Betrag unter 100 Euro, den schließlich meine Krankenversicherung ersetzte. Einen Luftpostbriefumschlag musste ich niemandem zustecken.

Viele Mediziner und Spezialisten in Vietnam haben auch international einen guten Ruf. Ihre Kenntnisse und Fähigkeiten beruhen oft auf Studienaufenthalten in Russland, Deutschland und den USA. Kaum ein Vietnamese, der das Geld dafür hat, lässt sich im Ausland behandeln, wenn in Vietnam die dafür notwendigen technischen Möglichkeiten dem führenden, internationalen Standard entsprechen. Doch genau da liegt das Problem. Denn diesen internationalen Standard gibt es nur in Privatkliniken und in Sonderabteilungen der staatlichen Krankenhäuser.

Die normalen staatlichen Krankenhäuser sehen anders aus. Völlig überfordertes, unterbezahltes Personal, das geschmiert werden will, und kaum technische Möglichkeiten. Es existieren Berichte, wonach sich bis zu sechs Patienten ein Bett teilen müssen. Wer gerade operiert ist, darf dort liegen, die anderen müssen mit Matten auf dem Boden vorliebnehmen. Alle paar Stunden wird gewechselt. Es ist üblich, dass sich die Angehörigen um den Kranken kümmern, ihm Essen bringen und sich auch sonst um ihn rund um die Uhr sorgen. Dabei übernehmen sie auch mal das Verbinden kleinerer Wunden, wofür das Personal keine Zeit hat. Vor allem auf dem Land mangelt es an moderner Diagnostik.

»Das Gesundheitswesen wird [...] entweder über Regierungsmittel, aus der eigenen Tasche der Bevölkerung oder mittels einer Krankenversicherung finanziert«, schreibt der deutsche Anwalt Oliver Massmann in einem Blog zum Thema Pharmaindustrie und Arzneimittelmarkt in Vietnam. Massmann ist wie erwähnt Generaldirektor der international aufgestellten Wirtschaftskanzlei Duane Morris Vietnam LLC mit Sitz in Hanoi. Er berät die vietnamesische Regierung in Wirtschaftsfragen und zahlungskräftige internationale Investoren bei der Durchführung ihrer Projekte im Land. Besonders beachtlich bei der Kostenverteilung im Gesundheitsbereich sei der Unterschied zwischen öffentlichen und privaten Ausgaben, meint Massmann. »Während der Privatwirtschaft fast drei Viertel der Ausgaben zugerechnet werden, erbringt der öffentliche Sektor nur ein Viertel davon.« Wer es sich leisten kann, bezahlt eine Herz-OP bar und weiß sich dabei in guten Händen vietnamesischer Ärzte und Schwestern. Ein drittes Kind, dass der staatlich propagierten Zwei-Kind-Politik widerspricht – wer sich nicht danach richtet, muss mit Bußgeldern, Lohn- und Gehaltskürzungen bis zur Verweigerung eines anstehenden Karrieresprungs rechnen –, kann ohne dass die Eltern Probleme mit den Behörden bekommen in privaten Abteilungen und Kliniken zur Welt gebracht werden.

Besonders die arme Bevölkerung leidet unter der Zweiklassenmedizin. Bis 2020 soll für 90 Prozent der Bevölkerung eine bezahlbare Krankenversicherung eingeführt werden, die gesundheitliche Risiken zu 100 Prozent abdeckt, wie *Die Stimme Vietnams* am 3. Juni 2016 Premierminister Nguyễn Xuân Phúc zitierte.

Bisher übernimmt der Staat die Kosten für ärztliche Behandlungen zu 100 Prozent für Patienten aus armen Familien und ethnischen Minderheiten. Menschen, die an Krebs leiden, und Angehörige gefallener Soldaten bekommen fast alle Krankenhauskosten bezahlt. Der große Teil der Bevölkerung verfügt bisher über keine oder eine unzureichende Versicherung. Kosten für Arzt, Medikamente und Krankenhausaufenthalte lasten auf dem verzweigten Netzwerk der Familien und sich solidarisch verhaltenden Dorfgemeinschaften. Das Einzahlen in eine Gemeinschaftskasse, aus der in Notfällen das Geld dafür aufgebracht wird, hat in Vietnam Tradition und ist vereinzelt noch üblich.

Soziale Gerechtigkeit – 800 Streiks im Jahr

Die etwa 800 Streiks, die Vietnam laut Bertelsmann Stiftung im Jahr erlebt, haben meistens mit den für Vietnamesen unsicheren Aussichten auf Sozialleistungen zu tun. In Großbetrieben der Textil-Zulieferindustrie mit nicht selten über 100 000 Beschäftigten verließen 2015 Tausende für mehrere Tage ihre Arbeitsplätze, um gegen die von der Regierung geplante Sozialleistungsreform zu demonstrieren. »Diese würde die sonst üblichen Abfindungen für in Rente gehende Arbeiter schmälern«, berichtete die Deutsche Welle am Anfang April 2015. Anstelle der üblichen Einmalzahlung bei Kündigung sollten sie ab 2016 einen monatlichen Zuschuss zur Sozialversicherung erhalten. Dieser würde allerdings erst fällig, wenn sie das Rentenalter erreicht haben, die Frauen mit 55 Jahren, die Männer mit 60. Doch das ist für die jungen Leute, die Geld zum Überbrücken einer eventuellen Arbeitslosigkeit brauchen, kein akzeptables Angebot. Betroffen von derartigen Streiks waren bisher auch Zulieferer deutscher Unternehmen wie Adidas und BMW.

Ein Hörer aus Deutschland wollte von der *Stimme Vietnams* wissen, wie hoch der Mindestlohn im Land ist. Der Sender antwortete: »Der allgemeine Mindestlohn in Vietnam entspricht dem Grundgehalt der Beamten, Angestellten und Angehörigen der Streitkräfte.« Der Mindestlohn wird in vier Kategorien – je nach Region – eingeteilt und beträgt für ungelernte Arbeiter zwischen 2 400 000 Đồng (umgerechnet ca. 100 Euro) und 3 500 000 Đồng (umgerechnet ca. 140 Euro). Der Lohn von Facharbeitern soll mindestens um sieben Prozent über den jeweiligen regionalen Mindestlöhnen liegen. Nach Plänen des vietnamesischen Arbeitsministeriums MOLISA sollen die Löhne auch in den kommenden Jahren weiter ansteigen. Denn trotz jährlicher Erhöhungen reicht der Mindestlohn ungelernter Arbeiter immer noch nicht aus, die Grundbedürfnisse abzudecken.

Der Anteil der Menschen, die in extremer Armut leben, liegt laut des deutschen Bundesministeriums für wirtschaftliche Zusammenarbeit und Entwicklung bei 3,23 Prozent (2012). Das heißt, dass ein Mensch mit weniger als 1,90 US-Dollar pro Tag auskommen muss. Die Anzahl der Kinder, die vor ihrem fünften Geburtstag sterben (pro 1000 Lebendgeburten), beläuft sich in Vietnam auf 21,7, die Lebenserwartung liegt bei knapp 76 Jahren (2015). Laut einer ersten Studie zur Kinderarbeitssituation in Vietnam, die im März 2014 von der Internationalen Arbeitsorganisation (ILO) und vom vietnamesischen Arbeits- und Sozialministerium veröffentlicht wurde, müssen 1,75 Millionen Mädchen und Jungen im Alter zwischen fünf und 17 Jahren arbeiten. Das sind fast zehn Prozent aller Kinder dieser Altersklasse, ein Drittel davon mehr als 42 Stunden in der Woche. Bis 2020 will die Regierung die Kinderarbeit abschaffen.

Zur sozialen Versorgung springt in Vietnam oft die Familie ein. Alte Menschen werden von ihren Angehörigen verpflegt, eingekleidet und umsorgt. Das schließt ihre Pflege bei Gebrechlichkeit und Krankheit ein. Der Tradition nach fällt diese Aufgabe dem ältesten Sohn und seiner Familie zu. Wer allerdings ganz allein leben muss, ist nicht nur arm dran, sondern in den Augen der Gesellschaft bedauernswert.

Bildung für alle – eine Erfolgsgeschichte

Lehrer in Vietnam sind hoch geachtet, werden als Autorität wahrgenommen, aber verdienen sehr wenig. Die Klassenstärke mit bis zu 50 Schülern ist mit der unsrigen nicht vergleichbar. Viele Schulbücher entsprechen nicht den heutigen Erkenntnissen an moderne Lehrpläne. »In der Vergangenheit sahen sie aus wie Telefonbücher: von oben links bis unten rechts eine einzige Bleiwüste«, schrieb die Deutsche Welle dazu.

Frontalunterricht ist überall vorherrschend. Ein ausdauerndes, vorbehaltloses Auswendiglernen ohne die Möglichkeit, Fragen zu stellen, gehört dabei zum Erbe des Konfuzius. Und doch langweilen sich die Kinder in Vietnam nicht. Sie gehen gern zur Schule, sind überaus fleißig und gewissenhaft bei der Erledigung der Hausaufgaben. In die Schule gehen (können) heißt, eine Zukunft zu haben. Das wissen inzwischen die meisten Eltern, ob arm oder reich, ob auf dem Land oder in der Stadt. Jede noch so mittellose Bauernfamilie versucht das Geld für Schulkleidung und Bücher aufzutreiben mit dem Ziel, wenigstens eines ihrer Kinder länger als fünf Jahre lernen zu lassen. Bis dahin reicht die fünfjährige kostenlose Grundschulausbildung, für die die Familien aber Arbeitsleistungen oder finanzielle Unterstützung für den Erhalt des Schulgebäudes erbringen müssen. Dort lernen ihre Kinder Lesen, Schreiben und die Grundrechenarten. Zudem werden sie in Natur- und Heimatkunde und in den Regeln des Zusammenlebens unterrichtet. Onkel Hô hat dabei eine Vorbildfunktion. Nach einer schriftlich bestandenen Übergangsprüfung erfolgt die Aufnahme der Kinder in die 6. bis 9. Klasse. Wenn sie diese beendet haben sind sie 14 Jahre alt und können nach einer weiteren erfolgreich verlaufenden Leistungskontrolle die 10. bis 12. Klasse besuchen. Wer das Zeugnis der 12. Klasse in der Tasche hat und studieren möchte, muss noch eine Aufnahmeprüfung für den Besuch einer Hoch- oder Fachschule bestehen.

Um diesen Prozess erfolgreich zu durchlaufen, brauchen die

Familien nicht nur Geld, sondern auch einen Wohnort in der Nähe einer Schule. Auf dem Land sind die Wege dorthin weit und nur selten gibt es Schulbusse. Bessere Bildungseinrichtungen, mit oft 4000 bis 5000 Kindern in einer Schule, gibt es nur in den Städten. Hier bringt die erfolgreiche Mittelschicht ihren Nachwuchs in den Kindergarten. Dort lernen schon Dreijährige neben der Landessprache Englisch oder Französisch. Am Nachmittag haben die Kleinen dann noch ein volles Programm, mit Musik-, Tanz- oder Zeichenunterricht, dem Erlernen eines Instruments und zusätzlichem Unterricht in einer Fremdsprache.

Trotz schlechter Bedingungen schneiden vietnamesische Schüler bei internationalen Vergleichstests wie der PISA-Studie gut ab: 2012 belegte Vietnam den 20. Platz im Lesen, einen hinter Deutschland, in Mathematik lag es auf dem 17. Rang, auch hier einen hinter Deutschland, und in Naturwissenschaften auf Platz 8. Deutschland wurde hier Zwölfter. Gründe für das gute Abschneiden sehen Bildungsforscher in der hohen Wertschätzung, die Fleiß, die Bereitschaft, sich anzustrengen, und Lernen in der Gesellschaft genießen. Fleiß wird von den Eltern, den Lehrern und der Gesellschaft belohnt. Vietnamesische Kinder haben auch in Deutschland oft sehr gute Noten – auch hier zum Stolz ihrer Eltern.

Bildung kostet, und die Eltern, die die Karriere ihrer Kinder frühzeitig planen, lassen es sich was kosten. Der Besuch von Privatschulen kann ein paar Tausend Dollar im Monat betragen. Ein Budget, das immer mehr Familien zur Verfügung haben und dafür gern ausgeben, noch bevor sie sich ein Auto oder anderen Luxus leisten würden. Ein Studium in Vietnam ist für Kinder aus gut situierten Familien nicht erstrebenswert, da viele Bildungsabschlüsse international nicht anerkannt sind. Vor allem sind, so die Bertelsmann Stiftung in ihrem Länderreport 2016, »die sozialen und politischen Wissenschaften durch die Zensur verkümmert«. Auch aus diesen Gründen schicken die politischen und wirtschaftlichen Eliten ihre Kinder gern zum Studium ins Ausland. Gefragte

Ziele sind vor allem Singapur, die USA, Japan, Kanada, die nordeuropäischen Länder wie Finnland, Norwegen und Schweden sowie Deutschland. Viele der Studenten liebäugeln mit einem Job bei einem Unternehmen in dieser für sie neuen Heimat und einem Bleiberecht, vielleicht durch Heirat. Doch die Regierung hat längst erkannt, dass dem Land durch diese Praxis enorme immaterielle Werte verloren gehen. Nach Angaben des Bundesministeriums für Bildung und Forschung (BMBF) ist der Staat seit 2006 bestrebt, mit der Higher Education Reform Agenda Defizite wie den unzureichenden Praxisbezug in Lehre und Ausbildung abzubauen. Bis 2020, so das Ziel, will Vietnam vor allem in den Bereichen Fremdsprachen und PC-Kenntnisse Fortschritte erzielen. Zudem sucht das Land nach »internationalen Kooperationen, um gemeinsame Studiengänge aufzubauen und die fachliche Qualifikation des akademischen Personals zu verbessern«.

Die Vietnamese German University (VGU) in Ho-Chi-Minh-Stadt gilt als »Leuchtturm« in der vietnamesischen Bildungslandschaft. Sie ist eine von vier der in den letzten Jahren entstandenen Forschungsuniversitäten in Kooperation mit anderen Ländern wie Frankreich, Japan und Russland. Bei meinem Besuch im September 2013 konnte ich mich davon überzeugen, wie dort Wissenschaft und Praxis Hand in Hand gehen. An der VGU lernt man die Theorie, untermauert mit praktischen Übungen in Labors. Der echte anwendungsbezogene Teil der Ausbildung erfolgt dann bei Pepperl und Fuchs – das Mannheimer Unternehmen der Automatisierungstechnik hat einen Standort in Ho-Chi-Minh-Stadt. Unirektor Jürgen Mallon sagte mir damals, dass er den engen Praxisbezug zur deutschen Wirtschaft und Industrie ausbauen wolle. Inzwischen zählen weitere deutsche Firmen wie Adidas und die Zwilling J.A. Henckels Ltd. aus Solingen zum Portfolio des Aushängeschildes deutscher Wissenschaft und Wirtschaft in Vietnam.

Finanziert wird die VGU mit Landesmitteln aus Hessen und Baden-Württemberg sowie Geldern vom Bundesministerium für

Bildung und Forschung. Das Fundament für die technisch-naturwissenschaftliche Ausrichtung bildet ein gemeinnütziger Trägerverein, dem über 30 deutsche Hochschulen, darunter der Verbund der neun größten technischen Universitäten Deutschlands, angehören. Professoren fliegen für Blockseminare aus Europa ein. Angeboten werden Bachelor- und Master-Studiengänge, auch eine Doktoranden-Ausbildung. Unterrichtssprache ist Englisch. Die künftigen Forschungsfelder wie Umwelttechnik und Biotechnologie orientieren sich am Entwicklungsbedarf Vietnams. Die Studenten erwerben einen deutschen und einen vietnamesischen Hochschulabschluss.

Als mich Mallon zum Interview empfing, saß er noch in provisorischen Räumen. Die Uni zählte 500 Studenten. Damals liefen die Vorbereitungen für einen eigenen Campus in der Industriezone Bình Dương, 40 Kilometer vor Ho-Chi-Minh-Stadt. Bis 2017 sollen dort interdisziplinäre Forschungszentren, Verwaltungsgebäude, Studentenwohnheime, Sport- und Fitnessplätze für ein internationales Flair sorgen. Die Uni soll dann Platz für 5000 Studenten haben, so das Ziel für 2020.

Im Jahr 2013 waren landesweit 2,26 Millionen Stunden eingeschrieben, bei einem akademischen Lehrkörper von 84 000 Personen. Die Nationaluniversitäten in Hanoi mit 36 500 Studierenden (2015) und in Ho-Chi-Minh-Stadt, sowie die Hanoi University of Science and Technlogie (HUST) mit etwa 30 000 Studenten (2015), sind die größten Universitäten des Landes. Die HUST ist traditionell mit einer großen Anzahl von deutschen Universitäten und Hochschulen verbunden«, heißt es beim BMBF. »Etwa 30 Professorinnen und Professoren haben einen Teil ihrer wissenschaftlichen Ausbildung in Deutschland absolviert.«

Akademiker und Nachwuchswissenschaftler werden in der vietnamesischen Wirtschaft dringend gebraucht. Doch 200 000 Absolventen waren laut Aussage des stellvertretenden Ministers für Bildung und Ausbildung, Bùi Văn Ga, in der englischsprachigen *Việt Nam News* im Juni 2016 erwerbslos.

Bereits 2006 investierte Vietnam 17 Prozent des Staatshaushaltes in den Bildungsbereich des Landes, das war damals mehr als doppelt so viel wie Deutschland. Vier Jahre später waren es 21 Prozent, »ein größerer Anteil als in jedem OECD-Land«, wie die BBC schrieb. Wiederum drei Jahre später betrugen diese Ausgaben 6,3 Prozent des BIP. Das lag 2015 nach Angaben der Weltbank bei 191,5 Milliarden US-Dollar.

Dennoch kommt das BMBF zu dem Schluss, dass »eine systematische Berufsvorbereitung, verbunden mit einer Berufsberatung, nur in Ansätzen« vorhanden ist. Nur 13 Prozent der arbeitsfähigen Bevölkerung haben eine abgeschlossene Facharbeiterausbildung vorzuweisen. Auch stünden zu wenig gut ausgebildete Lehrer an den Berufsschulen zur Verfügung.

Kunst und Kultur – trotz Zensur sehr lebendig

Die bildende Kunst in Vietnam ist trotz Zensur sehr aktiv. Herrschte in den Nachkriegsjahren noch eine sozialistische Routine, die in heroischen Siegerposen, Abbildungen von Arbeitern und Bauern unter wehenden Fahnen die Propaganda der Kommunistischen Partei bediente, hat sich das Bild heute völlig gewandelt. Weit entfernt vom sozialistischen Realismus sind die Arbeiten der jungen Maler, die sich trauen, die Gesellschaft bewegende Themen wie Korruption, Machtmissbrauch, Umweltschutz, Gleichberechtigung von Frau und Mann, Homosexualität künstlerisch umzusetzen. Dabei vernachlässigen sie nicht ihre kulturelle Identität, im Gegenteil, sie setzen sie bewusst als Stilmittel ein. Auf dem Weg der Erkenntnis, der aus vielen Umwegen bestand und der längst noch nicht abgeschlossen ist, hat sie eine Deutsche begleitet: Veronika Radulovic. Die Künstlerin aus Bielefeld wohnte und arbeitete von 1993 bis 2006 in Hanoi. Es war ein Leben mit »Sicherheitsabstand«. So ähnlich heißt ihr Buch, *Sicherheitsabstand. Vietnam. Kunst. Politik. Freundschaften. Eine*

Annäherung über die Zeit, in der sie als Gastdozentin des DAAD der vorherrschenden konservativen Ausbildung an der Hochschule für Kunst Hanoi die Stirn bot, den Studenten Mut machte, mit ihnen Ausstellungen organisierte, die Vietnam so noch nie gesehen hatte.

Das alles war ein Selbstfindungsprozess, und zwar sowohl für sie wie auch die jungen Künstler. Radulovic erarbeitete sich in immer wieder neuen Anläufen die schwierige traditionelle Lacktechnik *son mài*: lackieren, trocknen an der Luft, lackieren, später schleifen, polieren. Unzählige Farbschichten liegen übereinander. Ihre Studenten zweifelten an den Aussagen ihrer Lehrerin. Sie probierten sich aus, zweifelten wieder, diesmal an ihren eigenen Fähigkeiten und der Wirkungsweise ihrer Werke auf die Partei, ohne deren Genehmigung nichts möglich war, weder in den Räumen der Hochschule noch außerhalb. Aber sie wollten internationalen Erfolg, sie wollten gesehen werden, die Gesellschaft verändern. Vielleicht. Und Geld mit ihren Arbeiten verdienen. Radulovic stand dazwischen. Dort die Studenten, die Partei, die fremde Kultur, da ihre Erfahrungen, ihre Vorstellungen über zeitgenössische Kunst und die Auseinandersetzung darüber. Ob ihre Studenten, die vom Alter her hätten ihre Kinder sein können, über sie oder mit ihr lachten, wenn sie mit ihnen im Kreis zusammensaß und scherzte, konnte sie nicht deuten. »Wir redeten so oft aneinander vorbei.«

Sie blieb eine Fremde, zu Hause in einer Altstadtgasse in Hanoi. Ich habe sie niemals dort, aber 2015 in Berlin, in ihrem Atelier, besucht. Ein Satz, den sie mir damals sagte, blieb mir besonders im Gedächtnis hängen: »Hanoi ist nicht mehr mein Hanoi.« Ihr Hanoi bestand in kontrovers geführten nächtlichen Diskussionen darüber, was Kunst ist, was Kunst darf, wie weit ein Künstler unter dem wachsamen Auge der Partei sich verwirklichen kann. Was ist eine Performance? Die Frage blieb unbeantwortet, im Direktionszimmer der Hochschule. »Performance war und blieb ein Schlag ins Gesicht der Staatskunst«, sagt Radulovic. »Wenn du dich mehr auf das verlassen würdest, was du siehst, dann würdest du vielleicht viel stärker dahin kommen zu erkennen, was ich dir sagen wollte.« Auch so ein Spruch von ihr. Sie kam in einer Zeit, in der Kleider wichtiger waren als Leinwand. Und sie ging, als sich die junge Kunst in Vietnam ihrer unverwechselbaren Ausdrucksstärke bewusst wurde, sich experimentelle Räume, Nischen in dem Häusermeer der Großstädte suchte, für ihren ganz eigenen Weg in die Welt.

Heute gibt es zahlreiche Galerien in Hanoi und Ho-Chi-Minh-Stadt, die nicht den nostalgischen Phantasien der Käufer folgen, sondern den Zeitgeist international gefragter Werke präsentieren. Bilder für den touristischen Markt, der exotisch, romantisch, fernöstlich, folkloristisch daherkommt, gibt es dennoch an fast jeder Ecke. Manche Künstler bedienen des Geldes wegen beide Nachfragen.

Zensoren schauen nach wie vor ganz genau hin, wenn sich Menschen, ob Einheimische oder Ausländer, in ihrem Land künstlerisch betätigen. Begleitet von elektronischer Musik, gespielt vom bekannten DJ Tri Minh, verwandelten die Lichtdesigner The Core aus Berlin im November 2015 die Fassade des Fine Arts Museums in Hanoi in ein Lichtkunstwerk. Ein lebendiges Kunstmuseum, eine Performance. Geht das zu weit? Ist das zu zensieren? Veranstalter war das Goethe-Institut Hanoi. Seit seinem Bestehen im Jahr 1997 ist es mit einem Pendant in Ho-Chi-Minh-Stadt ein verführerischer Ort besonders für junge Menschen, die Deutsch lernen und sich ausprobieren wollen. Hier darf die Kunst provokativ, unbequem und kritisch sein. Drei Adjektive, die jedem Genossen aus der Hanoier Parteizentrale die Haare zu Berge stehen lassen. Dank eines bilateralen Kulturabkommens zwischen Deutschland und Vietnam brauchen Veranstaltungen des Institutes keine Genehmigung der Behörden. Also gibt es auch keine Zensur, keine Verbote, kein Wegsperren von Kunst. Die schöne, alte restaurierte Villa mit Lehrerzimmer, Büros, modernster Bibliothek, Unterrichtsräumen und einem Restaurant ganz in der Nähe des Tempels der Literatur, Văn Miếu, lädt übers Jahr zu vielen sehenswerten Ausstellungen, Filmabenden und Aufführungen ein, die alle ein Ziel haben: Förderung des interkulturellen Dialogs.

Theaterensembles haben es schwer, im mobilen und vernetzten Vietnam zu bestehen. Angesichts des mit 70 Sendern, auch aus dem Ausland wie den USA, China, Japan und Deutschland, über die Mattscheiben flimmernden Fernsehprogramms bleiben die Leute lieber zu Hause. Shows, die das Leben der Diaspora nur von seiner schönen Seite zeigen, Doku-Soaps, in Vietnam produzierte oder aus Indien und China mit Untertiteln, Koch-, Kinder- und Sportsendungen bestimmen neben Nachrichten und dem für die Landbevölkerung wichtigen Wetterbericht das Programm. Werbung füllt ganze Stunden, wobei diese manchmal lustig ist, wenn ein sich selbst reinigendes WC aus Japan die Herzen der Verbraucher höherschlagen lassen soll. Dabei gibt es Menschen im Land, die ihr neues Haus ohne Toiletten bauen, weil sie es gewohnt sind, aufs Feld zu gehen, und dafür nicht extra einen Raum reservieren wollen. Auch das ist ein Stück Kultur, über das man ein Theaterstück schreiben könnte.

»Drei Mal fünf Sekunden: Mehr Sex pro Film wollen die Behörden in Zukunft nicht mehr erlauben«, berichtete der dpa-Newskanal am 22. September 2015. Die Pläne würden Filmemacher und Kinofans auf die Barrikaden treiben. Vietnamesische Medien wie *vietnamnet.vn* schrieben, dass sich die Regisseure Nguyễn Thanh Vân und Bùi Tuấn Dũng mit Kritik nicht zurückhalten würden. Es komme nicht auf die Länge einer Sexszene an, sondern auf deren Qualität.

»Regierungen sind manchmal nervös wegen der Kunst. Aber wenn man die Kunst unterdrückt, unterdrückt man die Träume und Hoffnungen des Volkes«, zitierte *Die Zeit* Barack Obama während seines Vietnam-Besuchs im Mai 2016. Bei einer Zusammenkunft mit 800 Mitgliedern der Young Southeast Asian Leaders Initiative, einer Organisation in Ho-Chi-Minh-Stadt, die den Bildungs- und Kulturaustausch fördert, hatte der Präsident der USA mehr Kunst- und Meinungsfreiheit gefordert. Seit einigen Jahren probiert die Jugend Vietnams aus, wie weit sie damit gehen kann. Spontan organisierte Flash-Mobs mit klassischer Live-Musik treffen den Nerv vieler Städter. Sie sind originell und kosten nichts für die Zuhörer. Dennoch haben alle ihren Spaß. Außerdem tragen die Musiker Instrumente auf die Straße, deren Form und Klang sonst nur in Sälen zu erleben ist, für deren Besuch Menschen vom Land meistens das Geld fehlt.

Einen kulturellen Schatz bewahren die 54 Ethnien. Ihre Gesänge, Tänze, ihre Webkunst und selbst ihre Schrift sind Jahrhunderte alt. Vietnam ist stolz auf die bisher von der UNESCO als immaterielles Kulturerbe der Menschheit anerkannten zehn Rituale, Tänze und Gesänge. Dazu gehört das Tauziehen bei traditionellen Festen, die Volkslieder im *quan họ*-Stil und der Ahnenkult der Hùng-Könige in der nordöstlichen Provinz Phú Thọ.

Tourismus – ein stotternder Wirtschafts-motor

Bunte Vielfalt: Zu Gast bei einigen der 54 Ethnien

Mèo Vạc ist schön. Landschaftsmaler wären entzückt von den 1500 Meter hohen grandiosen Bergketten, die im sommerlichen Morgengrauen an chinesische Tuschzeichnungen erinnern. Eine grüne Sinfonie aus Kiefern und Zedern geht ohne Unterbrechung in Regenwälder über. Bananen- und Palmenhaine sind das Werk von Menschen, die seit Jahrhunderten Bergreis, Mais und Süß-kartoffeln auf terrassenförmigen Feldern den steilen Hängen ab-ringen. Besucher erwartet hier ein noch weitgehend unentdeck-tes Vietnam, Hochstraßen mit atemberaubenden Aussichten und gastfreundliche Menschen.

Die Provinz Hà Giang ist jedoch so entlegen, dass sich nur vereinzelt Fremde hierher auf den Weg machen. Sie brauchen eine polizeiliche Durchreisegenehmigung, die von den lokalen Behörden ausgestellt wird. Kaum ein Reiseführer hat diese Ge-gend überhaupt schon einmal beschrieben. Wie immer sind es Backpacker, die weit vor den ersten geführten Reisegruppen in Homestays übernachten und mit Hand und Fuß den Kontakt mit Einheimischen suchen. Die hier lebenden Ethnien, die H'mông, die Schwarzen Tày und die Schwarzen Dao sowie Volksgruppen, die wie die Roten-, Weißen- und Blumen-Lô Lô nur etwa 1200 Mitglieder zählen, sprechen ihre eigenen Sprachen und Dialekte. Sie sind reich an Kultur, aber führen ein ärmliches Dasein. Der Staat versucht vergessene Traditionen der Bergvölker zu pflegen und ihre kargen Lebensverhältnisse auch durch den Tourismus zu verbessern.

Diese Art Wirtschaftsförderung im ländlichen Raum hat einen nachweisbar positiven Effekt auf die Entwicklung einst rückständiger Gebiete. Seitdem Anfang der 1990er Jahre die Regierung den Fremdenverkehr mit einer immer besser werdenden Infrastruktur, vor allem dem Ausbau von Straßen und der Anbindung an das Elektrizitäts- und Funknetz förderte, profitiert die Bevölkerung in allen Landesteilen vom Tourismus.

Die kleine Bergstadt Sa Pa in der von Hà Giang benachbarten Provinz Lào Cai ist der heute bekannteste Trekkingort Nordvietnams. Von hier aus starten Touren zum höchsten Berg des Landes, dem 3143 Meter hohen Phan Xi Păng (Fansipan). Reisende können sich heute den zuvor zweitägigen, mühsamen Aufstieg sparen. »Die längste dreikabelige Seilbahn der Welt bringt Besucher auf das Dach Indochinas«, berichteten vietnamesische Medien Anfang 2016. Schon die Franzosen fanden es über den Wolken angenehm kühl. Um 1880 bauten sie eine Bergstation, mit dem Ziel, ein zweites Đà Lạt, eine Sommerfrische wie im Zentralen Hochland, zu errichten. Sa Pa gilt wegen der sich hier konzentrierenden kalten Kontinentalwinde aus China als der kälteste Ort in Vietnam mit den niedrigsten Temperaturen. Der Monsun, der Hanoi in den heißen Sommermonaten in ein Treibhaus mit beschlagenen Scheiben verwandelt, macht Reisenden zu dieser Jahreszeit aber oft einen Strich durch ihre geplanten Routen in den Norden. Starkregen kann zu Erdrutschen an vielen, mittlerweile gerodeten Hängen führen, unter denen sich steile, befestigte Straßen kurvenreich entlangschlängeln.

Fünf Nachtzüge mit Liegewagen starten in Hanoi mit dem Ziel Lào Cai an der chinesischen Grenze. Um Sa Pa zu erreichen, müssen die Reisenden nach ihrer Ankunft in der Grenzstadt in Busse umsteigen, die sie in den 38 Kilometer entfernt liegenden Ort bringen. Sa Pa selbst hat keine Bahnstation. Seit Herbst 2014 führt eine Maut-Autobahn von der Hauptstadt über Yên Bái nach Lào Cai. Viele private Reiseunternehmen bieten seitdem den Transport mit Minibussen an.

Die Regierung will die Provinz im Nordwesten Vietnams stärker entwickeln. Dafür investiert sie in den Bau eines Flughafens, die Modernisierung der Eisenbahnstrecke nach Hanoi und den Ausbau der Wirtschaftszone am Grenzübergang zu China.

Wer nach Sa Pa reist, kommt nicht wegen der Stadt, sondern wegen der Landschaft. Der Nationalpark Hoàng Liên, benannt nach dem sich hier auf 30 Quadratkilometern erstreckenden Hoàng-Liên-Sơn-Gebirge, lockt mit Wanderungen durch eine bizarre Bergwelt, vorbei an Wasserfällen, über Hängebrücken, durch weite Täler, die von vielen, hier lebenden Ethnien bevölkert werden. Im Herbst blühen die Pflaumenbäume, im Winter und im Sommer, je nach Höhenlage, Rhododendren in roten und lilafarbenen Tönen.

Um die Bergstadt herum leben vor allem die an ihren Turbanen und roten Kopftüchern erkennbaren Roten Dao und die Schwarzen H'mông. Die Entwicklung des Ortes zu einem Tourismusmagneten hat ihnen einen bescheidenen Wohlstand gebracht. Sie verkaufen den Fremden sehr erfolgreich ihre gewebten Stoffe, Taschen, Schals, Kissenbezüge, ihren traditionellen Silberschmuck, ohne den sie nicht aufs Feld gehen, und Maultrommeln. Die Trauben, die sie mit Menschen aus anderen Volksgruppen um jeden einzelnen Gast bilden, sobald er aus seinem Quartier tritt, werden von vielen Besuchern als lästig empfunden. Auch ein freundliches »Nein, danke«, in welcher Sprache auch immer, hält sie nicht davon ab, ihr Händlerglück weiterhin zu versuchen. Sie begleiten auch gern Ausländer ein Stück des Weges. Lässt man sich darauf ein, gelangt man mit ihnen an Orte, die man sonst nicht zu sehen bekommt. Eine Einladung in ihr Haus, das nicht von den örtlichen Behörden zum Übernachten vorgesehen ist, ist oft erlebnisreich.

2010 war ich mit einer kleinen Reisegruppe aus Deutschland unterwegs. Wir hatten einen Minibus mit Fahrer gemietet, um nach unserer morgendlichen Ankunft in Lào Cai gleich in das 60 Kilometer entfernt liegende Bắc Hà weiterfahren zu können.

Die Tour ging über eine Panoramastraße mit tiefen Schluchten. Der von grünen Bergen eingerahmte kleine Ort bietet einen der authentischsten Märkte der Region. Hier treffen sich die Bergvölker, um ihre Erzeugnisse wie Kleidung, Obst, Gemüse, Honig, Eier von welchem Geflügel auch immer, Fleisch, Bambus und daraus gefertigte Produkte anzubieten. Auf einem separaten Viehmarkt geht es zu wie im Mittelalter. Quiekende Schweine wechseln in Jutesäcken die Besitzer. Hunderte Büffel werden von potentiellen Käufern unter die Lupe genommen. Sie schauen den Tieren ins Maul und unter die Schwänze. Geduldig stehen die Tiere mit ihrem Herrn auf einer Anhöhe. Während Besitzer und Interessent um den Preis feilschen, holt ganz in der Nähe ein Schlangenbeschwörer eine Kobra aus einen Korb. An überdachten Ständen wird getrunken und gegessen. Hier kommt auch Hund, der auf dem Viehmarkt lebendig gehandelt wird, auf den Tisch.

Nach diesem Erlebnis, das immer mehr Touristen, auch Einheimische aus Hanoi, anzieht, wollten wir auf der Rückfahrt nach Sa Pa ein Dorf der Roten Dao besuchen. Sie sind neben dem Ackerbau für ihre Webkunst und das Handwerk der Papierherstellung bekannt. Unter ihren leuchtend roten Turbanen und Kopftüchern verstecken sie anders als die H'mông keine Haarpracht. Zu ihrem Schönheitsideal gehören rasierte Augenbrauen und ein kahl geschorener Kopf. Das Dorf, das wir aufsuchten, heißt Tả Phìn. Schon beim Passieren des Dorftores mussten wir Eintritt zahlen. Das ist die Regel in vielen Orten um Sa Pa. Angeblich dient das Geld, pro Person zwischen 20 000 und 40 000 Đồng (80 Cent bis 1,60 Euro) dazu, die Infrastruktur der Gemeinden zu verbessern. Doch noch bevor sich die Türen unseres Busses öffneten, rannten Frauen des Dorfes aufgeregt neben dem Fahrzeug her. Als wir ausstiegen, begann eine Rangelei unter ihnen. Jeder von uns hatte etwa fünf Begleiterinnen, die sich überboten, uns in ihr Haus zu bringen oder wenigstens etwas von dem zu verkaufen, das sie in selbst gewebten Taschen und Tragekörben auf ihren Rücken mit sich führten. Niemand von uns konnte einen Schritt allein gehen. Es war für uns eine surreale Situation: Erst der zu zahlende Eintritt, dann eine Bevölkerung, die in ihrer Not um jeden Touristen kämpft, damit er etwas Geld für die zu versorgende Familie dalässt.

Heute finden sich im Internet viele positive Einträge von Besuchern des Dorfes Tả Phìn. Sie schwärmen von der Gastfreundschaft der Menschen, dem vielseitigen, gemeinsamen Essen in den Familien und sind des Lobes voll über das wohlriechende und wohltuende Kräuterbad, das sie in einem Holzbottich nach einer anstrengenden Wanderung mit den Einwohnern durch ihre Felder genießen können. Es hat den Anschein, dass die lokalen Behörden aus den Erfahrungen, wie wir sie vor sechs Jahren machen mussten, gelernt haben.

Die Sa-Pa-Sisters sind ein Glücksfall. Für diejenigen, die die Mädchen und Frauen der H'mông für eine Tour als Reiseleiterinnen buchen, aber vor allem für sie selbst. Zwei Journalisten aus Schweden hatten 2009 die Idee, den Menschen dieser Volksgruppe zu helfen. Sie erfuhren, dass sie schon mit 14, 15 Jahren verheiratet werden, auf den Reisfeldern der Familie des Mannes arbeiten müssen und dann nur noch eins zu tun haben: sich neben ihren Kindern um die Familie des Mannes zu kümmern. An Selbstverwirklichung ist in dieser Situation nicht zu denken. Oft nehmen ihre Eltern sie frühzeitiger aus der Schule als ihre Brüder. Nach der 5. Klasse – so weit reicht die Grundschulausbildung in Vietnam – ist Schluss mit Lernen, da viele Familien das Schulgeld nicht aufbringen können. Heiratsvermittler aus dem nahe gelegenen China kommen oft mit falschen Versprechungen in die Dörfer der H'mông. Sie erzählen ihnen von einer Fahrt nach Lào Cai, einer Stadt, in der sie noch nie waren. Dann finden sie sich plötzlich auf der anderen Seite des Roten Flusses wieder, der hier die Grenze markiert, in der chinesischen Provinz Yúnnán, wo Anfang des 19. Jahrhunderts ihre Vorfahren herkamen und sich im Hochland von Vietnam ansiedelten. In China erwartet sie die Zwangsehe oder das Bordell. Manchmal werden sie auch gegen ihren Willen und den der Erwachsenen verschleppt oder von ihren Verwandten ins Ausland verkauft. Ein Schicksal, das mittlerweile viele Mädchen und Frauen, auch die anderer Ethnien in der Bergregion zwischen Vietnam und China, teilen müssen.

Die beiden Schweden hatten die H'mông auf ihren Trekkingtouren als erfahrene, freundliche und sehr unterhaltsame Begleiter kennengelernt. Sie richteten ihnen eine Website auf Englisch ein. Seither profitieren die Frauen vom Tourismus. Mittlerweile präsentieren nunmehr 19 Mädchen und Frauen selbstbewusst und mehrsprachig, auch auf Französisch und Spanisch, den Fremden ihre Heimat. Mit ihrem erfolgreichen Geschäftsmodell zeigen sie Reiseunternehmen aus der Hauptstadt, dass sie sehr wohl in der Lage sind, erfolgreich und marktorientiert zu arbeiten.

Es ist nicht neu, dass Vietnamesen, also Kinh, sich herablassend über Ethnien im eigenen Land äußern, sie als Menschen zweiter Klasse betrachten. Denn diese sind normalerweise schlechter ausgebildet, gehören zu den Ärmsten und damit zu den Erfolglosen im Land. Laut der Online-Ausgabe der britischen Wochenzeitschrift *The Economist* erhalten Arbeiter ethnischer Minderheiten 25 Prozent weniger für dieselbe Tätigkeit als ihre Kinh-Kollegen. In Vietnams staatlich kontrollierter Presse grassieren hässliche ethnische Klischees. In ihrem Länderbericht 2016 verweist die Bertelsmann Stiftung auf eine Analyse der Weltbank aus dem Jahr 2014. Danach ist die Chancenungleichheit der ethnischen Minderheiten besonders alarmierend.

Die Regierung unternimmt einiges, um das Leben der Menschen im Hochland zu verbessern. Örtliche Volkskomitees fördern traditionelle Feste, bei denen sich vor allem junge Menschen aus den verstreut liegenden Dörfern kennenlernen können. So wird der Heirat innerhalb der Familienverbände, die unter einigen Volksgruppen wie den Lô Lô, aber auch unter den H'mông verbreitet ist, vorgebeugt. Ehen zwischen Cousin und Cousinen, oft aus wirtschaftlichen Besitzgründen geschlossen, haben nach einem Artikel der *Vietnam News* aus dem Jahr 2013 oft Gendefekte bei den später geborenen Babys zur Folge. Aufgrund von Verwandtschaftsehen leiden die Kinder an Erbschäden wie Bluterkrankungen und Kleinwüchsigkeit. Bisher wurden mehr als 50 traditionelle Feste wiederbelebt. Dies und die Aufklärung der Menschen in den Dörfern habe zu einem spürbaren Rückgang von Inzest geführt.

Tatsächlich fördert das Interesse der Touristen aus aller Welt an Festen, Märkten, an althergebrachtem Handwerk die Bewahrung der kulturellen Identität der Minderheiten in Vietnam. Die aufwendige Brokatweberei der Bà Nà, einer Ethnie mit etwa 230 000 Menschen im Hochland von Zentralvietnam, könnte vielleicht nur noch im Museum der Provinz Đắk Lắk bewundert werden, wenn es dafür keine wachsende Nachfrage auch unter den Besuchern der als Kaffeeregion bekannten Gegend gäbe. Diese erstreckt sich im Hinterland des sehr touristischen Badeortes Nha Trang bis zur kambodschanischen Grenze. Bei den Bà Nà ist es Tradition, dass die Frauen den Stoff für ihr Hochzeitskleid selbst herstellen. Bis zu einem Jahr brauchen sie, um die eine schlanke Körperform betonenden, wadenlangen Röcke und langärmligen Blusen aus Baumwolle herzustellen. Schwarz, Rot und Gelb sind ihre Lieblingsfarben, in meist symmetrischen Mustern. Sie stehen für Yin und Yang. Schwarz symbolisiert den fruchtbaren Boden, Rot die Liebe und Gelb das Licht. Blaue Flecke an Armen und Beinen rühren bei den Frauen der Bà Nà nicht etwa von Schlägen ihrer künftigen Ehemänner her, sondern sind hervorgerufen durch Zwicken in die Haut, Ausdruck eines Liebesbeweises. Geheiratet wird im Gemeinschaftshaus, dem *nhà rông*. Es ist ein Kunstwerk, wie alles hier, mit Ornamenten auf dem Dachfirst und Verzierungen auf den tragenden Balken. Der Bau des bis zu 16 Meter hohen Gebäudes in Form einer Axtklinge, die zum Himmel zeigt, ist ein Projekt des ganzen Dorfes. Jeder packt mit an. Ältere vermitteln dabei den Jüngeren ihre Erfahrungen.

Einer der schönsten Orte, um die Gastfreundschaft der Bergvölker zu genießen, ist für mich Mai Châu. Wie in Sa Pa waren auch in dem von Hanoi etwa 130 Kilometer entfernt liegenden gleichnamigen Tal die französischen Kolonialherren die ersten, die diese landschaftlich reizvolle Gegend für sich zu Erholungszwecken entdeckten. Hier rücken die Ausläufer des Trường-Sơn-Gebirges bis an die Felder und Dörfer der Weißen Thái heran. Ihre Häuser aus Bambus stehen auf Pfählen. Deren Struktur ist simpel und effektiv zugleich. Unter einem großen Raum ohne Innenwände, mit Fenstern ohne Glas, jedoch Fensterläden, liegen Küche und Waschgelegenheiten. Westliche Toiletten und Duschen – ein verputzter Raum mit einer Glühbirne, ein Wasserbottich mit Kelle – stehen etwas abseits. An einem großen Tisch mit Bänken wird gegessen. Oft hat daneben ein Webstuhl seinen Platz. Die Bevölkerung, die eine eigene Ethnie ist, sprachlich aber zur Thai-Familie gehört, lebt vor allem von der Landwirtschaft. Seit über 40 Jahren trägt der Tourismus zum Lebensunterhalt bei. Nach und nach rückten die Familien in den Dörfern, die meist nur aus einer überschaubaren Anzahl von Anwesen zwischen Gemüsebeeten, Fischteichen und Reisfeldern bestehen, für die Übernachtung von Gästen ihr Hab und Gut zusammen. Es ist Tradition, dass die Bewohner mit Besuchern unter einem Dach schlafen. Das oberste Stockwerk wird dafür mit Stoffbahnen in separate Räume aufgeteilt. Die Familie übernachtet neben den Gästen, die es sich unter aufgespannten Moskitonetzen auf Bambusmatten bequem machen können.

Mein erster Aufenthalt in einem der Häuser liegt Jahrzehnte zurück. Ich war mit meiner Familie unterwegs. Nach einem schmackhaften Mittagessen wollten wir noch einige Stunden rasten. Ein Thái-Mädchen bat uns dafür ins Wohnzimmer im oberen Stockwerk. Da hinauf führte eine breite Holztreppe, angelehnt wie eine Leiter ohne Geländer. Wie überall in Vietnam zogen wir vor dem Betreten der Privaträume die Schuhe aus. Barfuß auf den Stufen balancierend, folgten wir dem Mädchen nach oben. In einer der Ecken stand ein alter Spiegelschrank aus

Holz mit Kleidung und Alltagsgegenständen. Daneben lagen aufgeschichtet dicke Decken und dünne Matten. An den Wänden hingen aus westlichen Modezeitschriften herausgetrennte Blätter, ein chinesischer Kalender und ein Bild von Hồ Chí Minh. Ein altes Fernsehgerät war für die Familie das Auge in die Welt. Wir durften uns auf dem federnden, aber stabilen, geflochtenen Bambusboden ausstrecken. Ein leichter Wind, der durch die luftigen Wände drang, ersetzte den Ventilator. Die Geräusche von plätscherndem Wasser an einem nahe gelegenen Teich, vereinzelten Vogelrufen, menschlichen Stimmen, vermischt mit einem Kinderlachen, wiegten uns in den Schlaf. Wie eine luftige Decke umgab uns ein Gefühl des Willkommenseins. Ich weiß noch, was ich damals empfand: So fühlt sich Geborgenheit an.

Im Reisetagebuch der Schriftstellerin Juli Zeh, die im Herbst 2010 auf Einladung des Goethe-Instituts vier Wochen im Land unterwegs war, lesen sich ihre Eindrücke von diesem Ort so: »Ich hake die Zehn-Punkte-Liste ab: Ruhe und Frieden? Jede Menge. Freundliche Menschen? Noch gerade im Rahmen. Glückliche Tiere? Kaum zu glauben, aber wahr (und sie beweisen mal wieder, dass sie partout keine Kriege miteinander führen, solange der Mensch sich nicht einmischt). Fließend Wasser? Jawohl, aus unterirdischer Quelle, im Sommer kühl, im Winter warm. Heizung? Nicht unbedingt nötig, warme Kleidung reicht auch. Telephon? Ja. Strom? Ja. Internet? Höre und staune, liebe Bundesrepublik Deutschland: In den Bergen Vietnams gibt es Internet! (Ganz anders als in Brandenburg, wo man sich mit Modem ins Netz einwählt und stundenlang irgendwelchen PDF-Dokumenten beim Laden zusieht. Das kommt davon, wenn man seine Infrastruktur für den ›Standort‹ statt für die Menschen plant). Eine Poststelle, bei der man seine Amazon-Bestellungen abholen kann? Positiv. Kindergarten, Grundschule, Gymnasium? Vorhanden. Gutes Bauchgefühl? Definitiv. Die Antwort lautet mit 10 von 10 Punkten: Hier könnte ich leben. Und wäre vielleicht die einzige Person im Tal mit einem Möbelstück: Schreibtisch.«

Wer mehr Komfort braucht, kann heutzutage auch in Lodges und geschmackvollen Hotels einchecken, mit Pool und Restaurant. Die Dörfer können über Fahrradtouren entdeckt werden, am besten mit einem ortskundigen Führer. Bei einer Rast am Feldrand kommen manchmal handtellergroße Schmetterlinge vorbei. Trunken von wärmenden Sonnenstrahlen, lassen sie sich auf blühenden Feldrainen nieder oder setzen sich an Wasserlachen, die der letzte Regen hinterlassen hat. Ihre Farbenpracht konkurriert mit dem Blau des weiten Himmels über dem Tal, dem Grün des haushohen, beindicken Bambus, der hier üppig in Hainen wächst, und dem Gelb reifer Mangos aus den Gärten der Bauern. Am Abend bitten mehrere Gruppen junger Thái die Gäste zum traditionellen Bambustanz. Das ist eine lustige Angelegenheit: Sechs dünne, meterlange Stangen, auf dem Boden liegend, werden von jeweils zwei sich gegenübersitzenden Mitwirkenden rhythmisch im Takt der Musik zusammengeschlagen. Das klingt etwa so, wie wenn man zweimal hintereinander mit den offenen Handflächen nach unten leicht auf den Tisch schlägt, und dann einmal klatscht. Jeweils zwei Tänzer laufen von vorn nach hinten, immer in die sich öffnenden Lücken springend, über diesen sich bewegenden Parcours. Bei dem sich anschließenden Genuss von Reiswein sind die Mühen vergessen. Das alkoholische Getränk wird in den Dörfern im Mai-Châu-Tal in einem großen runden Gefäß gereicht, um das sich die Einheimischen mit den Gästen im Schneidersitz niederlassen. Lange Trinkröhrchen aus Bambus machen Gläser überflüssig.

Alles hier geschieht unaufdringlich. Wer mit Bauern morgens aufs Feld gehen möchte, um selbst einmal zwischen Reishalmen im Schlamm zu stehen oder, je nach Jahreszeit, bei der Aussaat und der Ernte mitzuhelfen, kann das tun. Niemand kommt und fragt eindringlich, ob man etwas kaufen möchte. Anders als in den Dörfern um Sa Pa bieten die Thái ihre gewebten Taschen und Schals in frischen Farben und originellen Mustern nicht offensiv an. Sie stellen ihre Erzeugnisse an ihren Häusern zur Schau und erwarten dort die Kunden. Doch feilschen um den Preis muss man auch hier. Sonst verliert man sein Gesicht.

Seit einigen Jahren bieten einige Familien Produkte an, die nicht von ihnen hergestellt wurden. Das betrifft meistens Tücher aus China und bestickte Decken von den erfolgreich handelnden H'mông im Norden. Touristen, die die kulturellen Unterschiede bei ihrem ersten Besuch im Tal nicht kannten, dies aber nach einer Rundreise durchs Land erstaunt entdeckten, fühlten sich getäuscht, auch wenn ihnen die Dinge gefielen, die sie erworben hatten. Denn nirgendwo steht an den Häusern in Mai Châu, dass diese Mitbringsel keine Waren der Thái sind.

Dass der Schein manchmal trügt, habe ich bei einer Radtour festgestellt, auf der mich meine Freundin Minh begleitete. Wir hielten an einem ärmlichen, einzeln stehenden Gehöft am Feldrand. Mich wunderte, dass auf dem Dach der Hütte, vor der exakt in Reihen gepflanzte Gemüsepflanzen das Auge erfreuten, eine Satellitenschüssel befestigt war. Zwei alte Menschen, Mann und Frau, ihrer Tracht nach Thái, waren dabei, den Garten vor ihrer Tür zu bewässern. Es sah danach aus, dass sich das Paar wohl einen Fernseher vom Mund abgespart hatte. Radelnde Touristen hielten kurz an, um Fotos von den beiden vor ihrem vermeintlichen Wohnsitz zu machen. Als sie weiterfuhren, kamen wir mit den Alten ins Gespräch. Minh wollte ein Gewürz kaufen, das sie im Garten entdeckt hatte. Dabei erzählte uns die kleine, schlanke, aber in ihren Bewegungen kräftig wirkende Frau, was sich hier jeden Tag abspielt. »Die Ausländer glauben, dass wir hier wohnen«, sagte sie uns auf Vietnamesisch. »Viele machen Fotos. Wir haben aber ein Haus im Dorf, wo wir mit unseren Kindern leben. Das hier«, ihr Blick ging in Richtung Hütte, »ist nur zum Ausruhen.« Die alte Frau lachte. Zwei vom Opium schwarz gefärbte, fast komplette Zahnreihen kamen zum Vorschein. Ohne ihre Arbeit zu unterbrechen, sprach sie davon, dass sie und ihr Mann schon weit über 80 sind. »Wahrscheinlich kommt unser hohes Alter vom selbst angebauten Gemüse«, schlussfolgerte sie.

»Viel gesünder als das auf dem Markt!« Beschwerden, zumindest körperliche, kenne sie nicht. Mit dem Wort Tourismus wisse sie nichts anzufangen. Aber die meisten Westler und die jungen Leute aus Hanoi seien höflich und gut für die Dorfentwicklung.

Der Fremdenverkehr – ein wichtiger Devisenbringer

Der Fremdenverkehr ist mittlerweile zu einem der wichtigsten Wirtschaftszweige des Landes geworden, stellte die Deutsche Welle bereits 2002 fest. »Die Bedeutung des Tourismus als zusätzlicher Devisenbringer wurde sehr früh erkannt«, schrieb Michael Waibel 2004 in den *Göttinger Schriften zur Landschaftsinterpretation und Tourismus*. »Bereits Ende der 1980er Jahre wurde diesem Sektor von der Politik eine Schlüsselrolle für die Entwicklung Vietnams zugewiesen und aktiv gefördert.« Waren es 1988 noch 180 000 Menschen, die nach Vietnam reisten, belief sich deren Zahl 1997 laut Vietnam News Agency (VNA) auf 1,8 Millionen. Im Jahr 2000 kamen erstmals über zwei Millionen Besucher. Das waren jedoch eine Million weniger als vom Ministerium für Tourismus, VNAT, prognostiziert.

Ursachen dafür, dass Besucherzahlen nicht weiter wuchsen, sahen Experten wie Waibel unter anderem in der Asienkrise. Damals wie heute kommen die meisten Touristen und Geschäftsleute aus dem asiatischen Raum, aus China, Südkorea, Taiwan und Japan. Aber auch offizielle Kampagnen der vietnamesischen Regierung »gegen den westlichen Lebensstil, der in den Augen alter kommunistischer Kader mit Prostitution, Drogenkonsum und dem Streben nach materiellen Werten einhergeht«, führten laut Waibel im ersten Halbjahr 1996 dazu, dass »alle Anträge auf Verlängerung von Touristenvisa und im Juni desselben Jahres sogar alle Erstanträge auf Touristenvisa abgelehnt wurden. Aufgrund starker Einbußen der Einnahmen im Tourismussektor konnte die Regierung diese Restriktionen jedoch nur für kurze Zeit aufrechterhalten.«

Als ich 1979 das erste Mal in einer Reisegruppe des DDR-Jugendverbandes nach Vietnam kam, fühlte ich mich wie in einem Gefängnis mit überwachtem Freigang. Wir standen unter ständiger Beobachtung unseres Reiseleiters, der, wie sich herausstellte, wie zehn weitere Mitglieder unserer Gruppe von insgesamt 20 Personen zur Staatssicherheit gehörte. So hatte jeder von uns einen Aufpasser, und zwar nicht nur am Tag, auch nachts. Die Belegung der Zweibettzimmer war wohldurchdacht. Gespräche zwischen Freunden beider Länder blieben sogar in der Hotellobby untersagt. Dafür sorgten Mitarbeiter der Staatssicherheit des Gastgebers. Und das, obwohl wir aus einem sogenannten sozialistischen Bruderland kamen. Sie schritten sofort ein, als ich mich mit der Mutter meines damaligen Freundes, die mit seinem sechs Jahre alten Bruder ins Hotel Thắng Lợi in Hanoi gekommen war, nur kurz auf Vietnamesisch unterhalten und ihr etwas mitgebrachtes Obst schenken wollte. Besuche von Freunden zu Hause waren verboten. Wer es dennoch wagte, einen ausländischen Gast bei sich zu bewirten und dabei entdeckt oder von Nachbarn angezeigt wurde, musste ein Verhör und eine Geldstrafe über sich ergehen lassen.

1997, also ein Jahr nach den von Michael Waibel beschriebenen Maßnahmen der Regierung zur Eindämmung westlicher Einflüsse, kam ich zum ersten Mal mit meiner Familie in das Land. Nach Ankunft auf dem internationalen Flughafen Nội Bài in Hanoi wurde meine Mutter von Mitarbeitern des Zolls argwöhnisch beobachtet. Entgegen der Weisung, sich in einer Reihe bei der Passkontrolle anzustellen, nahm sie einige Meter davon entfernt auf einer Bank Platz. Das Anstehen fiel ihr nach dem langen Flug schwer. Das allein reichte, dass zwei Uniformierte auf sie zukamen, um sie aufzufordern, sich wie alle anderen einzureihen. Die Beamten bei der Passkontrolle fragten damals trotz bereits erteiltem Visa in den Papieren nach dem Grund der Reise, woher und wohin, wie lange und bei wem. Dazu machten sie ein ernstes, strenges Gesicht, als wären wir Eindringlinge, aber keine Gäste ihres Landes.

Das alles hat sich im Laufe der Jahre sehr zum Positiven verändert. Heute huscht auch mal ein Lächeln über die Mundwinkel von Mitarbeitern der Behörden. Betagte Menschen und Familien mit Kindern werden bei der Abfertigung bevorzugt bedient. Jeder Tourist kann sich im Land frei bewegen. Doch die staatlichen Kontrollen sind natürlich geblieben – offiziell zur eigenen Sicherheit. Noch am Tag seiner Ankunft in einem Hotel oder bei einer Familie muss der Gast bei der örtlichen Polizeistation unter Vorlage seines Reisepasses angemeldet werden. Freundlich und zuvorkommend wird er vor allem in Familienbetrieben und von Mitarbeitern in Hotels behandelt, die sich ein Trinkgeld erhoffen. Doch von dem wie selbstverständlichen Service, den Gäste in Thailand genießen, ist Vietnam auch heute noch weit entfernt. Während Reisende aus aller Welt wiederholt das Königreich im Urlaub aufsuchen, kommen Touristen oft nur einmal nach Vietnam. Waibel stellte das bereits 1998 in einem Artikel für die *Pacific Geographies* fest, einer halbjährlichen Publikation der Arbeitsgemeinschaft für Pazifische Studien e.V. Daran hat sich bis heute nichts geändert. Damals und in einer weiteren Analyse zur touristischen Entwicklung des Landes aus dem Jahr 2002 sah der Geograph dafür »eine Vielzahl von Ursachen in einer sicherlich unvollständigen Auflistung: Hohe Visagebühren, im Vergleich zu anderen südostasiatischen Ländern schlecht geschultes Personal, das bei auftretenden Problemen oft als fordernd und unfreundlich empfunden wird.« Dazu komme ein »ungünstiges Preis-Leistungsverhältnis für Unterkünfte und geführte Touren«. Die Aggressivität von einigen Souvenir-Verkäufern in den touristischen Zentren führe zu einer »negativen Mund-zu-Mund-Propaganda«. Eine wachsende Umweltverschmutzung, der hohe Lärmpegel in den Straßen der Altstadt von Hanoi und die Zerstörung historischer Bausubstanz waren weitere Kritikpunkte in diesen nunmehr weit über ein Jahrzehnt zurückliegenden Publikationen. Waibel sagte 1998 aber auch, dass »kein anderes (Entwicklungs-)Land auf der Erde innerhalb eines Zeitraums von fünf

Jahren einen Zuwachs von internationalen Touristenankünften um den Faktor fünf zu verkraften hatte«.

Ein Masterplan aus dem Jahr 1995 rechnete im Jahr 2010, in dem Hanoi sein tausendjähriges Bestehen mit vielfältigen Veranstaltungen feierte, Vietnam und Deutschland ein gemeinsames Kulturjahr ausriefen, mit 8,7 Millionen ausländischen Besuchern. Diese Marke wurde mit rund acht Millionen Gästen 2014 und 2015 selbst heute noch nicht erreicht. Auch die zwölf Prozent am Bruttoinlandsprodukt (BIP), die der Tourismus mit in- und ausländischen Besuchern als wichtigster Wirtschaftssektor erwirtschaften sollte, standen 2010 nur auf dem Papier, aber nicht in den Büchern. 2013 lag der Anteil von Reisen und Tourismus bei 4,6 Prozent am BIP.

Laut der *Stimme Vietnams* arbeiten in Vietnam 1500 internationale Reiseunternehmen, mehr als 13 000 für den Binnenmarkt und mehr als 15 500 Reiseleiter, die ohne Lizenz nicht aktiv werden können. Dafür müssen sie über einen Hochschulabschluss im Bereich der Wirtschaft oder Technik verfügen, sich in Kultur, Geographie, Geschichte und der Gesetzgebung ihres Landes gut auskennen sowie eine Fremdsprache beherrschen. »Ohne eine solche Lizenz, die vom Tourismusminister eigenhändig unterzeichnet wird, wie es auf *vietnam-aktuell* heißt, ist es nicht erlaubt, Touristen zu führen.« Das VNAT wolle damit »die Professionalität der Reiseführung« gewährleisten.

Neben speziellen Ausbildungs- und Schulungsprogrammen bedarf es einer generell zuvorkommenden Einstellung der Mitarbeiter in der Tourismusbranche Reisenden gegenüber. Besucher werden zu oft noch als willkommene Geldquellen angesehen, die aus Unkenntnis der örtlichen Begebenheiten, Preisstrukturen und dem Wert der sich ähnelnden Geldscheine in Đồng gern übers Ohr gehauen werden. Das fängt bei Taxifahrern an, die den ortsunkundigen Gast durch halb Hanoi oder Saigon kutschieren, zu einem anderen Hotel als dem von ihm gebuchten, aber gleichen Namens, oder für kurze Strecken das Vielfache des tatsächlichen Preises verlangen, mit manipulierten Taxametern. Und das hört leider auch nicht bei Tourveranstaltern auf, die meinen, klapprige Fahrräder, bei denen nicht einmal die über- lebenswichtigen Bremsen funktionieren, seien für die zahlungs- kräftigen Touristen gerade gut genug. Die Behörden raten, sich beispielsweise über das Hotel bei der Tourismuspolizei darüber zu beschweren. Taxiunternehmen mussten infolgedessen schon schließen. Doch wer will sich im Urlaub diesem Stress aussetzen, mit ungewisser Aussicht auf spürbaren Erfolg?

Bei all dem ist Vietnam vergleichsweise ein sicheres Reiseland. Das meint auch das Auswärtige Amt. Danach gibt es »nur rela- tiv geringe Gewaltkriminalität gegen Ausländer«. Frauen können durchaus allein unterwegs sein. Niemand wird sie deshalb schief ansehen. Im Gegenteil, die Hilfsbereitschaft besonders auf dem Land ist groß. Ein Defekt am Auto oder Moped kann die Dorfge- meinschaft mobilisieren.

Als ich vor vielen Jahren, allein mit dem Fahrrad unterwegs, in ein Gewitter geriet und nicht wusste, wo ich mich hätte unterstel- len sollen, gab es gleich mehrere Familien, die mich in ihr Haus einluden. Das lag in einem der Dörfer im Delta des Roten Flusses. Die Wassermassen ergossen sich von oben und von unten. Doch es war ein warmer Regen im August. Völlig durchnässt, wurden mir sogleich Handtücher gereicht. Meine Gastfamilie waren Bau- ern. Sie saßen um mich herum, Männer, Frauen, Kinder mit gro- ßen Augen. Hühner gackerten. Es roch nach Schweinemist. Die Oma, die ich zuvor noch gesehen hatte, war verschwunden. Auf- gegossener grüner Tee, der auch heute noch auf dem Land jedem Gast als Willkommensgruß gereicht wird, tat mir gut. Kurze Zeit darauf sah ich die Oma wieder. Sie hatte sich eine frisch gebü- gelte Bluse angezogen, zu Ehren der ungewöhnlichen Besucherin aus dem Westen. Und alle wollten von mir wissen, weshalb ich mit einem Fahrrad unterwegs bin, wo ich doch bestimmt genug Geld für ein Taxi oder zumindest für ein *xe ôm* hätte. Dass ich daran Spaß habe, trotz sommerlicher Temperaturen und hoher

Luftfeuchtigkeit auf diese Art und Weise die ländliche Umgebung von Hanoi zu entdecken, entlockte ihnen ungläubiges Staunen. Beim Abschied von der Familie nahm mich die Oma an die Hand, streichelte kurz über meine Arme, lächelte mich an und meinte in etwa: »Gut genährt und schöne weiße Haut.« Wir alle mussten lachen.

Ein anderes Mal, noch vor Smartphone-Zeiten, verirrte ich mich in Hanoi. Zum Glück hatte ich einen Stadtplan dabei. Ich war so vertieft in das Studium des Papiers, dass ich nicht darauf achtete, was um mich herum geschah. Ich nahm auch nicht den alten Mann wahr, der sich mir seitlich näherte. Plötzlich stand er neben mir, schaute mir kurz in die Augen und zwickte mich in den Arm. Er wippte mit dem Kopf und ging dann ohne ein Wort zu sagen langsam davon. Ich war so verblüfft, dass ich ihm nicht einmal hinterrief, was das eigentlich sollte. Seine Handlung folgte wohl der Neugierde. Es war kein Angriff auf meine Person. Er wollte nur wissen, wie sich die Haut einer Europäerin anfühlt, die zu dieser Zeit noch selten in der Stadt anzutreffen waren.

Vietnam profitiert von den andernorts politischen Unruhen wie zuletzt im Herbst 2013 und im Frühjahr 2014 in Thailand, wo Massenproteste die Hauptstadt teilweise lahmlegten, und von Terroranschlägen mit vielen Toten und Verletzten wie denen im August 2015 am Erawan-Schrein im touristischen Zentrum von Bangkok. Der Territorialkonflikt mit China um die vermutlich rohstoffreichen Inseln im Südchinesischen Meer bewirkte allerdings einen Einbruch bei den Gästezahlen aus China um 40 Prozent im ersten Quartal 2015 im Vergleich zum Vorjahreszeitraum. Seit Jahren steht das Nachbarland an der Spitze der Statistik bei den touristischen Ankünften. Unter den fast acht Millionen Ausländern, die 2014 das Land besuchten, waren fast zwei Millionen Chinesen. Ein Jahr später kamen nach der Statistik von VNAT nur noch 1,78 Millionen.

Der inländische Tourismus wuchs 2015 im Vergleich zum Vorjahr um zehn Prozent. 38,5 Millionen Einheimische waren in diesem Zeitraum im eigenen Land unterwegs. Neben Reisen zum traditionellen *Tết*-Fest leisten sich immer mehr Familien aus den Großstädten einen Kurzurlaub am Meer oder im Gebirge oder unternehmen über das Wochenende einen Ausflug. Die Erlebnisse und Fotos, die sie dabei sammeln, werden dann auf Facebook geteilt. Heute drängt in der wachsenden Mittelschicht Vietnams die Frage nach dem letzten gemeinsamen Urlaub die nach dem neuesten erworbenen Smartphone in den Hintergrund. Reisen wird als ein Ausdruck von Wohlstand empfunden.

2015 verbuchte Vietnam rund acht Millionen Besucher aus aller Welt. Dabei schaffte die Regierung am 1. Juli 2015 die Visumpflicht bis zu einem Aufenthalt von 15 Tagen für mehrere europäische Länder, darunter Deutschland, ab. Allerdings vorerst nur für zwei Jahre. Das VNAT versprach sich davon eine Belebung der Nachfrage für Reisen in das Land. Doch schon bald nach dem Inkrafttreten der neuen Regelungen bemängelten Reiseveranstalter die zu kurz gefasste Aufenthaltsdauer, die an den Bedürfnissen der Menschen vorbeigehe. Da der visumfreie Aufenthalt nach der Einreise nicht verlängert werden kann, sehen sich die Touristen gezwungen, nach 15 Tagen wieder auszureisen. Dazu kommt, dass jeder Gast vor Ablauf von 30 Tagen nicht erneut ohne Visum einreisen darf. Eine visafreie Rückkehr beispielsweise aus den Nachbarländern Laos und Kambodscha, deren Sehenswürdigkeiten wie eine Bootsfahrt auf dem Mekong oder der Besuch der Tempelanlagen von Angkor Wat gern mit einem längeren Aufenthalt in Vietnam verbunden werden, ist für die Touristen somit ausgeschlossen. Die restriktiven Einreiseprozeduren wirken sich nachteilig auf die Entwicklung der Branche aus. Oliver Massmann, Generaldirektor von Duane Morris Vietnam LLC, ist der Auffassung, dass »Vietnam seine Touristenzahlen um acht bis zehn Prozent erhöhen könnte, wenn man die Visa bei der Einreise ausstellen würde. Dann müssten die Leute nicht mehr ewig in der Schlange stehen, um ein Visum zu erhalten«, meint er.

Vor der Visabefreiung war es nötig, den Pass an die Botschaft in Berlin, deren Außenstelle in Bonn oder an das vietnamesische Generalkonsulat in Frankfurt/Main einzusenden, um für 64 Euro ein Visum für vier Wochen zu erhalten. Wer dieses Vier-Wochen-Visum haben möchte, muss diesen Weg auch weiterhin gehen. Obwohl innerhalb von wenigen Tagen der Pass samt Visum wieder im heimischen Briefkasten landet, sind spontane Entscheidungen, nach Vietnam zu fliegen, so kaum umsetzbar. Außer, man nimmt den Pass und das Geld in die Hand und macht sich selbst auf den Weg zu einer der Konsularabteilungen, um innerhalb weniger Stunden ein Visum zu erhalten. So bleibt die Einreise nach Vietnam trotz Visafreiheit für 15 Tage ein immer noch zeitaufwendiges Prozedere für deutsche Urlauber und Geschäftsleute. Nach wie vor fallen zusätzlichen Kosten zum Reisepreis an.

Das Institut der deutschen Wirtschaft (IW) hat in einer im Herbst 2015 veröffentlichten Studie untersucht, wie viele Arbeitsplätze durch deutsche Reisende in fünf Ländern, darunter Vietnam und Thailand, geschaffen werden. Danach werden den Deutschen 41 000 Arbeitsplätze in Vietnam zugeschrieben. In Thailand sind es 132 000 branchenbezogene Beschäftigte. Fünf Prozent trägt die Tourismuswirtschaft direkt zum BIP in Vietnam bei, sieben Prozent sind es in Thailand. »Berücksichtigt man durch inländische Vorleistungsketten und Investitionen sowie durch allgemeine staatliche Ausgaben verursachte indirekte Effekte und durch die von im Tourismus beschäftigen Personen induzierten Konsumausgaben, dann erhöht sich der Gesamtbetrag für Thailand auf 17 Prozent«, so das Institut. Vietnam könne neun Prozent zum BIP über indirekte induzierte Effekte generieren. Bis 2020, so das ehrgeizige Ziel der Regierung in Hanoi, will Vietnam den Konkurrenten Thailand in vielen touristischen Belangen eingeholt haben. Zehn Millionen ausländische Besucher stehen auf der Agenda der Regierung. Mit fast 30 Millionen Reisenden kam 2015 knapp das Dreifache in das »Land des Lächelns«. Das IW sieht Vietnam als ein immer beliebter werdendes

Reiseziel unter den Deutschen. 2014 reisten 142 000 nach Vietnam, ein Jahr darauf 149 000.

Gleich fünf führende Medien aus den USA geben Vietnam als Urlaubsland gute Noten. Das US-Magazin *Travel and Leisure* stellt Vietnam bei der Frage nach der Sicherheit und Gastfreundschaft für Touristen auf den 6. Platz unter 20 Ländern. Die nach eigenen Worten weltweit größte Reise-Website *TripAdvisor* mit Sitz in den USA hatte Hanoi 2014 als eine von zehn Städten auserwählt, die Touristen am meisten faszinieren. Unter den von der *New York Times* für 2016 benannten 52 Places to see belegt Đà Lạt, »die Stadt des ewigen Frühlings« im Zentralen Hochland von Vietnam, den 30. Platz. Das erst 1991 entdeckte phantastische Höhlensystem Sơn Đoòng nahe der laotischen Grenze wählte das US-Magazin *Business Insider* als eine der zwölf eindrucksvollsten Höhlen der Welt. Und auch das Aushängeschild Vietnams, die Hạ-Long-Bucht im Golf von Tonkin, wurde auf der Website *BuzzFeed* als eine der schönsten Landschaften weltweit gewählt. Doch schaut man hinter diese beeindruckenden Ergebnisse, die Vietnam auf die unternommenen Anstrengungen für das Tourismus-Marketing zurückführt und natürlich als Erfolg verbuchen kann, offenbart sich ein ganz anderes Bild. Ein besorgniserregendes.

Die Umgebung von Đà Lạt, die ehemalige Sommerfrische der Franzosen, die Stadt der Orchideen, Rosen und Hortensien, der Erdbeeren, die auf den bunten Märkten aufgetürmt den nahen 2000 Meter hohen Bergen Konkurrenz machen, ist von Wassermangel bedroht. Die als nationale Sehenswürdigkeiten ausgezeichneten Liên-Khương-Wasserfälle, deren Namen der moderne, örtliche Flughafen der Provinz Lâm Đồng trägt, sind ausgetrocknet. Sie stürzten in über 200 Meter breiten Kaskaden 50 Meter in die Tiefe. Abholzungen, Wasserkraftwerke und andere Bautätigkeiten in der Region hätten dazu geführt, wie ein anonym bleibender Beamter der lokalen Tourismusbehörde in einem Beitrag der *Thanh Niên News* im März 2013 zitiert wird. Unter der Überschrift »Vietnam begeht Tourismus-Harakiri« findet sich eine ganze Aufzählung von landschaftlichen Attraktionen, die zerstört oder von Zerstörung bedroht sind. Auch die faszinierenden Pongour-Wasserfälle, die sich bei meinem Besuch im Jahr 2003 noch auf natürliche Weise über unzählige, fossile steinerne Stufen ergossen, sind heute nur noch eine Inszenierung. Während der Wasservorhang tagsüber aus einem eigens dafür gebauten Reservoir gespeist wird, versiegt er nachts, unabhängig von der Regenzeit.

Angebot und Nachfrage in der Tourismusbranche haben in Vietnam ganze Landstriche verändert. Der kleine vor roten Sanddünen gelegene Fischerort Mũi Né auf einer Halbinsel an der südlichen Zentralküste bei der Stadt Phan Thiết verlor innerhalb weniger Jahre seine wilde Schönheit. Mit einer Straße, die in die hier einst bis an den breiten, sichelförmigen Sandstrand wachsenden Kokospalmen eine Schneise schnitt, kamen in- und ausländische Investoren von Hotels und Ressorts. Besitzer von Restaurants, Shops und Bars zogen hinterher. So entstand auf 16 Kilometer Länge eine wie für Spanien, Frankreich und Italien typisch vom Massentourismus geprägte Promenade, allerdings ohne hässliche Hochhäuser. Keines der meist architektonisch geschmackvoll errichteten Gebäude ist höher als die nächste ausgewachsene Kokospalme. Pools liegen in gepflegten Gärten und manche der Anlagen ahmen südvietnamesische Dörfer nach, mit Brücken über Wassergräben inmitten der verschwenderischen Natur der Tropen. Doch wie in Europa pflügen Jet-Ski und Kitesurfer über das Wasser, das an bestimmten Strandabschnitten sich zu hohen Wellen auftürmt, aber auch Familien zum Baden einlädt. In den vom warmen Wind aufgetürmten hohen Dünen im Hinterland, auf denen Kinder mit Plastikschalen hinunterrodeln, heulen die Motoren von Jeeps und Quadbikes. Ruhe suchende Urlauber müssen mit den Fischern aufstehen, die frühmorgens in einer Flotte bunter Boote aufs Meer hinausfahren. Die romantische Stimmung bei Sonnenaufgang ist schnell wieder verflogen, nach dem Anblick ihres spärlichen Fanges in den mit viel Muskelkraft an Land gezogenen Netzen. Neben kleinen silbrig glänzenden zappelnden Fischen, die hier oft in runden Bambuskörben landen, holen sie vor allem eines aus dem Meer: Plastikmüll. Tonnenweise sammeln die örtlichen Behörden jeden Tag den Müll ein.

Im Oktober 2015 war ich das erste Mal auf Phú Quốc. Die größte von rund 4000 vietnamesischen Inseln liegt im Golf von Thailand, vor der kambodschanischen Küste. Viele Reiseveranstalter rühmen in Werbetexten ihre ursprüngliche Schönheit. In ihrer Mitte bedeckt dichter Regenwald das bergige Eiland, das seit 2001 Teil eines Nationalparks ist. Erholung finden gestresste Seelen an Wasserfällen und verschwiegenen Orten am 40 Kilometer langen, von Palmen gesäumten Sandstrand. Die etwa 70 000 Einwohner leben vor allem vom Pfefferanbau, Fischfang, der Herstellung von der salzigen Fischsoße *nước mắm* und seit einigen Jahren auch vom Tourismus. Wie auf dem Festland hat dieser auch hier negative Auswirkungen auf die Umwelt. Viele der noch verhältnismäßig wenigen Hotels und Restaurants in Strandnähe leiten ihre Abwässer ungeklärt ins Meer. Dahin verlaufende kleine Bäche und Flüsse tragen Schaumkronen und Plastikflaschen auf einer braunen, stinkenden Brühe, deren Anblick jegliche Urlaubsstimmung trübt. Die herrliche Natur entschädigt dafür nicht. Denn den Menschen, die vor allem zum Baden und Schnorcheln gekommen sind – die Gewässer vor der Insel schmücken Korallenbänke und gehören zu den besten Tauchgründen Vietnams –, gehen die Bilder von Müll und Abwässern nicht mehr aus dem Kopf.

Das bisher größte entdeckte Höhlensystem der Welt liegt in Vietnams Nationalpark Phong Nha-Kẻ Bàng. Die UNESCO erklärte das Areal 2003 zum Weltnaturerbe. Hohlräume, in denen eine Boeing 747 Platz hätte, oder auch die Freiheitsstatue, »wo der Mensch sich absolut winzig vorkommt gegenüber diesem Wunderwerk der Natur. Es wirkt außerirdisch«, beschreibt der britische Fotograf Ryan Deboodt die Sơn Đoòng, die Bergflusshöhle.

Sie wurde erst 1991 von einem Einheimischen gefunden, wobei nicht eindeutig geklärt ist, ob bereits Soldaten der nordvietnamesischen Armee zu Kriegszeiten den natürlichen Unterschlupf als Schutz vor den fliegenden US-Maschinen nutzten und die Höhle dann wieder in Vergessenheit geriet. Ganz in der Nähe verlief der legendäre Hô-Chí-Minh-Pfad.

2009 kamen erstmals britische Forscher in die Sơn Đoòng. Sie erkundeten die bisher längste entdeckte Kammer von fünf Kilometern, 200 Meter hoch und 150 Meter breit. Die plätschernden Geräusche eines Flusses, der sich erst oberirdisch im flachen Bett ausbreitet und dann unterirdisch als Wasserfall riesige Becken füllt, die glatt wie ein smaragdgrün schimmernder, glasklarer Spiegel in einem steinernen Dom liegen, hallen unter haushohen Deckengewölben wider. Ein Teil davon ist eingebrochen. Bergdschungel streckt sich dem Himmelsdach entgegen. Da, wo Sonnenstrahlen den Boden mit Wärme und Licht verwöhnen, überzieht ein Teppich aus Farnen und Moosen den Boden der Höhle. Darin wachsen seit Millionen von Jahren Stalagmiten, bizarr und hoch wie Felsformationen im Elbsandsteingebirge.

Der Fotojournalist Martin Edström und sein Team kamen sich darin verloren vor. Während Deboodt eine Drohne für Videoaufnahmen über und in das Labyrinth schickte, fertigte Edström 360-Grad-Bilder vom Höhleninneren an. Beide wurden von National Geographic Society Global Exploration Fund unterstützt. Entstanden sind Aufnahmen, vor denen ich niederknien könnte. Absolut unglaublich, einzigartig, atemberaubend, gewaltig, ungeheuer grandios sind die Eindrücke, die sie bei mir hinterlassen. Zwei visuelle Abenteuer, die, online gestellt, den Betrachter auf eine phantastische Reise in unbekannte Welten mitnehmen. Klein wie Glühwürmchen erscheinen die Menschen darin vor der Größe der Natur.

Die beiden Fotografen einte die Absicht, ihre Erlebnisse mit einem Millionenpublikum weltweit zu teilen, ihre schützenswerte Schönheit zu zeigen und gleichzeitig der bis dahin weitgehend unberührten Höhlenlandschaft ein Denkmal zu setzen. In einem Interview mit *news.nationalgeographic.com* sagte Edström auf die Frage, ob er Angst habe, dass das öffentliche Interesse sich negativ auf das Wunder der Natur auswirken könnte: »Wahrscheinlich wäre es das beste für die Höhle gewesen, wenn sie nicht entdeckt worden wäre. Wir müssen dafür sorgen, dass sie so weit wie möglich erhalten bleibt.« Seine Vermutung, dass Vietnam in Bezug auf das Höhlensystem kommerzielle Interessen über die des Naturschutzes stellen könnte, bewahrheitete sich. Im Jahr 2014 wurden Pläne öffentlich, in denen das Volkskomitee der Provinz Quảng Bình den Bau einer Seilbahn zur Sơn Đoòng für erstrebenswert hielt. Ein rund 212-Millionen-Dollar-Projekt des vietnamesischen Investors Sun Group. Zu den von diesem Unternehmen fertiggestellten Projekten zählt auch der schwebende Zugang auf die Bà-Nà-Hills im Hinterland des Küstenortes von Đà Nẵng. 1500 Personen pro Stunde können sitzend in der Seilbahn zu den dort erbauten drei Hotels, einer Pagode und einem Fantasy Park gelangen.

Wie die *Thanh Niên News* im November 2014 berichtete, argumentierten die Befürworter solcher Prestigeobjekte wie oft in anderen Ländern auch mit einer Belebung des Tourismus in der Region, damit verbundenen hohen Einnahmen und der Schaffung von Arbeitsplätzen. Vertreter des Volkskomitees äußerten die Auffassung, dass dadurch die Armut in der abgelegenen und einst stark von Bomben betroffenen Provinz zurückgedrängt werden könne.

Die Nachricht von den in nationalen und internationalen Medien verbreiteten Plänen löste einen weltweiten Aufschrei aus. Tausende Menschen unterschrieben eine Online-Petition gegen das Projekt. Naturschutzgruppen und Touristen unterstützten Proteste von Wissenschaftlern, die vor negativen geographischen, topographischen und geologischen Auswirkungen auf den Nationalpark warnten. Massentourismus könnte sich verheerend auf die Höhlenlandschaft auswirken, so ihre Meinung. Der UN-

ESCO-Weltnaturerbetitel sei in Gefahr, hieß es. Howard Limbert, der 2009 die britische Expedition in die Sơn Đoòng geleitet hatte, äußerte große Besorgnis gegenüber dem Projekt. Die Jugendzeitung *Tuổi Trẻ* zitierte ihn mit den Worten:»Der Schaden an der Höhle wäre unumkehrbar. Die Seilbahn würde der Sơn Đoòng ihren ursprünglichen Charme rauben und den Nervenkitzel, den sie als Abenteuer zu bieten hat.« Massentourismus verspreche nur kurzfristig Vorteile für die Provinz und nicht auf lange Sicht. Dabei habe die Provinz Quảng Bình das Potential, eine von Asiens Top-Touristenattraktionen zu werden, meinte er.»Vietnam scheint eine tiefe Unsicherheit zu haben, dass seine natürliche Schönheit und malerischen Landschaften nicht genug sind – sie müssen mit Seilbahnen, Casinos oder lauten Karaokebars ›verbessert‹ werden ... Es ist wirklich eine Schande«, kritisierte Pamela McElwee, Humanökologin an der Rutgers-Universität im US-Bundesstaat New Jersey, gegenüber der *Thanh Niên News* diese Entwicklung. Sie hatte Vietnams Schutzgebiete ausgiebig erforscht.

Anfang 2015 stoppte die vietnamesische Regierung das umstrittene Seilbahnprojekt. Bis 2030 schützt ein nationaler Entwicklungsplan die Höhle vor großangelegten Bauprojekten. Bereits seit 2013 bietet der vietnamesische Veranstalter Oxalis sechstägige Trekking-Touren durch die Sơn Đoòng an. Übernachtet wird im Zelt. 3000 Euro kostet das auf 220 Plätze jährlich beschränkte Abenteuer. Das Angebot erfreut sich so großer Nachfrage, dass Interessenten auf einer Warteliste stehen. Oxalis betont auf seiner Website, dass es das einzige Unternehmen mit einer Lizenz zum Führen von Touristen durch das Höhlensystem ist.

Auch die vịnh Hạ Long, die Bucht des herabsteigenden Drachen, sehen Umweltschützer und selbst das Tourismusministerium als gefährdet an. Täglich über 550 Ausflugsboote und nicht gezählte Frachtschiffe verkehren im Golf von Tonkin, den je nach Reiseführer 1700 bis 3000 Inseln verzaubern. Einer Legende nach – und davon kennen die Vietnamesen meist viele unterschiedliche Auslegungen – entstanden sie vor Millionen von Jahren, als das Volk der Drachen und Feen gegen Feinde aus dem Norden kämpfte. Die Götter sandten ihnen einen riesigen Drachen zu Hilfe, der in den Bergen lebte. Mit seinem Schwanz schlug er tiefe Täler in die Erde, bevor er ins Meer eintauchte. Durch seinen massigen Körper stieg der Wasserspiegel in Windeseile so weit an, dass die Flut die von dem Drachen geschaffenen Täler überschwemmte. So versperrte er den Invasoren den Weg. Zurück blieben die Bergspitzen, viele unterhöhlt und mit Dschungel bewachsen, auf denen seltene Pflanzen- und Tierarten, Affen und Vögel leben. In Wirklichkeit war die Region einst geologisch sehr aktiv. Gewaltige Muschelkalkplateaus wurden im Lauf der Zeit vom Meeresboden nach oben geschoben. Seit 1994 steht die Bucht auf der Liste des Weltnaturerbes der UNESCO.

Eine meiner Reportagen zu diesem Teil der Welt, die im Juli 2015 in den *vdi-Nachrichten* erschien, beginnt so: »Die Drachenbucht badet in Smaragdgrün. Nach Sonnenaufgang verschwimmt der Horizont mit dem noch schlafenden Meer. Ein warmer Lufthauch streichelt die nackte Haut von zwei spanischen Urlaubern. Sie relaxen auf dem Deck einer Dschunke, genießen die landschaftliche Schönheit. Die Stille. Das Paar kreuzt mit 14 weiteren Touristen im Golf von Tonkin. Am Nachmittag schwimmen sie vor einem sichelförmigen Sandstrand. Abends genießen sie fangfrischen Fisch. Wieder daheim, werden sie vom großartigen Erlebnis an Nordvietnams einzigartiger Küste erzählen. Dass sie dort waren – an einem der schönsten Orte der Welt. Doch was sie nicht wussten: Gleich neben ihrem Traumziel liegt das größte Kohlerevier des Landes. Die Abbauflächen erstrecken sich über insgesamt 350 Quadratkilometer, eine Fläche größer als München. 95 Prozent der nationalen Steinkohlenproduktion kommen von hier ... Seit Jahrzehnten fließen Schwermetalle in die Bucht: Eisen und Mangan. Wenn der Wind ungünstig steht, überzieht grauer Staub von den umliegenden Abraumhalden Bewohner, Pflanzen, Straßen, Häuser. An manchen, zum Festland hin liegenden Stränden hat das Meerwasser die Farbe von dünnem Filterkaffee. Ein Desaster für die Umwelt.«

Das allein bereitet den Behörden seit Jahrzehnten Kopfzerbrechen. Mit deutscher Unterstützung bauten sie innerhalb von zehn Jahren Kläranlagen, setzten Pionierpflanzen auf Geröllhalden, um sie zu befestigen und zu begrünen. Seitdem Trucks mit verschließbaren Ladeflächen ausgerüstet sind und die Fahrbahnen im Tagebau feucht gehalten werden, weht der Wind weniger Kohlestaub als zuvor in Richtung Meer.

»Die Gefahren für das Weltnaturerbe kommen von allen Seiten«, schrieb die Deutsche Welle. In einem Artikel aus dem Jahr 2013 heißt es: »Hunderttausende Reisende jährlich hinterlassen ihren Müll, der aufgrund der fehlenden Strömung noch Jahre später in der Bucht schwimmt.« Die meisten der Ausflugsboote, die Touristen über mehrere Nächte hinweg als schwimmende Hotels dienen, entsorgen ihre Abwässer und Fäkalien ungeklärt ins Meer, berichtete die *Thanh Niên News* zur selben Zeit. Die über Jahrmillionen entstandenen Stalagmiten und Stalaktiten in zahlreichen Höhlen, die auch auf der Besichtigungsliste der Veranstalter ein- bis mehrtägiger Touren stehen, haben unter Einfluss der dort seit Jahren installierten farbigen Lichter Schaden genommen. Manche Besucher nahmen aus der Höhle kostenlose Souvenirs in Form der Tropfsteine mit. Einheimische »ernten« unter Schutz stehende Muscheln und Seesterne, um sie an die Besucher aus aller Welt zu verkaufen.

Der Tourismus und der Bergbau sind die zwei Gesichter von Hạ Long: Das eine ist schön, geheimnisvoll, geschmückt mit Drachensegeln, rot wie ein Kirschmund. Das andere ist schwarz und schmutzig, mit großen Narben. Dennoch zeigt die Kurve bei den Besuchern in diesem Gebiet steil nach oben. 2015 zählten die Behörden der Provinz Quảng Ninh 2,5 Millionen Touristen. An einem einzigen Tag, dem ersten zum Neujahrsfest Tết 2016, besuchten mehr als 5000 ausländische Gäste die Bucht.

Schon mehrfach kam es zu Unfällen. Im Jahr 2002 kenterten

nach Angaben des *Spiegel* zwei Ausflugsboote, wobei mehrere Touristen starben. 2006 gingen in einem Orkan mehrere Schiffe unter, 13 Menschen ertranken. Im Jahr 2009 sank ein Schiff in einem Sturm, fünf Menschen kamen dabei ums Leben, drei von ihnen waren Touristen aus dem Ausland. Als 2011 ein verankertes Boot an einen der ausgewiesenen Liegeplätze kurz vor Sonnenaufgang innerhalb von einer Minute sank und zwölf Touristen ums Leben kamen, verboten die Behörden vorübergehend die Übernachtung auf den Schiffen. Um dieser Attraktion in der Bucht zu einem sprichwörtlichen sauberen Image zu verhelfen, gab das Volkskomitee der Provinz eine Verordnung heraus, wonach alle Boote weiß gestrichen werden sollen. »Weiß statt sicher« schrieb im April 2012 die *Süddeutsche Zeitung*. Von jeher hatten die Holzdschunken, die früher Lasten wie Reis transportierten, einen warmen, rotbraunen Ton. Der staatlich angeordnete Farbwechsel sorgte bei den Eignern und den Touristen für Irritationen. Alsbald ließ die hohe Luftfeuchtigkeit die Farbe abblättern, was den Booten einen ungepflegten Anschein gab. In Traveller-Blogs wurde über die Unfähigkeit der Politiker gehöhnt, die Traditionen zerstören statt die Dschunken sicherer zu machen. Bis 2021 sollen alle Holzboote aus der Drachenbucht durch Stahlschiffe ersetzt werden. Doch mit den Dschunken wird das Abenteuer verschwinden, das Urlauber bei einer mehrtägigen Tour erlebten, mit leise an die Holzplanken klopfenden Wellen und der Kajütenromantik.

Einer der größten inländischen Investoren im Fremdenverkehr ist Vinpearl. Die Firma plant und baute bereits mehrere Ressorts, Hotels, Golfanlagen und Freizeitparks. Das Vinpearl Hạ Long Bay Ressort, das erste Ende 2015 eröffnete Fünf-Sterne-Hotel in dieser Region, nimmt mit 370 luxuriösen Zimmern, einer Pool- und Gartenlandschaft die gesamte kleine Insel Rêu ein. Sie liegt nur etwa 500 Meter vom Festland entfernt. Ihre Strände sind jetzt künstlich mit weißem Sand aufgeschüttet. Zuvor beherbergte die Insel »viele seltene Tierarten«, wie es auf den Seiten mehrerer

Tourveranstalter heute noch heißt. In Sichtweite von Rêu wächst auf und um Tuần Châu, einer weitaus größeren Insel, ein gigantischer Tourismus- und Erholungskomplex, mit einer Seilbahn, Hochhäusern, 1000 Hotelbetten, Delphin- und Musikshows. Mit über sechs Kilometern Länge wird die Marina der größte Hafen in Südostasien, wie die *Quang Ninh News* im Juli 2015 berichtete. Und noch ein Highlight wird die Insel haben – den mit acht Kilometern längsten künstlichen Strand in Vietnam. Aus der Vogelperspektive betrachtet könnte das Projekt Teil einer Blaupause von einer der Inseln vor Dubai sein.

Als im Juli 2012 in- und ausländische Wissenschaftler mit Politikern zu einer Konferenz zusammenkamen, um über die wirtschaftlichen Chancen und Risiken der Provinz Quảng Ninh zu diskutieren, äußerte einem Artikel von *VietNamNet* zufolge der ehemalige Premierminister Vũ Khoan seine Besorgnis über die Umweltverschmutzung und das Vordringen von Betonarbeiten in der Bucht von Hạ Long. »Die Bautätigkeiten in und rund um die Bucht müssen gebannt, Arbeiten, die Verschmutzungen verursachen, nach und nach eingestellt und die Bevölkerungsdichte von Hạ-Long-Stadt verringert werden«, zitierte ihn das Blatt. Im selben Beitrag kam Phạm Trung Lương, stellvertretender Leiter des vietnamesischen Forschungs- und Entwicklungsinstitutes für Tourismus, zu Wort. Er wies darauf hin, »dass eine weiterhin unorganisierte Entwicklung des Tourismus für die Bucht eine Bedrohung ist«.

In einem Beitrag auf der Website der Europäischen Union, *europa.eu*, äußerte sich im Mai 2015 der stellvertretende Marketingdirektor von VNAT, Lê Tuấn Anh, zum Thema Nachhaltigkeit: »Vor fünf Jahren bedeutete in Vietnam Tourismusmarketing in erster Linie Tourismuswerbung. Damals ging es uns einfach darum, den Tourismus zu steigern«, was der Regierung ob der in wenigen Jahren um das Vielfache gewachsenen Besucherzahlen auch gelang. »Dies war zwar ein höchst erfreuliches Ergebnis, doch erkannten wir sehr bald, dass einigen unserer besten Tourismusziele ihre Beliebtheit zum Verhängnis wurde«, so Anh. Dabei bezog er sich ausdrücklich auf die Bucht von Hạ Long. »Die Infrastruktur – wie Anlegestellen und Ausflugspfade zu den Höhlen und Aussichtspunkten – hielt dem Massenzustrom nicht mehr stand. Was die Besucherzahlen betrifft, haben wir unsere Ziele weit übertroffen, allerdings auf Kosten der Umwelt.« Doch jetzt gebe es »Dank der Unterstützung der EU [...] eine Marketingstrategie, die auch Sozial- und Umweltauswirkungen berücksichtigt.« Die EU hatte im Zeitraum von 2011 bis 2015 elf Millionen Euro zur Förderung der Nachhaltigkeit im Tourismussektor Vietnams bereitgestellt. Damit wurden beispielsweise über 3000 Personen in Seminaren geschult. Zitat Anh: »Früher waren immer die wachstumsbedingten Probleme unsere größte Sorge. Heute sind wir auf dem Weg zur Nachhaltigkeit, und unseren Möglichkeiten scheinen keine Grenzen gesetzt zu sein.«

Deutsche in Vietnam – Vietnamesen in Deutschland

An einem Nachmittag im November war ich auf dem Weg in die Schuhgasse in Hanoi, um einen Absatz reparieren zu lassen. In der Hàng Dầu, in der früher Öl verkauft wurde, liegt ein Schuhgeschäft neben dem anderen. Aufgereiht stehen dort bunte Kinderschuhe, Leder- und Plastiksandalen, Pumps, Mokassins, Boots, Sneaker, Gummistiefel. Auf den wie überall in der Altstadt zugeparkten Fußwegen behaupten sich einige mobile Schuhmacher. Ein Werkzeugkasten, ein niedriger Holzschemel zum Sitzen, Flip-Flops zum Wechseln und ein Schild, auf dem die Dienstleistung mit Telefonnummer angeboten wird – mehr braucht es nicht für ein Geschäft unter freiem Himmel. Vertieft in sein Handwerk saß dort gebückt ein alter Mann am Straßenrand. Die Brille war ihm auf die Nase gerutscht. Unter seinen von Hornhaut überzogenen Händen wurde ein schwarzer Herrenlederschuh ausgefertigt. Der Schuhmacher war so vertieft in seine Arbeit, dass er nicht einmal aufschaute, als ich mich vor ihm hinstellte und ihn meinen losen Absatz entgegenhielt. »*Xin chào ông*« – »Guten Tag, Herr«, begrüßte ich ihn. Sein Blick wanderte erst zu meinem Gesicht, dann auf den Schuh in meiner Hand. »Bonjour Madame!«, sagte er. »Entschuldigung, aber ich spreche leider kein Französisch. Ich komme aus Deutschland«, erwiderte ich ihm in seiner Landessprache. Daraufhin fragte er: »Aus Ost- oder Westdeutschland?« – »Aus Ostdeutschland, aus Leipzig«, ergänzte ich. Ein lang gedehntes »Ah!«, rief er erfreut, und stellte mir mit der Bemerkung: »Setz dich, meine Tochter«, einen Holzhocker vor die Füße. »Ihr Ostdeutschen habt uns im Krieg sehr geholfen. Ich mache dir deinen Schuh umsonst.«

Vietnamesen sind nicht nachtragend. Weder, was den Krieg mit den USA mit seinen Folgen für ihr Volk betrifft, noch unter Freunden, die ihnen mal auf den Schlips getreten sind. Hilfe und Unterstützung, die ihnen und ihrer Familie durch andere Menschen zuteilwurde, vergessen sie nicht. Besonders die Ostdeutschen, mit denen an die 100 000 von ihnen zu DDR-Zeiten gelernt und gearbeitet und studiert haben, behalten sie in guter Erinnerung. Mit ihnen haben sie gescherzt, gelacht, ihre erste Schlittenfahrt und Schneeballschlacht erlebt und auch mal geweint, wenn zu Hause in Vietnam jemand in der Familie gestorben war. Die Arbeiterwohnheime und Internate, in denen sie zu DDR-Zeiten in Mehrbettzimmern mit jeweils einer Küche auf der Etage untergebracht waren, wurden rund um die Uhr von »Betreuern« bewacht. Ich hatte Zugang zu beiden, aber nur, weil ich mich sowohl mit den deutschen als auch den vietnamesischen Aufpassern gut verstand. Die Vietnamesen sollten bei uns lernen, arbeiten, ja keine Kinder bekommen – selbst hochschwangere Frauen wurden vorzeitig nach Hause geschickt. Sie mussten alleine gehen, ohne ihren Partner und mit leeren Händen. Das bedeutete ein großes Unglück für die Familie in Vietnam. Freundschaften wurden bestenfalls auf kollegialer Basis geduldet. Doch alle waren jung, kamen aus einem von Krieg und Not gezeichneten Land und meinten, hier im Schlaraffenland gelandet zu sein. Es gab genug zu essen, auch wenn die Menschen nach Bananen anstanden. Die meisten Leute waren freundlich zu ihnen. Die Heizungen im Winter waren warm, und das verdiente Geld reichte für eigene Anschaffungen, trotz des teilweise einbehaltenen Lohns durch die eigene Regierung. Wenn nach vier Jahren die Rückkehr bevorstand, durfte jeder Vertragsarbeiter und Student eine Holzkiste, groß wie ein kleiner Container, packen, die nach Vietnam verschifft wurde. Da hinein kamen Fahrräder, Nähmaschinen, schwarzer Futterstoff, Fotopapier, Haushaltsgegenstände und auch mal ein Moped. Alles Dinge, mit denen in der Heimat gehandelt oder gearbeitet werden konnte. An Abreisetagen sah die Abfertigungshalle des Flughafens Berlin-Schöne-feld wie ein Warenlager aus. Die meisten Vietnamesen hatten zu viel Handgepäck dabei, dass sie nicht mit in die Iljuschin 18 neh-men durften, die damals mit einem Zwischenstopp im pakistani-schen Karatschi nach Hanoi flog. Tränen flossen, viele Deutsche lagen sich mit ihren vietnamesischen Freunden in den Armen. Liebespaare wurden auf unbestimmte Zeit auseinandergerissen. An eine Heirat und somit an eine gemeinsame Zukunft war nicht zu denken. Die Abkommen beider Länder nahmen auf derartige Beziehungen, die sowieso verboten waren, keine Rücksicht.

Aus dieser gemeinsam erlebten Zeit rührt die Vertrautheit zu-einander. Die Kenntnis deutscher Kultur und Lebensweise, die heute noch viele potentielle Investoren aus dem Westen der Re-publik völlig unterschätzen, hat diese Menschen geprägt. Viele von ihnen waren und sind an entscheidenden Schnittstellen in Politik und Wirtschaft anzutreffen, bis hoch in die Ministerien.

Nachdem sie als Facharbeiter und Studenten in Deutschland ihre Jugend verbracht haben, ist Deutschland oft noch das Land ihrer Träume. Viele wollen gern noch einmal im Leben dorthin zurückkehren, sehen, was aus ihren Betrieben geworden ist, ob die Uni noch steht und wie es sich im vereinigten Deutschland nach der Wende lebt. Ihre Sehnsucht wird genährt durch Berichte von Verwandten und Freunden, die hier sesshaft geworden sind und besonders an *Tết* nach Hause kommen, mit meist mehreren »Westpaketen« voller wohlriechender, schmackhafter lang ver-misster Dinge.

Die Erde ist rund. Ein Spruch, der immer wieder fällt, wenn sich Vietnamesen mit ihren Landsleuten oder deutschen Freun-den von der anderen Seite der Welt treffen. Er drückt die Hoff-nung aus, dass es irgendwann doch noch mit einer Reise nach Deutschland klappt. Dann schweift ihr Blick in die Ferne und Wehmut liegt in ihrer Stimme. Aber für einen mehrwöchigen Hotelaufenthalt mit Flug, Kost und Ausflügen reichen ihre Er-sparnisse oft nicht. Für ein Schengen-Visum ohne Tourveranstalter müssen sie zu einem Rückflug-Ticket auch eine Einladung von deutschen Freunden oder nahen Familienangehörigen mit Wohnsitz in Deutschland vorweisen. Dieses Glück wird den wenigsten zuteil, und selbst dann ist nicht sicher, dass sie die Visa auch erhalten.

Deutsche Firmen in Vietnam sind heiß begehrte Arbeitgeber. Sie zahlen meistens besser als Unternehmen aus dem asiatischen Raum, halten die gesetzlich vorgeschriebenen Pausen und die Anzahl der Urlaubstage ein und sind dafür bekannt, dass gute Leistungen belohnt werden. Manche schulen ihre Mitarbeiter, von der Putzfrau bis zum Chefingenieur. Eine Zusatzausbildung oder ein Praktikum in Deutschland sind für junge Vietnamesen sehr erstrebenswerte Ziele, die nach einigen Berufsjahren zu finanziell lukrativen Angeboten aus der Branche führen. Die Konkurrenz schläft nicht. Abwerben von leistungsstarken Fachkräften ist ein Sport in Vietnam. Die meisten deutschen Arbeitgeber sorgen auch deshalb für ein familienfreundliches Umfeld, für Mittagessen in der Kantine und die Unterbringung kleiner Kinder in Krippe und Kindergarten auf dem Betriebsgelände. Sie loben den Fleiß, die Lernbereitschaft und die Gewissenhaftigkeit ihrer vietnamesischen Kollegen.

Wie viele deutsche Unternehmen sich in Vietnam engagieren, produzieren und weiter investieren, darüber gibt es unterschiedliche Angaben. Die Außenhandelskammer (AHK) schätzt 300, Marco Walde, der Chefdelegierte der Deutschen Wirtschaft (AHK Vietnam) in Hanoi, glaubt laut *Handelsblatt* vom 5. Mai 2016, das es nur etwa 100 seien. Auf alle Fälle gibt es nach Meinung in Politik und Wirtschaft Vietnams zu wenige von ihnen. Abgesehen von Global Playern wie BMW, Bosch, BASF, Siemens und Daimler, die längst mit eigenen Fabriken im Land sind, haben andere nur eine Repräsentanz vor Ort. Aber eine aktive Geschäftstätigkeit ist wichtig, sie bietet einen Einstieg in einen großen Markt.

Doch der Mittelstand, den sich die vietnamesische Wirtschaft zum Vorbild nimmt und sich als Investor wünscht, lässt dort auf sich warten. Das ist Thema vieler bilateraler Gespräche, gegenseitiger Besuche und Konferenzen. Als 2010 die Aufnahme deutsch-vietnamesischer Zusammenarbeit und diplomatischer Beziehungen mit einem Kulturjahr ihr 35-jähriges Bestehen feierte, warb Nguyễn Thị Bích Vân auf einem Wirtschaftsforum in Berlin für mehr deutsches Engagement in ihrem Land. Die einstige Studentin an der Universität Leipzig kam als stellvertretende Direktorin im vietnamesischen Ministerium für Planung und Investition in die deutsche Hauptstadt. Vor 200 Gästen breitete sie Hochglanzprospekte von gerade entstehenden Industriezentren aus. Die Chefs der Volkskomitees der jeweiligen Provinzen hatte sie gleich mitgebracht. Sie sind der starke Arm der Partei und somit wichtige Gesprächspartner. Einer von ihnen, Đỗ Hữu Nghị aus der am Meer gelegenen Provinz Ninh Thuận, erläuterte seine großen Pläne. An der südlichen Küste von Mittelvietnam sollte ein Zentrum für alternative Energien entstehen. Die Losung hieß: Grün, sauber, nachhaltig. Als ein Unternehmer aus dem Publikum fragte, wie lange er denn auf eine Entscheidung warten müsse, wenn er da in einen Windpark investieren möchte, antwortete ihm Nghị: »Nicht mehr als 15 Tage.« Der Mann, der das wissen wollte, war Vietnamese, fragte auf Deutsch und kam aus Oranienburg bei Berlin.

Vietnamesen sehen in Deutschland Parallelen zu ihrer Heimat. Die DDR war ein Einparteienstaat nach dem Vorbild der Sowjetunion. Das Land war in zwei Lager gespalten, getrennt durch eine Mauer und eine jeweils andere Ideologie in den Köpfen der Menschen. Auch durch Vietnam verlief ein tiefer Graben. Der 17. Breitengrad teilte das Land in Nord und Süd, in die DRV und Südvietnam, in ein kommunistisches und ein kapitalistisches Lager. Mit dem Sieg über die USA 1975 wurde das Land wieder vereint. Deutschland und Vietnam sind etwa gleich groß und hatten bis vor einigen Jahren noch etwa gleich viele Einwohner. Die Deutschen gelten als fleißig und korrekt, wie die Vietnamesen, wegen dieser Eigenschaften werden sie auch als die Preußen Asien bezeichnet.

Die 130 000 Vietnamesen, die in Deutschland leben, sind jedoch keine homogene Gemeinschaft. Die meisten, die als Vertragsarbeiter in die DDR kamen und nach der Wende blieben, ihre Frauen und Männer nachholten, halten sich nach wie vor in Ostdeutschland auf. Auf der Suche nach besseren Verdienstmöglichkeiten gingen viele von ihnen Mitte der 1990er Jahre in den Westen der Republik, doch kamen alsbald wieder zurück. Im Westen trafen sie auf ihre Landsleute, die nach dem Fall von Saigon vor ihnen, den Menschen aus dem kommunistischen Norden, als *boat people* aus Südvietnam geflohen waren. Wie viele der Kriegsflüchtlinge heute wählten sie den lebensgefährlichen Weg über das Meer. Wenn sie Glück hatten, wurden sie aufgefischt von der Cap Anamur, dem deutschen Notärzte-Schiff unter der Flagge von Rupert Neudeck. Das ersparte ihnen den Aufenthalt in Flüchtlingslagern in Hongkong und anderswo in Südostasien. Etwa 35 000 Südvietnamesen fanden in den späten 1970er Jahren Zuflucht in Westdeutschland. Sie sprechen einen anderen Dialekt als Menschen aus dem Norden. Ebenso unterscheiden sich ihre Essgewohnheiten. Diese beiden Gruppen bleiben bis heute weitgehend jeweils unter sich. Während die einen Nischen im Arbeitsmarkt besetzen, sich mit Gemüsegeschäften, Restaurants und Nagelstudios selbstständig machten, sind die anderen oft Arbeitnehmer in deutschen Unternehmen oder gründeten eigene, mittelständische Firmen.

8000 vietnamesische, meistens sehr kleine und mittelständische Betriebe sind derzeit in Deutschland aktiv. Dazu gehören die Großmärkte in Berlin und Leipzig. Die Presse nennt sie »Klein Hanoi«, weil es dort so zugeht wie in der Hauptstadt Vietnams. Sie sind Handelsplatz, Kaufhaus, Markthalle, Treff- und Kommunikationspunkt in einem. Vor allem vermitteln sie Heimatgefühl. Der Friseur ist gleich um die Ecke, in Garküchen gibt es *phở bò* und die Kinder lernen Vietnamesisch in provisorischen Schulräumen. Denn viele von ihnen verstehen zwar die Sprache ihrer Eltern, aber können sie weder schreiben noch lesen. In Deutschland geboren, fühlen sie sich als Deutsche, werden aber von ihrem Umfeld als Asiaten, als Vietnamesen wahrgenommen. Viele von ihnen haben das Gefühl, in einer fremden Haut zu stecken. Auf Besuch in Vietnam ist dann das Gegenteil der Fall, zumindest auf den ersten Blick. Man meint, sie seien Vietnamesen. Ihre oft mangelhaften Kenntnisse der Landessprache verraten jedoch, dass sie aus dem Ausland kommen.

Wie es sich anfühlt, so verkannt zu werden, hat der ehemalige Bundeswirtschaftsminister, Vizekanzler und FDP-Chef Philipp Rösler 2012 bei seinem Besuch in Vietnam zu spüren bekommen. Er war als Kleinkind während des Krieges von einer deutschen Familie adoptiert worden und wuchs in Niedersachsen auf. »Deutschland ist meine Heimat, Vietnam ein Teil meines Lebens, an den ich mich nicht erinnere. In Deutschland bin ich groß geworden, hier habe ich meine Familie, meinen Vater, meine Freunde«, sagte er am 14. September 2012 dem *Spiegel* auf die Frage, wie er zu seinem Geburtsland stehe. Im Vorfeld seines Besuches hatte eine vietnamesische Zeitung geschrieben: »Er ist einer von uns.« In Vietnam selbst wurde er damals mit großem Jubel empfangen. Als er im April 2016 in seiner Funktion als Exekutivdirektor des Weltwirtschaftsforums wieder Vietnam besuchte, war das nur eine kurze Meldung in den Medien wert.

Es gibt einige Erfolgsgeschichten unter den Deutschen, die den Schritt nach Südostasien wagten und von vornherein nicht in China, sondern in Vietnam investierten. Das deutsch-vietnamesische Unternehmen Đức Việt Food JSC ist eine davon: Es waren einmal ein Elektromaschinenbau-Ingenieur aus Erfurt und ein vietnamesischer Mathematik-Student in Halle/Saale. Die beiden lernten sich nach der Wende kennen. Sie wurden Freunde. Wenn der Hallenser seinen Freund in Thüringen besuchte, aßen sie gern eine regionale Spezialität: Thüringer Bratwurst. Als Vietnam sich anschickte, die Welt als Investoren zu gewinnen, hatten sie eine Idee: eine Wurst für den vietnamesischen Gaumen zu produzieren, in Vietnam. Da weder der eine noch der andere wusste, wie die einheimische Delikatesse hergestellt wird, gingen sie für einige Wochen bei einem lokalen Fleischermeister in die Lehre. Dann versuchte der Vietnamese, der promoviert hatte, die bürokratischen Hürden in Vietnam zu überspringen, kümmerte sich um Genehmigung, Grundstück, den Bau einer Produktions- und Lagerhalle, Lieferanten und um potentielle Mitarbeiter. Der andere streckte seine Fühler nach einen Maschinenpark aus, orderte Gewürze und andere originale Zutaten für die Herstellung. Er schloss auch einen Vertrag mit dem örtlichen Senfproduzenten. Denn Wurst bleibt Wurst und Senf bleibt Senf. Fachleute hielten die beiden, die in ihren Augen weder vom Wurstmachen noch vom Lebensmittelrecht eine Ahnung hatten, für verrückt. Doch im Jahr 2000 standen die Freunde am beschaulichen Westsee in Hanoi und boten die ersten in der Nähe der Hauptstadt produzierten Thüringer Bratwürste vom Grill Passanten kostenlos zum Probieren an. Heute fliegt diese Wurst mit Vietnam Airline um die Welt, geht über Hunderte Ladentische im Norden und im Süden, liegt in der Altstadt von Hanoi als »German Food« auf dem Grill und ist dabei, die Zungen der Japaner zu erobern. Ihre Macher, Michael Campioni aus Erfurt und Mai Huy Tân aus Hanoi, haben reichlich Lehrgeld bezahlt, mehrere Millionen Euro investiert und sind dabei, den asiatischen Markt zu erobern. 300 Mitarbeiter produzieren 500 000 Würste – pro Tag. 2015 verkaufte Đức Việt 150 Millionen davon. Tân hat sich nicht nur in die Bratwurst aus Deutschland verliebt, sondern auch in die Sprache. Er übersetzte die bekanntesten deutschen Volkslieder ins Vietnamesische.

So ein Start-up gelingt nicht immer, zumal nicht jeder einen Freund aus Vietnam an seiner Seite hat, der bestens vernetzt ist und der politischen Elite angehört. Was passiert, wenn der vietnamesische Geschäftspartner seine eigenen Interessen verfolgt, ohne das Gesetz zu achten, hat das *Handelsblatt* am 5. Mai 2016 beschrieben. Unter der Überschrift »Ausgeliefert« schilderte das Blatt den Fall von Heinrich Schenk, einem mittelständischen Unternehmer, der in seinem Werk in Hanoi Spezialpappe für Schuhsohlen produzierte. Anfangs erfolgreich, doch dann zerbrach die Zusammenarbeit mit seinem vietnamesischen Geschäftspartner. Obwohl die Gerichte dem Deutschen recht gaben, wurde das Urteil von den Behörden nicht umgesetzt. Schenk sah sich mit Schlägertrupps am Werktor konfrontiert. Seine 40 Mitarbeiter musste er nach Hause schicken, so das Blatt in dem Artikel. »Schenks Gegner haben durchgesetzt, dass er derzeit weder im- noch exportieren darf. Auch das Bankkonto ist gesperrt.« Walde, der Delegierte der Deutschen Wirtschaft, sagte dem *Handelsblatt* dazu: »Es gibt keine unabhängigen staatlichen Gerichte in Vietnam. Markteinstiege [...] muss man in Vietnam ganz besonders sorgfältig vorbereiten.«

Das Herzstück der »Hanoier Erklärung«, die Bundeskanzlerin Angela Merkel 2011 bei ihrem Besuch in Vietnam mit ihrem damaligen Amtskollegen Nguyễn Tấn Dũng unterzeichnete, ist der Bau des Deutschen Hauses in Ho-Chi-Minh-Stadt. »Dadurch wurde die strategische Partnerschaft zwischen Deutschland und Vietnam besiegelt, die sich einer Intensivierung der Kooperation in Politik, Wirtschaft, kulturellen Angelegenheiten und in der Entwicklungszusammenarbeit verschreibt«, ist auf der Website zu lesen. Das Gebäude mit 25 Stockwerken, einer energieeffizienten Glasfassade und einem Dachgarten auf halber Höhe werde für »deutsche und mitteleuropäische Unternehmen und Institutionen der Ort ›schlechthin‹ sein, um Geschäfte in Vietnam und den ASEAN Staaten zu tätigen.« Es sei ein Leuchtturm der vietnamesisch-deutschen Freundschaft, noch einer, neben der VGU und der 2009 eröffneten Deutschen Schule in der südlichen Metropole. Beim Gegenbesuch des Premierministers im Oktober 2014 in Berlin bedankte sich Merkel für die gerade erteilte Baugenehmigung und betonte im Zusammenhang der ausbaufähigen weiteren Zusammenarbeit: »Das Deutsche Haus ist ein wichtiges Symbol.« Für ein Vietnamesisches Haus in Deutschland, ein Wunsch der Regierung, »müssen wir die letzten Fragen noch klären«, sagte sie damals. Das Deutsche Haus im Zentrum von Ho-Chi-Minh-Stadt soll Ende 2017 eröffnet werden. Im Rahmen der strategischen Partnerschaft ist eine Deutsch-Vietnamesische Handelskammer geplant, um die Investitionen deutscher Unternehmen im Land mehr zu fördern, wie *Die Stimme Vietnams* am 29. Februar 2016 berichtete.

Nach Informationen der Weltbank hat Vietnam 2015 den Wendepunkt in der Alterung der Bevölkerung erreicht. Danach wird die Anzahl der Personen über 65 Jahre von derzeit 6,3 Millionen auf 18 Millionen im Jahr 2040 steigen, meldete *Die Stimme Vietnams* am 29. März 2016 und schreibt: »Diese Alterung sei teilweise das Ergebnis der schnellen Wirtschaftsentwicklung. Das zunehmende Einkommen und bessere Bildungsniveau würden zu einer Erhöhung der Lebenserwartung bei gleichzeitiger Abnahme der Geburtenrate führen.«

Angesichts dieser sich abzeichnenden Entwicklung verwundern Meldungen über zu wenig Arbeitsmöglichkeiten für ausgebildete Krankenschwestern in Vietnam. Ein wichtiger Teil der Entwicklungszusammenarbeit ist ein Ausbildungsprogramm für vietnamesische Pflegekräfte. Seit 2013 werden sie von Deutschland abgeworben, um nach einer zweijährigen Ausbildung in der Altenpflege für weitere drei Jahre fern der Heimat zu arbeiten. Sie sind die neuen gewollten Arbeitsemigranten, mit deren Hilfe die deutsche Bundesregierung dem demographischen Wandel begegnen und den Fachkräftemangel in der Pflegebranche ausgleichen will. Bevor die Vietnamesen die Reise nach Deutschland antreten, absolvieren sie einen Sprachkurs am Goethe-Institut in Hanoi.

Wie Vietnamesen denken und fühlen

Sprache geht durch den Magen

Dass wir heute nicht wie die Kuh vorm neuen Tor stehen, wenn wir in Vietnam die Namen von Straßen lesen wollen oder einen bestimmten Ort auf dem Stadtplan suchen, hat viel mit Alexandre de Rhodes zu tun. Neben portugiesischen und weiteren französischen Missionaren entwickelte er im 17. Jahrhundert auf der Grundlage des lateinischen Alphabetes die vietnamesische Lautschrift *Quốc Ngữ*.

Ursprünglich hatte man in Vietnam über ein Jahrtausend hinweg Han-Chinesisch als Schriftsprache genutzt, eine komplizierte Zeichensprache, die Amts- und Schriftsprache, die vor allem gebildete Schichten beherrschten. Die Bauern konnten sie nicht lesen. Um den Besonderheiten der vietnamesischen Sprache Rechnung zu tragen, erfanden im 13. Jahrhundert vietnamesische Gelehrte die *Nôm*-Schrift, die der Phonetik mit zusätzlichen Zeichen folgte und dadurch noch schwieriger zu erlernen war. Im 18. Jahrhundert verfassten Dichter in diesen wie aus dünnen, neben- und übereinander stehenden Pinselstrichen bestehenden Zeichen ihre Werke. Dazu gehört das Nationalepos *Truyện Kiều*, *Das Mädchen Kieu*. Die 3254 Verse schrieb der berühmte Dichter Nguyễn Du. Es gehört zu den Klassikern der vietnamesischen Literatur, ist Pflichtlektüre in den Schulen und wurde bisher in 20 Sprachen, auch ins Deutsche, übersetzt. Erst mit der Verbreitung revolutionärer Schriften durch die Viet Minh und deren angestrebten Alphabetisierung bekam das einfache Volk Zugang zum Erlernen der *Quốc Ngữ*. Viele Lehnwörter aus dem Chinesischen flossen in das Vietnamesische ein. Seit 1945 ist sie die offizielle Amtssprache des Landes und wird auch unter den Minderheiten verstanden. Außerdem sprechen viele der 54 Ethnien ihre eigene Sprache. Im Vietnamesischen gibt es drei große Dialektgruppen im Norden, in Zentralvietnam und im Süden des Landes.

Für ungeübte Ohren klingt Vietnamesisch so, als wenn die Menschen singen, denn ihre Sprache ist sehr melodisch. Sachsen kommen damit gut zurecht, denn auch sie »jodeln« beim Sprechen im Dialekt. Während viele Ausländer beim Erlernen des Deutschen über die schwierige Grammatik stolpern, sind für Europäer oft die zu erlernenden sechs Töne eine Qual. Ein Wort im Vietnamesischen kann vielerlei Bedeutungen haben. Allein dafür ausschlaggebend ist die Betonung. Als Beispiel diene das Wort *ma*. Ohne Zeichen, und somit im Normalton gesprochen, bedeutet es »Geist« oder »Gespenst«. Hingegen heißt *mà*, mit einem Strich über dem *à*, als tiefer, fallender Ton, »aber«. Als *má*, hier geht der Tonfall nach oben, wird die »Mutter« in Südvietnam bezeichnet. Auf dem Feld wächst *mạ*, der »Reissetzling«, ein ganz kurz und tief ausgesprochenes Wort. Mit einem Häkchen über dem *a* bei *mả*, »Grab«, geht die Stimme wie bei einer Frage nach oben, aber dann wieder nach unten. Das »Pferd«, *mã*, hat einen galoppierenden Tonfall über dem Vokal, zweimal kurz unterbrochen. Das Internet bietet vielfältige Möglichkeiten, die richtige Intonation zu hören und zu erlernen.

Die Müllers, Ma(e)iers und Schul(t)zes in Deutschland sind die Nguyễns, Phạms und Trầns in Vietnam. Nguyễn ist laut Wikipedia der am meisten verbreitete Familienname, den 40 Prozent der Einwohner tragen. Eheleute behalten ihre Familiennamen nach der Heirat. Ein Neugeborenes bekommt in Vietnam immer den Familiennamen des Vaters, nicht den der Mutter.

Eine meine Freundinnen, die mit ihrer Familie in Sachsen lebt, heißt Lê Thanh Bình. Im Vietnamesischen steht der Familienname immer an der ersten Position, der Rufname am Ende. Wenn ich Bình, deren Vorname »Frieden« bedeutet und sowohl für Männer als auch Frauen verwendet wird, auf der Straße von weitem sehen würde und sie rufen möchte, dann hänge ich an ihren Namen den Vokal *ơi* an, einen sogenannten Ruflaut, den es wie das *u* im Deutschen nicht gibt. Ausgesprochen klingt das dann in etwa so: Bingơu! Durch den Ruflaut am Ende des Vornamens erhält dieser eine Dynamik und wird wie ein Samen im Wind zu einem anderen Ort getragen. Wenn Bình nicht meine Freundin wäre und sie mir erst bei einer Begegnung vorgestellt werden würde, hieße es nicht: »Das ist Frau Lê«, sondern: »Das ist Frau Bình«. Dann wird es weitaus komplizierter. Wie eng und verflochten die zwischenmenschlichen Beziehungen und Abhängigkeiten innerhalb der Familie und in der Gesellschaft sind, spiegelt die Anwendung der Personalpronomen wider. »Die Wahl der richtigen Pronomen erfordert ein feines Taktgefühl. Ungeschickte Wortwahl kann falsch verstanden bzw. übel genommen werden«, meint meine Freundin Sương. Das kann vorkommen, wenn Ausländer sich besonders anstrengen, den richtigen Tonfall zu treffen, dies aber misslingt. Während ihnen aus Unkenntnis des Vietnamesischen sofort verziehen wird, kann ein falsches Pronomen für Vietnamesen eine Beleidigung bedeuten, die nicht wiedergutzumachen wäre. Es gibt eine Vielzahl von Anredeformen, die abhängig vom Alter und Status der Person gebraucht werden. Deshalb fragen Vietnamesen bei der ersten Begegnung meistens danach, wie alt ihr Gegenüber ist, ob schon eine eigene Familie und Kinder da sind. Auch der Beruf ist wegen des Hierarchiebewusstseins wichtig zu wissen.

Das *tôi*, »ich«, spielt angesichts der verhältnismäßig geringen Bedeutung der eigenen Person gegenüber der Familie und der Gemeinschaft eine untergeordnete Rolle. Hierbei werden die Einflüsse des Konfuzianismus sehr deutlich. *Anh* bedeutet »älterer Bruder«, *em* »jüngerer Bruder«. *Mẹ* ist die Mutter (im Norden) und *bố* der Vater. *Bố mẹ* sind die Eltern, man beachte die Reihenfolge! *Chị* heißt »ältere Schwester«. Mit »Schwester« und »Bruder« sprechen die Vietnamesen nicht nur ihre tatsächlichen

Geschwister an, sondern respektvoll ältere Frauen oder Männer, wenn sie älter sind als man selbst. *Bạn* bedeutet das höfliche »Sie« als ein Freund. Das ist nur ein kleiner Ausschnitt aus der für Ausländer komplizierten Welt der Abhängigkeiten untereinander. Wer mehr darüber wissen möchte, dem empfehle ich das kleine, aber wertvolle Buch für das nähere Verständnis zum Gebrauch der Sprache aus der Kauderwelsch-Reihe: *Vietnamesisch – Wort für Wort*, von Monika Heyder.

Die vietnamesische Sprache geht durch den Magen. Oft begrüßen sich einander bekannte Menschen nicht nur mit *Xin chào*, Hallo oder Guten Tag!, sondern mit der Frage: *Chị ăn cơm chưa?* Hast du (weiblich) noch nicht Reis gegessen?

Auf keinen Fall Einsamkeit

Was macht Vietnam, wenn es sich entspannen will? Den Grill auf einer freien Rasenfläche anheizen, die Freizeit auf der Terrasse oder im Innenhof genießen, Abkühlung im See suchen? Eine Freizeitkultur wie bei uns gibt es nicht. In Hanoi und Ho-Chi-Minh-Stadt sitzen die Leute weder auf ihren Balkonen noch zum Picknick im Park. Schwimmen in den zahllosen Seen ist unvorstellbar, nicht nur wegen der Verschmutzung. Fahrradfahren als sportlicher Ausgleich zum Bürojob steckt gerade in den Anfängen. Auf dem Land scheint niemand Zeit dafür zu haben. Wenn sich Vietnamesen vergnügen wollen, gehen sie in einen Vergnügungspark. Unter vielen Menschen fühlen sie sich wohl. Je lauter und bunter es dort ist, umso besser. Männer treffen sich auf ein Bier in einen der zahlreichen Straßenlokale, zum chinesischen Schach oder Mahjong auf dem Gelände einer Pagode, unter alten Baumriesen an Seen und am Straßenrand. Mehr Frauen als Männer kommen zum Frühsport zusammen, zum Schwatzen im Café oder zu Hause für einen Kaffeeklatsch. Alle haben Spaß an jeglichen Ballspielen, besonders in den noch kühlen Morgen- und frühen Abendstunden, und an Karaoke, der Freizeitbe-schäftigung schlechthin. Essen gehen mit der ganzen Familie, im Freundes- und Kollegenkreis am Wochenende ist populär. Auch Kurztrips zu landschaftlich reizvollen Nahzielen werden immer beliebter. Neureiche haben das Golfspiel auf den mittlerweile über das ganze Land verteilten, meist phantastischen Plätzen zu ebenso phantastischen Preisen für sich entdeckt. An manchen Stränden am Meer kann es in der Sommerzeit eng werden. Im Winter geht kein Vietnamese freiwillig ins »viel zu kalte«, um die 20 Grad Celsius warme Wasser.

Vietnamesen sind (Ausnahmen bestätigen die Regel) ...

abergläubisch

Dem Glück nachhelfen, es bekommen, es zu behalten – dafür gibt es im Alltag viele Möglichkeiten. Der richtigen Buddhasta-tue, dem Buddha mit dem dicken Bauch über den Nabel zu streichen, soll helfen. Dem Geldgott Opfer bringen auch. Und natürlich auf den Wahrsager hören. Er wird vor allen wichtigen Terminen befragt: Hochzeiten, Hausbau, Reisen, der Eröffnung eines Geschäftes, dem unausweichlichen Gang zur Behandlung einer Krankheit in einer Klinik, dem Studium der Kinder. Der hintere Teil eines Hauses muss immer breiter sein als der vor-dere Teil, sonst fließt das Glück, das durch die Tür kommt, wie-der weg, sagt man. Stäbchen in den Reis stecken sollte niemand, sonst wird ein Todesfall die Familie ereilen. Bräuche wie einem Baby einen Punkt auf die Stirn setzen, um es auf Reisen vor bö-sen Geistern zu beschützen und es dreimal über ein Feuer zu halten, bevor man mit ihm wieder über die Hausschwelle tritt, gehören dazu. Die Zahl drei übrigens steht in vielen Kulturen für ein gutes Omen. Dreimal auf Holz klopfen – kommt Ihnen das bekannt vor?

fleißig und zielstrebig

Vietnamesen können »bis zum Umfallen« arbeiten. Frauen machen dabei absolut keine Ausnahme. Im Gegenteil, sie sind mit einem Beruf, der Sorge um die Familie – dem Einkaufen und Zubereiten von Speisen – und der Betreuung von Kindern und Enkelkindern oft dreifach belastet. Bauern stehen bei der Ernte und beim Versetzen der Reispflanzen gebückt auf ihren Feldern unter sengender Sonne, oft stundenlang. Auf dem Land wird vieles noch mit der Hand erledigt.

flexibel

Vietnamesen sind sehr anpassungsfähig. Wenn ein Projekt misslingt, probieren sie ein anderes. Aufgeben und dabei das Gesicht verlieren geht für sie nicht. Das sind sie der Familie, der Dorfgemeinschaft, selbst dem Land schuldig. Wenn man eine Arbeit hat, die nicht einträglich genug ist, wartet man nicht darauf, dass jemand kommt und einen an die Hand nimmt. Ein Arbeitsamt gibt es in Vietnam sowieso nicht. Hier muss jeder einen kühlen Kopf behalten, überlegen, welche Fähigkeiten man noch hat, um etwas anderes zu arbeiten als vielleicht dem lange ausgeübten Beruf nachzutrauern. Viele der Gemüsehändler, Besitzer von Textilgeschäften, Mitarbeiter von Nagelstudios und Köche in vietnamesischen Restaurants in Deutschland haben vor diesen Jobs etwas ganz anderes gemacht, auch studiert. Doch sie haben erkannt, dass sie hier die Nachfrage bedienen müssen, um ein ausreichendes Einkommen zu haben.

fürsorglich und kinderlieb

In Vietnam werden Kinder niemals allein gelassen und immer umsorgt. Nach dem Krieg haben viele Familien Waisen aufgenommen oder die Dorfgemeinschaft hat sich um sie gekümmert. Dennoch gab und gibt es viele Straßenkinder, die allein unterwegs sind und versuchen, durch Handreichungen, einfache Arbeiten wie Schuhe putzen und auch durch Prostitution zu überleben. Sie kommen aus sehr armen oder zerrütteten Familien, die zu wenig Geld und meist viele Nachkommen haben.

Die Fürsorge für- und umeinander hat tiefe gesellschaftliche Wurzeln: Dazu der Dichter Lê Văn Siêu: »Im Verhalten der Geschwister bei uns zueinander gibt es wenig, was sich auf den Intellekt stützt, und es scheint, als sei das Gefühl die Ursache von Anfang bis Ende. Die Menschen, die in Gesellschaften leben, die es gewöhnt sind, alles mit Theorien und Rechten zu begründen, haben nicht die geringste Hoffnung, die Haltung zu verstehen. Denn wenn sie essen, hat jeder seine abgeteilte Portion. Haben Sie jemals aus einer gemeinsamen Schüssel die Mam-Soße getunkt? Haben Sie jemals die Essstäbchen zurückgezogen, um dem anderen einen Bissen Fleisch zu überlassen? Wenn sie schlafen gehen, dann hat jeder sein eigenes Bett, seine eigene Matratze. Haben Sie jemals darüber nachgedacht, dass ein Haus, und sei es so groß wie ein Palast, nicht einen einzigen Menschen aufnehmen kann, wenn die Menschen engherzig sind? Dass aber ein Haus mit nur einem Bett, nur einem Tisch 20 Menschen beherbergen kann, ohne dass jemand sich beengt fühlt, wenn nur die Herzen weit sind?« Das ist ein Auszug aus dem Buch *Kulturschock Vietnam* von Monika Heyder. »Es ist ein Fakt«, schreibt sie, »dass Vietnamesen in ihrer Kindheit wichtige Verhaltensweisen für das Leben in der Gemeinschaft trainieren. Die ständige Geborgenheit und körperliche Nähe, in der vietnamesische Kinder aufwachsen, wirkt sich in vieler Hinsicht auf ihr späteres Leben aus.«

Die Enkelkinder meiner Freundin Minh in Hanoi weinen kaum, und wenn doch, kommt jemand aus der Familie, auch Freunde oder Nachbarn, die sich dem Kind widmen. Die Kleinen stampfen auch nicht mit den Füßen auf den Boden, protestieren nicht, wenn ihnen etwas verweigert wird. Minhs Töchter, also die Mütter ihrer Enkelkinder, Minhs Ehemann und die beiden Väter der Jungen und Mädchen sind immer für die Kinder da. Auch größere Kinder aus der Nachbarschaft wenden sich ihnen zu. Die Kinder brauchen sich die Zuneigung und Aufmerksamkeit der Erwachsenen und Geschwisterkinder nicht durch Weinen zu erkämpfen, sie bekommen sie einfach so. Sie fühlen sich umsorgt und geborgen in der Gemeinschaft. Eltern und Großeltern erklären ihnen auch, warum sie kein Eis bekommen in dem Moment, wo sie andere Eis essen sehen. »Nein, jetzt nicht«, wie wir als Eltern das oft zu sagen pflegen, würden sie in so einem Fall vielleicht durch eine Umschreibung ersetzen: »Wenn du das jetzt isst, bekommst du einen kalten Bauch.«

genügsam

Vietnamesen können mit wenig Platz und Komfort auskommen, ohne dabei ein Gefühl zu haben, dass sie mehr Luft, Licht und Raum brauchen. Bauarbeiter, die in den größeren Städten Häuser hochziehen, leben mit ihren Familien und ihren kleinen Kindern oft in den unfertigen vier Wänden: sie kochen, essen, schlafen dort.

Ein Bekannter blieb mit seiner jungen Frau und zwei kleinen Kindern nach der Wende in Ostdeutschland. Er war mit einem gutgehenden »chinesischen« Restaurant erfolgreich. Wie viele Vietnamesen wagte er Anfang der 1990er Jahre nicht das Experiment mit der eigenen Küche, obwohl diese sich durch frische, leckere Speisen mit viel Gemüse und exotischen Gewürzen auszeichnet. Lieber folgte er dem Trend, dass die Ostdeutschen chinesische Speisen vor der eigenen deutschen Küche bevorzugten. Als dies nach einigen Jahren vorbei war, sich die Leute hier wieder ihrer Tradition in den Kochtöpfen bewusst wurden, ging seine Geschäftsidee den Bach hinunter. Doch er gab nicht auf. Er wollte und musste seine Frau und die beiden Kinder ernähren. Die Familie vermietete ihre Wohnung, sie selbst zogen in den Keller des Hauses. Und das über Jahre. Das ersparte Geld steckte er in das damals erste Asia-Bistro in einem Einkaufscenter. Heute gehört er mit einer Kette von Restaurants der asiatischen Küche zu den erfolgreichsten Vietnamesen in Deutschland.

gesellig

Allein sein im Sinne von allein leben (müssen) wird in Vietnam als großes Unglück empfunden. Singles wie bei uns, die in einem Apartment für sich allein leben (wollen), sind sehr selten anzutreffen. Vietnamesen sehen nur in der Familie, in der Gemeinschaft ihren Lebensinhalt. Sie sind Familien- und Gruppenmenschen. Je mehr Mitglieder, desto besser. Familienfeiern wie Hochzeiten bestehen oft aus Hunderten Gästen. Reisen allein macht auch keinen Spaß. Ausflüge mit Kollegen und Freunden, die auch noch ihre Angehörigen mitbringen, umso mehr.

geschäftstüchtig

Ich gehe in Hanoi oft eine *phở bò* bei einer alten Frau essen. Ihr einfaches Bistro mit drei Tischen, Bänken und einem großen Topf auf dem Feuer in der Nähe der Kathedrale am Hoan-Kiem-See hat nur zwei Stunden am zeitigen Morgen geöffnet. Die Suppe ist lecker. Die Leute kommen gern zu ihr. Wenn der Topf leer ist, verwandelt sich der Raum im Erdgeschoss des Hauses in einen Andenkenshop für Touristen. Kaum einer der Gäste, die zuvor bei ihr Platz genommen hatten, bemerkt, dass hinter abgedeckten Regalen an der Wand Kleidung der Bergvölker, Lackarbeiten und Wasserpuppen verborgen sind. Der Geschäftssinn, der Einfallsreichtum, die Wandlungsmöglichkeit dieser Frau sind für mich typisch vietnamesisch.

Niemand sollte ohne Visitenkarte nach Vietnam reisen, wenn er mit geschäftlichen Absichten kommt. Sie gehören zum guten Ton, ohne dass jemand darüber auch nur ein Wort verliert. Das Stück Papier ist das, was als Erstes überreicht wird – mit beiden Händen! Der darauf gedruckte Name einer Person, einer Funktion, eines Unternehmens oder einer Behörde könnte als Türöffner von Bedeutung sein.

heimatliebend und stolz

Bei jedem noch so unverfänglichen Gespräch kommen Vietnamesen auf ihr Volk, ihr Land, ihre Heimat zu sprechen. Den Stolz, den sie damit verbinden, drücken sie mit einer nachhaltigen Betonung aus. Dann heißt es nicht einfach nur Vietnam, sondern »mein«, »unser Vietnam«, »unser Volk«, »mein Land«.

Nationalstolz muss in Vietnam nicht verordnet werden. Die Menschen sind stolz auf ihre immer wieder errungene Unabhängigkeit und das erreichte Lebensniveau. Ihren Erfolg, ob beruflich oder privat, tragen sie gern zur Schau. Äußerlich ist das an reich verzierten Privathäusern, den neusten Handys, Luxusautos bis hin zu großen Grabstätten sichtbar.

kämpferisch und freiheitsliebend

Auch die alte Bauersfrau im letzten vietnamesischen Dorf half im Krieg, das Land zu verteidigen. Ob mit dem Anspitzen von Bambuszweigen, die in die Erde versenkt und abgedeckt zu gefährlichen Fallen für angreifende Soldaten wurden, oder die Verpflegung der einheimischen Kämpfer – jeder versuchte die eigenen Landsleute zu unterstützen, wo er konnte. Dass die USA nicht eine Armee, sondern ein ganzes Volk zum Feind hatten, haben sie erst sehr spät in den Kriegsjahren verstanden. Vietnamesen haben über die Jahrtausende hinweg bewiesen, dass sie sich niemals einer fremden Macht ergeben.

Kitsch liebend

Das, was wir als kitschig empfinden, lieben Vietnamesen. Ein Wandteppich mit Hirschen, Wald und Hexenhaus mitten in einem Wohnzimmer in Hanoi ist etwas sehr Erstrebenswertes für Menschen, die entweder einmal in Europa waren oder sich dorthin sehnen. Plastikblumen in der Vase, winkende, goldglänzende Kätzchen aus China, ganze Berge bestickter Tischdecken und Kopfkissen, verschnörkelte Lampenschirme – diese Aufzählung muss unvollständig bleiben.

kopierfreudig

Vietnamesen sind Meister im Kopieren, ganz in konfuzianischer Tradition, wonach das Kopieren von Vorbildern gefördert wurde. Die Schüler lernten in der Praxis von ihren Lehrern, indem sie ihre Handschrift kopierten. Sobald sich heute herausstellt, dass etwas gut läuft, sich etwas gut verkaufen lässt, wird es nachgemacht. Das kann der Name eines Hotels sein, den nach einiger Zeit auch andere Herbergen tragen. Da Touristen nicht davon ausgehen, dass es ihre gebuchte Unterkunft mehrfach in einer Stadt gibt, begeben sie sich auf einen Irrweg zu ihrem Hotel oder merken gar nicht, dass da etwas nicht stimmt.

Das seit über hundert Jahren bestehende kleine originelle Familienrestaurant Chả cá Lã Vọng, in dem es nur eine einzige Spezialität gibt – frisch frittierten Fisch mit Reisnudeln, Erdnüssen, verschiedenen Kräutern, zubereitet über offenem Feuer –, hat plötzlich mehrere Ableger, auch in Ho-Chi-Minh-Stadt.

Logos erfolgreicher Firmen werden ebenso fleißig kopiert wie alte Meister. Einen Dürer für einige hundert Dollar? Kein Problem! Auch die Handschrift junger einheimischer Künstler, deren Werke gefragt sind, wird nachgemacht. Und das oft sehr gut.

lustig und spöttisch

Vietnamesen lachen gern viel und oft, über sich selbst und über andere. Ob beim Volkssport Karaoke, mit Freundinnen oder in der Kneipe um die Ecke, es gibt immer genügend Anlässe für ein fröhliches Miteinander. Wenn Sie der Sprache mächtig wären, würden Sie verstehen, dass Sie manchmal in einer Gruppe von Vietnamesen zum Gespött werden. Auslöser kann ein zu kurzer Rock, eine lange Nase, zu viel Brusthaar, ein ungebügelte Hose oder Ihr in den Augen der Vietnamesen falsches Benehmen ihnen gegenüber sein. Sie reißen dann Witze, über die alle lachen. Am besten, Sie lachen mit! So taut das Eis zwischen den Fremden und den Einheimischen. Denn ernst gemeint sind die flapsigen Bemerkungen selten.

praktisch

In Vietnam haben die Hersteller von Geschirrtüchern keinen Erfolg. Wer einen Geschirrspüler besitzt, nutzt diesen. Andere, und das sind die meisten, haben eine Helferin. Nein, kein Hausmädchen. Vietnamesen sind praktisch veranlagt. Also überlassen sie das Trocknen der Sonne: Teller, Tassen, Töpfe auf einem Gestell abgelegt trocknen umweltfreundlich an der Luft.

Ihr Sinn für das Praktische geht allerdings so weit, dass nur dann etwas repariert werden muss, wenn es tatsächlich nicht mehr funktioniert. Also, solange das Fahrrad noch fährt, die Klingel durch Rufen ersetzt werden kann und bremsen mit den Füßen möglich ist, braucht sich noch niemand die Hände schmutzig zu machen. Wände werden auch nur dann gestrichen und Möbel in Familienhotels ersetzt, wenn Gäste ausbleiben sollten oder ein Fest vor der Tür steht.

Grüner Tee bekommt jeder Gast aus kleinen Schälchen serviert. Diese werden nach Gebrauch nicht etwa abgewaschen, sondern mit frisch aufgebrühtem Tee kurz ausgespült.

sparsam

In vielen Haushalten auf dem Land gehen die Leute mit der hereinbrechenden Dunkelheit ins Bett oder benutzen nur ein Zimmer, in dem sich alle aufhalten. So sparen sie Strom. Weggeworfen wird nur dann etwas, wenn sich aus dem Material nicht noch etwas anderes machen lässt. Feilschen um den Preis gehört zur Alltagsphilosophie. Wer das gut beherrscht, kann auch ein paar Đồng-Scheine zurücklegen. Sparen auf eine größere Anschaffung hin wie den Kauf eines Fernsehers oder Mopeds ist ein Ziel, das eisern verfolgt wird.

traditionsbewusst

Der Todestag wird gefeiert, der Geburtstag nicht. Was sich auf den ersten Blick widerspricht, entspringt der vietnamesischen Kultur. Die verstorbenen Vorfahren, die immer mit den Lebenden verbunden sind, gilt es zu achten und zu ehren. Nach dem Glauben der Vietnamesen geht die Seele des Toten, der beweint, beklagt und bestattet wird, in das Reich der Ahnen über, zu den anderen Seelen. Die Seelen können sich irgendwo aufhalten, wie in einem alten, knorrigen Baum oder in einem Stein. Aber ihr Zuhause ist das Zuhause der Familie. Der Ahnenaltar ist der Tisch, an dem sich die Lebenden und die Toten versammeln. Ein Mensch, der nach unserer Rechnung laut seinem Geburtstag 72 Jahre alt geworden ist, ist nach der Rechnung der Vietnamesen ein Jahr älter. Sie zählen die Zeit vor der Geburt als Lebenszeit mit.

unordentlich und ordentlich – (k)ein Widerspruch

Wenn das Flugzeug über Hanoi oder einer anderen Gegend in Vietnam zum Landeanflug ansetzt, sehe ich oft akkurate Felder, in denen die Reis- und Gemüsepflanzen in exakten Reihen stehen. Bei einer Besichtigung vor Ort fällt auf, dass Unkraut keine Chance hat zu gedeihen. Die Köpfe von Blumen werden so sorgfältig von den Bauern verpackt und transportiert, als wären sie aus Glas. Doch zu Hause ist es, außer einem spiegelblank geputzten Fußboden, vorbei mit diesem Sinn für Ordnung und Reinheit. Hauptsache der Schrank geht zu. Staub wischen ist nicht nötig, auch nicht auf dem Glastisch. Kleidung hingegen muss stets sauber und auf Kante gebügelt sein. Mit einem schmutzigen Hemd geht niemand auf die Straße, aber schnell nach Hause. Bauarbeiter, Bauern, Marktfrauen, also Menschen, die durch ihre schwere Arbeit ins Schwitzen kommen, haben immer ein Tuch zur Hand.

wissensdurstig

Wie sich die Menschen in Vietnam, ob jung oder alt, nach mehr Wissen sehnen, zeigt der massenhafte Besuch von Abendschulen, Lehrgängen am Wochenende, das Studium der vielen im Land verfügbaren Bücher, Zeitungen und Zeitschriften auf der Straße und in Parks. Rund um den Hoan-Kiem-See in Hanoi, in der teuersten Straße Đồng Khởi in Ho-Chi-Minh-Stadt und entlang der Strandboulevards in Đà Nẵng und Nha Trang, also der »Ausländermeilen«, sprechen junge Leute oft Fremde an, um deren Sprache zu hören und zu erlernen. Ein Sprichwort sagt: »Ohne Praxis ist auch die Bildung nutzlos.« Das hat das Volk verinnerlicht. Abgucken, wie etwas geht, wird den Kleinsten entsprechend ihrer kindlichen Neigung nicht vorenthalten. Ein Messer in der Hand eines Kindes, ein Kind im Reisfeld, wo auch Schlangen sein könnten – ganz normal. Vietnamesische Kinder werden in den Alltag der Erwachsenen umfassend einbezogen und lernen so spielend leicht wichtige Dinge fürs Leben.

witzig

Ich habe eine Lackmalerei aus Vietnam über meinem Esstisch hängen. Sie zeigt eine sich im Schlaf ausstreckende Katze mit langen Schnurrhaaren, darüber ein Himmel aus Fischskeletten und zappelnden Tieren. Der Bildtitel könnte lauten: Der Traum. In Sprichwörtern kommt der Witz, den Vietnamesen in ihrer Sprache pflegen und der wie ein freundschaftlicher Zwick in den Po wirkt, besonders zum Ausdruck. Da heißt es zum Beispiel: »Eine alte Katze überlässt die Tapferkeit der kleinen Maus.« Oder: »Umwege erhöhen die Ortskenntnis.« Meine Freundin Minh sagt: »Der Weg liegt im Mund« (Man kann danach fragen).

zäh

Die älteren Vietnamesen kennen noch Hungersnöte. Einfallsreichtum wie das Auskochen der Reishalme half damals das Überleben zu sichern. Etwas Reis und die Fischsoße *nước mắm* waren oft über lange Zeit das einzige Nahrungsmittel. Betel kauen half gegen den knurrenden Magen. Mit wenig auskommen hat in Vietnam Tradition. Vietnamesen vergleichen ihre Natur gern mit dem Bambus: biegsam und fest.

Gute und schlechte Sitten – aus westlicher Sicht

Im Straßenverkehr

Hupen muss sein. Sonst existiert man nicht. So empfinde ich das ständig, auch noch nachts bei wenig Verkehr zu hörende Geräusch auf den Straßen und Gassen. Es gibt Hupen, die nur ein »tüt, tüt« von sich geben, andere spielen ganze Lieder. Egal, Hauptsache laut!

»Da laufen ja Leute im Schlafanzug auf der Straße, Mama!«, hörte ich ein deutsches Mädchen sagen, das mit seiner Mutter im Zentrum von Ho-Chi-Minh-Stadt gerade aus dem Hotel trat. Tatsächlich gehen viele Vietnamesen ihren alltäglichen Besorgungen im Schlafanzug nach. Und zwar nicht nur in Vietnam, auch in Deutschland. Im Schlafanzug? Das sieht nur für uns so aus. Sie meinen, dass es ein Hausanzug ist, Hemdbluse und Hose im zueinander passenden Stoff, den Frau und Mann tragen.

Unter der Sonne

Junge Damen mit Hut, Mundschutz, der bis an die Augen heranreicht, und langen Handschuhen bis unter die Achseln, bei über 30 Grad mitten im Sommer, sind normal in den Städten. Hier sind nicht etwa Leute unterwegs, die ihr Gesicht verbergen wollen, sondern die sich vor den Strahlen der Sonne zu schützen versuchen. Gebräunte Haut haben Menschen vom Land. Helle Haut hingegen steht für Schönheit und dafür, dass man es geschafft hat, besser als eine Bäuerin zu leben.

Für die Gesundheit

Vietnamesen haben die Angewohnheit, den Inhalt ihres Mundes und ihrer Nase nicht nur bei Erkältung im öffentlichen Raum zu entleeren. Das entspricht ihrem Gesundheitsbewusstsein: Schlechte Stoffe, die nicht mehr im Körper sind, können auch nicht schaden.

Vietnam schläft mittags. Das heißt nicht, dass die Menschen dann auf der faulen Haut liegen. Mittagsschlaf dient der Erholung und der Ruhe über die heißeste Zeit am Tag. Aber auch im Winter wird im Norden, wenn die Temperaturen manchmal unter zehn Grad fallen, nach zwölf Uhr geschlafen. In der Schule, in der Uni, im Büro, in Unternehmen, auf dem Motorrad. Nach so viel relaxen lässt es sich konzentriert bis zum Abend arbeiten, ohne dass einem die Augen vor Müdigkeit zufallen.

Obst geschält wird im Land nicht rückwärts, wie wir es tun, sondern vorwärts, also vom Körper weg. Das ist angesichts drohender Verletzungen mit dem Messer auch besser so.

Am Tisch

Tischgespräche sind oft so laut, dass die Gäste zehn Meter entfernt den Inhalt der Gespräche mitbekommen. So haben Restaurants und ganz besonders Biergärten eine Stadionatmosphäre. Essensreste und Servietten landen nicht auf dem Teller, sondern unterm Tisch. Wenn ein Lokal schließt, sieht es manchmal aus wie nach einer Küchenschlacht. Aber es gibt immer jemanden, der alles wieder mit fließendem Wasser säubert, auch den Boden. Das Benutzen von Zahnstochern, die in der kleinsten Suppenküche auf dem Tisch stehen, ist nach jedem Essen ein Ritual, dem sich die Menschen ausgiebig widmen. Allerdings halten sie dabei die freie Hand vor den Mund.

Für das Glück

Ein Mann ist stolz auf ein langes Barthaar. Wohlgemerkt eines. Wenn man dieses vor großen wichtigen Ereignissen, egal ob geschäftlich oder privat, abschneidet, verlässt einen das Glück, heißt es. Lange Fingernägel tragen in Vietnam auch nicht nur modebewusste Frauen, sondern auch Männer. Allerdings meistens nur einen am Daumen oder dem kleinen Finger. Das soll Glück bringen und zumindest darauf hinweisen, dass Mann sich mit niederer Hausarbeit wie Abwaschen nicht befassen muss. Manchmal benutzt der Träger den langen Nagel auch zum Bohren in Nase und Ohren.

Für den Umsatz

Wer nicht wirbt, der stirbt. Diesen bei uns bekannten Spruch scheinen Anbieter aller Branchen verinnerlicht zu haben. Ihre Telefonnummern mit dem Hinweis auf ihr Gewerbe stehen an vielen Hauswänden in den Städten und Dörfern. Dazu manchmal Name und Adresse. Mit Graffiti hat das nichts zu tun, sieht aber so aus.

Zu Hause

Mit Schuhen an den Füßen betritt niemand einen Wohnraum. Ob Plastiksandalen, die im Land sehr beliebt sind, oder welche aus Leder – sie stehen vor der Tür. Denn der Fußboden, auf dem gesessen, gegessen und gespielt wird, soll sauber bleiben. Diese Gewohnheit verleitet in den Städten Diebe zum Stehlen teurer Markenschuhe vor den Wohnungen frei zugänglicher Mehrfamilienhäuser. Meine wurden auch schon von jemandem mitgenommen, also für gut befunden.

Eine Reise in die Zukunft

Ich sitze in der Hanoier Metro. Sie ist angenehm klimatisiert und leise wie eine Katze. Um mich herum lesen junge und alte Menschen unzensierte Zeitungen auf Tablets, unterhalten sich über Handys und Laptops mit Freunden oder schauen interessiert aus dem Panoramafenster. Schulkinder scherzen, laden während der Fahrt ihre E-Bikes auf. Niemand braucht einen Mundschutz. Wasserkraftwerke, aber vor allem Solar- und Windenergie haben die letzten Kohlekraftwerke im Land überflüssig werden lassen. Über Jahrzehnte favorisierte Kernkraftwerke wurden ob des reichlich vorhandenen Stromangebotes nicht gebaut. Mädchen im traditionellen *áo dài*, kurzen, schicken Röcken, seidenen Hosenanzügen und langen Kleidern steigen ein und aus. Sie ernten verstohlene Blicke junger Männer. Die Städterinnen legen Wert auf helle Haut als Schönheitsideal. Längst verzichten sie auf Gesichtsmasken, die sie früher vor der starken Sonneneinstrahlung schützen sollten. Den Baumwollstoff, den sie damals dafür verwendeten, ersetzt eine Paste aus der Rinde des Thanaka-Baumes. Daraus hergestellte Abdrücke von zarten Blättern und Blumen schmücken ihr Haut – der letzte Schrei aus Burma.

Der Zug scheint zu fliegen, vorbei an grün eingerahmten glitzernden Wasserflächen, die sich in verglasten futuristischen Fassaden spiegeln. An den sauberen Stationen gibt es bunte Märkte, die zum Einkaufen verführen und zum Bestaunen von international gefragter, vietnamesischer Kunst. Vor jedem Halt ertönt dezent ein Gong, fast so wie der in den von Weihrauch durchzogenen Pagoden der Altstadt. »Nächste Haltestelle: Hoàn Kiếm«, sagt eine Stimme auf Vietnamesisch, Englisch und Chinesisch.

Sie reißt mich aus meinen Träumen. Am Ausgang wartet ein Bus mit Elektroantrieb. Doch ich nehme lieber die Rikscha eines jungen Fahrers, der mir auf Englisch die Schönheiten der erhaltenen Altstadt erklären möchte. Zum Scherzen aufgelegt, bringt er mich zum »See des zurückgegebenen Schwertes«. Die Nachmittagssonne taucht das saubere Gewässer im Stadtzentrum in goldenes Licht. Im See lebt eine alte Bekannte – eine Schildkröte.

Das ist Spinnerei? Wir werden sehen.

Nachwort

Dieses Buchprojekt war für mich eine Reise in das eigene Ich. Es hat mich aufgewühlt, mir schlaflose Nächte bereitet und mich nachdenklich gemacht über ein Land, das ich bereits seit 1979 kenne. In keiner Zeit zuvor las ich so viele Berichte und Meinungen in nationalen wie internationalen Medien und Blogs über zurückliegende und aktuelle Ereignisse in Vietnam. Meine daraus gewonnenen Erkenntnisse, die zu einem erheblichen Teil in dieses Länderporträt einflossen, sind, wie könnte es anders sein, subjektiver Natur. Verbunden mit der Schilderung persönlicher Erlebnisse, spiegeln sie meine vielfältigen Interessen an diesem Volk und seiner Kultur wider. Dennoch erhebt dieses Werk keinerlei Anspruch auf Vollständigkeit.

In einer vom mächtigen Nachbarn China seit Jahrtausenden beeinflussten Region steht Vietnam vor enormen Herausforderungen. Der Motor dieser Entwicklung, die zahlenmäßig stärkste Bevölkerungsgruppe, die Jugend, strebt nach westlichen Werten, ohne ihre Herkunft zu vergessen. Das ist ein gutes Zeichen! Denn so geerdet können sich Talente und Leistungswillen frei entfalten. Der Lohn dafür ist, angelehnt an das konfuzianische Erbe, Ansehen in der Gesellschaft. Eine wichtige Komponente für ein Volk, in dem einer allein nicht überleben kann.

Wirtschaftlich baut das Schwellenland auf Investitionen und das Know-how führender Industrieländer. Deutschland hat dabei einen besonderen Status. Wir sind Vietnam nicht nur seit Jahrzehnten freundschaftlich verbunden, wie es oft diplomatisch heißt, wir erfüllen diese Freundschaft mit Leben. Und das tausendfach, privat wie geschäftlich, in gegenseitigen Besuchen und einer intensiven Zusammenarbeit. Wir können noch viel mehr tun, zum beiderseitigen Vorteil. Vietnam rollt uns den roten Teppich aus. Wir müssen nur darüber hinweggehen und beweisen, dass wir mit ehrlichen Absichten kommen.

Der bei uns graue, nasskalte November, gegen dessen schleichende depressive Stimmung auch keine brennenden Kerzen, dampfenden Tees und flauschigen Kuscheldecken helfen, ist Nordvietnams bester Reisemonat. Dann dehnt sich der Himmel über Hanoi oft in einem strahlenden Blau. Die Temperaturen gleichen denen eines schönen Sommertages bei uns. Vietnamesen nennen diese Zeit – die der Deutschen. Denn das ist die Zeit, in der wir in Scharen kommen.

»Alles, damit die Bevölkerung reich ist, der Staat stark, demokratisch, gerecht und zivilisiert«. Diesen Parteislogan lese ich oft auf Plakaten in Vietnams quirligen Hauptstraßen. Ich hoffe für dieses fleißige, wissbegierige, liebenswerte und friedliebende Volk, dass dieser Spruch wirklich seine Erfüllung findet.

Anhang

Dank

Ich weiß nicht, wie viele Tassen vietnamesischen Kaffee ich getrunken habe und wie viele Tafeln Nussschokolade auf meinem Schreibtisch zum Verzehr lagen. Aber eines weiß ich: Ich habe das Wertvollste an wahrer Freundschaft erfahren: von Euch! Es hat mir sehr gutgetan, Eure uneigennützige Unterstützung bei einem Projekt zu erhalten, dessen Ausgang niemand vorhersehen konnte. Ich durfte mich zurücklehnen in der Gewissheit, da seid Ihr, die Ihr mir manchmal auf humorvolle Art Eure Meinung gesagt und mich dadurch weitergebracht habt. Ihr nahmt Euch viel Zeit zum Lesen und für Korrekturen. Ihr habt mir zugehört, wenn ich Fragen hatte, um Antworten zu finden.

Ich habe die Stunden und Tage nicht gezählt, in denen ich Euch das nach und nach wachsende Manuskript übergeben durfte. Allein die Möglichkeit dazu hat mich bestärkt beim Schreiben über ein Thema, das mir am Herzen liegt – Vietnam!

Christa in Berlin, Sương, Lan Anh und Bettina in Leipzig, Dirk in Stralsund, Astrid in Gerichshain, Như in Apolda, Yassin in Dubai, meiner Tochter und meinem über alle Maßen verständnisvollen, geduldigen und geschätzten Lektor Günther Wessel – danke!

Abkürzungen

AHK Vietnam
Delegation der Deutschen Wirtschaft, Vertretung des Deutschen
Industrie-und Handelskammertages *www.vietnam.ahk.de*

BMBF
Bundesministeriums für Bildung und Forschung
www.bmbf.de

GIZ
Deutsche Gesellschaft für Internationale Zusammenarbeit
www.giz.de

GTAI
Germany Trade and Invest; Gesellschaft für Außenwirtschaft und
Standortmarketing mbH *www.gtai.de*

IW
Institut der deutschen Wirtschaft
www.iwkoeln.de

VNAT
Vietnam National Administration of Tourism, Ministerium für
Tourismus Vietnams, Seiten auf Englisch
www.vietnamtourism.gov.vn/english

VGU
Vietnamese-German University
www.vgu.edu.vn

Wichtige Medien

Deutsche Welle
www.dw.com/de

Thanh Niên News: englische Ausgabe der Zeitung des vietnamesischen Jugendverbandes
www.thanhniennews.com

Tuổi Trẻ: Jugendzeitung
www.tuoitre.vn

Việt Nam News: größte Tageszeitung in Englisch
www.vietnamnews.vn

Die Stimme Vietnams: Auslandskanal, in vielen Sprachen, auch auf Deutsch
www.vovworld.vn

Literaturempfehlungen

Beth, Uta / Tuckermann, Anja: Heimat ist da, wo man verstanden wird. Junge VietnamesInnen in Deutschland, Berlin 2008.

Chu Chí, Thành: Ký ức chiến tranh, Vietnamesisch/Englisch, Hanoi 2010.

Frogier de Ponlevoy, David: Vietnam 151. Portrait eines Landes in ständiger Bewegung in 151 Momentaufnahmen, Meerbusch 2013. (Blog unter *www.ngungon.de*)

Großheim, Martin: Ho Chi Minh. Der geheimnisvolle Revolutionär. Leben und Legende. München 2011.

Heyder, Monika: KulturSchock Vietnam, 9. neu bearbeitete und komplett aktualisierte Auflage, Bielefeld 2014.

Heyder, Monika: Vietnamesisch Wort für Wort, Kauderwelsch Band 61, Bielefeld 2011.

Le Minh, Khue: Kleine Tragödien, Erzählungen, Bibliothek der Entdeckungen, Halle/Saale 2011.

Nguyên Du: Das Mädchen Kiêu. Das vietnamesische Nationalepos übertragen ins Deutsche von Irene und Franz Faber, Potsdam 1964.

Radulovic, Veronika: Sicherheitsabstand Vietnam. Kunst. Politik. Freundschaften. Eine Annäherung, Bielefeld 2006.

Schütte, Heinz: Hanoi, eine nachsozialistische Moderne, Beobachtungen, Impressionen, Reflexionen, Berlin 2010.

Terzani, Tiziano: Asien, mein Leben. Die großen Reportagen, München 2008.

Tô, Hoài: Abenteuer und Heldentaten des ruhmreichen Grashüpfers Men: Ein Märchen aus Vietnam, Berlin 1982.

Waibel, Michael: Hà Nội: Capital City, Englisch, Hanoi 2105.

Wick, Anemi/Frogier de Ponlevoy, David: Fettnäpfchenführer Vietnam.Wo der Büffel zwischen den Zeilen grast, 3. Auflage, Meerbusch 2015.

Zeh, Juli: Reisetagebuch Vietnam, 2010: *www.vinaphunu.wordpress.com/2010/03/08/reisetagebuch/*

Vietnamesisch-deutsches Glossar

an khang An khang thịnh vượng	friedlich und gesund Frieden, Gesundheit und Reichtum; Glückwunsch zum Neujahr
ăn	essen
anh	älterer Bruder, Sie (Anrede zur zweiten Person, die männlich und etwa gleichaltrig wie die sprechende Person ist)
áo dài	langes Gewand, Nationaltracht der Frauen
Âm Lịch	vietnamesischer Mondkalender
bác	Onkel, der älter als die eigenen Eltern ist
bà	Großmutter, Frau/Madame oder Sie (formelle Anrede zur zweiten Person, die weiblich ist)
bánh chưng	Klebreiskuchen; traditionelles Gericht zum Neujahrsfest
bao nhiêu	wie viel? Fragewort
bé	klein oder kleines Kind
bé bé	(ziemlich) klein
Bé bé bằng bông, hai má hồng hồng	»Die kleine Puppe aus Plüsch mit rosa Wangen«; Anfang eines Kinderliedes
Biển Đông	Ostmeer
bịt mắt đập niêu	Blinde-Kuh-Spiel; wortwörtlich: mit verbundenen Augen Töpfe schlagen
bò	Rind
bố	Vater

bún chả	gegrilltes Fleisch mit Reisnudeln – eine Hanoier Spezialität
buồn	traurig
cá	Fisch
Cái này bao nhiêu tiền?	Wie viel kostet das?
cà phê	Kaffee
cà phê đá	Eiskaffee
cà phê sữa nóng	Milchkaffee
cảm ơn!	Danke!
cây	Baum
cây bưởi	Pampelmusenbaum
cây chuối	Bananenhain
cây đa	Banyanbaum
cây đu đủ	Papayabaum
cây mây	Rattanpalme
cây nêu	Neujahrsbaum
cây sấu	Dracontomelonbaum
cây xoài	Mangobaum
cây quất	Kumquatbaum
cầu	Brücke
cha mẹ	Eltern
chanh muối	salzig eingelegte Zitrone
cháu	Enkel, Neffe, Nichte oder Du (Anrede zu einer Person, die im gleichen Alter wie das eigene Kind ist)
chả giò	frittierte Frühlingsrollen (südvietnamesische Bezeichnung); Nationalgericht
Chúc mừng năm mới	Ein gesundes neues Jahr
chúng ta	wir, alle Anwesenden eingeschlossen
chúng tôi	wir; nicht alle Anwesenden eingeschlossen
chị	ältere Schwester, Sie (Anrede zur zweiten Person, die weiblich und

	etwa gleichaltrig wie die sprechende Person ist)
chọn	wählen
chợ	Markt
chúc mừng tuổi	Glückwunsch
chùa	buddhistischer Tempel, Pagode
chưa	(noch) nicht
con	Kind oder sie (herablassende Bezeichnung einer dritten Person, die weiblich ist)
con rối	Marionette, Holzpuppe
cơm	gekochter Reis
củ kiệu	eingelegte, fermentierte Schalotten
cũ	alt
cụ rùa	Urgroßvater Schildkröte
dồi dào	reichlich
đá	Stein
đàn bầu	einsaitige Stabzither, traditionelles Musikinstrument (Norden)
Đảng Cộng sản Việt Nam	Kommunistische Partei Vietnams
đại học	Hochschule
Đại học Kiến trúc	Hochschule für Architektur
đây	hier
đây là	das ist
đập	schlagen
đền	Tempel
đi	gehen
đình	Versammlungshaus auf dem Dorf
đón chào	Willkommen
đòn gánh	Tragholz, Tragestange
đô thị văn minh	kultivierte Städte
đồng	Währungseinheit, vietnamesischer Đồng
đổi mới	Erneuerung

đỗ xanh	Mungobohnen
đường	Straße
em	jüngere Geschwister oder du (Anrede zur zweiten Person, die jünger als man selbst ist)
gà	Huhn
giao thừa	Silvester
giá	Preis
hai má	Wangen
hái lộc	junge Triebe pflücken; Brauch zum Neujahr
hàng	Ware
hiện đại	modern
hoa	Blumen
hoa đào	Pfirsichblüten
hoa hồng	Rosenblüten
hoa sen	Lotosblüten
hồ	See
hồng	rosa
kiến trúc	Architektur
Kinh	Vietnamesen, Ethnie
là	ist
làm	machen, tun
làm thế nào	wie, Fragewort
Làm thế nào để kiếm được nhiều tiền?	Wie kann ich reich werden?
Lăng Chủ tịch	Mausoleum des Präsidenten
lịch vạn niên	Tausendjahrkalender
lương	Gehalt
mâm ngũ quả	Obstarrangement
mẹ	Mutter
múa	Tanz
múa lân	Drachentanz, Ritual zum Frühlingsfest

mứt	kandierte Früchte
nào	welcher, welche, welches
nem rán	frittierte Frühlingsrollen (nordvietnamesische Bezeichnung); Nationalgericht
ngày	Tag
ngày giỗ ông bà cha mẹ	Todestage der Vorfahren
ngày mồng một Tết	erster Tag im Mondkalenderjahr
ngày mùng một	Neumond
ngày rằm	Vollmond
người	Menschen
nhà	Haus
nhà hát	Theater
Nhà hát múa rối Thăng Long	Wasserpuppentheater
nhà ống	Tunnelhäuser
nhân dân	Volk
nhà rông	Gemeinschaftshaus der Bà Nà
như	wie
nóng	heiß
nước	Wasser
nước mắm	»Wasser vom Salzfisch«; Fischsoße aus fermentierten Sardellen; typische Zutat der vietnamesischen Küche
nước mắm ớt	Fischsoße mit Chili
ông	Großvater, Sie (höfliche, formelle Anrede zur zweiten Person, die männlich ist)
ông bà	Großeltern
Ông Địa	Erdgott
ống	Rohr
ớt	Chili
phở	Suppe mit Breitband-Reisnudeln; vietnamesische Spezialität

Quan Âm	Göttin der Barmherzigkeit
Quan Họ	Wechselgesang; Musikstil aus dem
	13. Jahrhundert in Nordvietnam
quân đội	Armee
Quân Đội Nhân Dân	Volksarmee; Name einer Zeitung
quả bưởi	Pampelmuse
quả chuối	Banane
quả dừa	Kokosnuss
quả đu đủ	Papaya
quả măng cầu	Mangostane
quả phật thủ	Fünf-Finger-Frucht
quả sung	Feige
quả xoài	Mango
rối nước	umgangssprachlich für
	Wasserpuppentheater
rùa	Schildkröte
Sơn Đoòng	Bergflusshöhle
sông	Fluss
sức khỏe	Gesundheit
Sức khỏe dồi dào	viel Gesundheit (Glückwunsch)
sữa	Milch
tân niên	neues Jahr
tất niên	Jahresende
tây	Westler, Mensch aus dem Westen
Tết, Tết Nguyên Đán	Neujahrsfest; Fest des ersten Morgens
tháp	Turm
tháp rùa	Schildkrötenturm
thành phố	Stadt
thành phố buồn	traurige Stadt
Thăng Long	steigender Drache
thắng lợi	Sieg
thần tài	Gott des Reichtums
thế nào	wie? Fragewort
thịnh vượng	blühend, gedeihend, florierend

tiết Thanh minh	Gräberfest
tiền	Geld
tiền lì xì	Glücksgeld (südvietnamesisch)
tiền mừng tuổi	Glücksgeld (nordvietnamesisch)
Tiền vào như nước	Geld soll wie Wasser fließen (Glückwunsch)
tôi	Ich
tống cựu nghênh tân	Ritual: das Alte hinauswerfen, das Neue empfangen
tranh	Bild, Gemälde
tranh Tết	traditionelle Holzschnitt-Druckbilder, die speziell für das Tết-Fest angefertigt werden
Việt Cộng	umgangssprachlich für Nationale Befreiungsfront Südvietnams
Việt Minh	Liga für die Unabhängigkeit Vietnams, umgangssprachlich für die Nordvietnamesische Befreiungsfront
vịnh	Bucht
xin	bitten
Xin chào	Hallo! Guten Tag!
Xin mời	bitte (sehr)

Zahlen:

một	eins
hai	zwei
ba	drei

Basisdaten

	Vietnam	Deutschland
Hauptstadt:	Hanoi	Berlin
Landeswährung:	Đồng (VND)	Euro (EUR)
Größte Städte (2014/2015):	Hanoi (7,5 Mill.), Ho-Chi-Minh-Stadt (7,12 Mill.),	Berlin (3,4 Mill., Hamburg (1,7 Mill.)
Amtssprache:	Vietnamesisch	Deutsch
Fläche (in km²)	310 070	348 540
Bevölkerung (in Millionen, 2014)	90,73	80, 89
Bevölkerungsdichte (Einw./km², 2014)	293	232
Bevölkerung unter 15 Jahren (%, 2014)	23,1	13,0
Bevölkerung ab 65 Jahren (%, 2014)	6,6	21,1
Geburten je Frau (2013)	1,74	1,38
Lebenserwartung Männer (2013)	71,3	78,8
Lebenserwartung Frauen (2013)	80,5	83,4
Ärztedichte (je 10 000 Einw., 2013)	12	39
Säuglingssterblichkeit (je 1000 Lebendgeburten, 2013)	19	3
BIP (Mrd. US$, 2014)	185,9	3874,4
BIP pro Kopf (US$, 2014)	2051	47 774
BIP-Wachstum (%, 2014)	6,0	1,6
Inflation (%, 2014)	4,1	0,8

Anteil am BIP (%, 2014)		
Landwirtschaft	18,1	0,8
Produzierendes Gewerbe	38,5	30,7
Dienstleistungen	43,4	68,6
Erwerbsquote (%, 2014)	77,7	59,9
Erwerbslosenquote (%, 2014)	2,3	5,0
Selbstständigenquote (%, 2013)	65,1	11,0
Wareneinfuhr gesamt (Mrd. US$, 2013)	132,0	1214,9
Warenausfuhr insgesamt (Mrd. US$, 2013)	132,0	1498,2
Studierende (je 100 000 Einw., 2013)	2454	3360
Primärenergieverbrauch (kg RÖE je Einw., 2012 bzw. 2013)	731	3874
Kohlendioxidemissionen (t je Einw., 2014)	2,1	9,3
Festnetzanschlüsse (je 100 Einw., 2014)	6,0	56,9
Mobilfunkverträge (je 100 Einw., 2014)	147,1	120,4
Internetnutzer (je 100 Einw., 2014)	48,3	86,2

Quellen: Statistisches Bundesamt; Auswärtiges Amt

Weitere Länderporträts im Ch. Links Verlag

Christina Schott
Indonesien
Ein Länderporträt

224 Seiten, Klappenbroschur
ISBN 978-3-86153-823-3
18,00 € (D); 18,50 € (A)

»Christina Schott bietet Einblicke in die reiche Kultur und Kochtöpfe Indonesiens. Ein kluges, geschmack- und liebevolles Länderporträt.«

Neues Deutschland

Marcus Hernig
China
Ein Länderporträt

4., aktualisierte Auflage
216 Seiten, Klappenbroschur
ISBN 978-3-86153-935-3
18,00 € (D); 18,50 € (A)

»Besonders gelungen ist die Verbindung zwischen aktueller Alltagssituation und Anknüpfung an die Vergangenheit.«

Deutschlandradio Kultur (»LesArt«)

**www.laenderportraet.de
www.christoph-links-verlag.de**